불안을 철학하다

ANXIETY: A PHILOSOPHICAL GUIDE

by Samir Chopra

ANXIETY

불안을 철학하다

사미르 초프라

조민호 옮김

가 슴 으 로 읽 는 철 학

①

인트레스

| 일러두기 |

- 본문과 미주에서 책은 《 》(겹화살괄호), 시·논문·신문·앨범·블로그 등은 〈 〉(홑화살괄호), 인용문과 제목 등은 큰따옴표로 구분해 표기했다. 본문에서 언급되는 도서 중 국내에 번역 출간된 책은 한국어판 제목으로 표기하고 원서(영문판) 제목을 병기하되, 해당 문헌에도 원서가 있는 경우 원어명도 함께 표기했다. 예) 《구토(Nausea/La nausee)》, 《불안의 개념(Concept of Anxiety/Begrebet Angest)》. 단, 미주의 경우에는 참고문헌 목록을 직접 지칭하므로 영문판 원제를 그대로 쓰고 저자가 해당 문헌을 처음 언급할 때 우리말 제목을 병기했다. 예) Martin Heidegger, 《Being and Time(존재와 시간)》, 제40절. Jonardon Ganeri, "Return to the Self(자아로의 복귀)".

- 참고문헌 표기는 영미권 표준인 원서의 방식을 그대로 따랐다. 찾아보기에서 인명은 성만 표기하고 원어명을 병기했다.

- 명확한 이해가 필요한 용어에는 한자를 병기했으며, 저자가 라틴어 문구를 그대로 인용한 대목은 번역문으로 표기한 뒤 라틴어와 우리말 발음을 병기했다. 예) 훈습(薰習/Working Through), 영원의 상 아래에서(Sub Specie Aeternitatis/수브 스페키에 아이테르니타티스).

- 저자가 영어로 언급한 모든 철학 용어는 옮긴이가 임의로 번역하지 않고 국내 학계에서 일반적으로 통용되는 용어로 옮겼으며, 용례가 여러 가지일 때는 본문 문맥에 가장 어울리는 쪽을 선택했다. 한국어판이 여럿 있는 원서는 번역본을 두루 참조해 이 책의 맥락에 잘 들어맞는 용어로 적용했다.

삶이 무의미하다는 사실을 깨달을 때,
삶은 가치 있는 것이 된다.

알베르 카뮈

: 차례 :

ANXIETY

언제나 불안한 시대

불안은 자유의 현기증이다.

쇠렌 키르케고르

ANXIETY

불안을 철학한다는 것은 어떤 의미일까? 나 자신을 이해한다는 것이다. 세상과 나의 관계를 헤아린다는 것이다. 나는 이 책에서 그 이야기를 하려고 한다. 우리가 불안을 다룰 줄 알면 우리 자신과 우리 삶도 제대로 다룰 수 있다.

불안에 관한 책은 광범위한 사회학적 관찰과 통계를 바탕으로 쓰여야 할 것이다. 그래야 오늘날 우리 사회에서 불안으로 인한 고통이 얼마나 흔한지, 불안 때문에 알게 모르게 약을 먹는 일이 얼마나 일상적인지 확실히 알 수 있다. 우리 문명의 역사적·문화적 기록은 각 세대의 인류가 겪는 불안의 형태와 그것이 수반하는 상황을 직간접적으로 드러내므로, 현재 우리 세대도 그 연속선상에서 인간 존재의 지울 수 없어 보이는 측면인 불안에 여전히 시달리고 있다.

우리는 전설처럼 전해져 내려오는 과거 인류의 사회적·문화적·정치적 위기가 초래한 심리 변화를 다룬 오랜 문헌을 통해 당시 시민들의 심적 고통을 헤아리면서, 그때의 불안이 우리 시대의 현대적 표현에도 반영되고 있음을 발견하곤 한다. 1930년대, 40년대, 50년대, 60년대는 물론 비교적 최근인 2000년대의 첫 10년에도 언제나 우리 시대는 불안 자체가 문화일 정도로 전례 없는 '불안의 시대'였다. 그와 더불어 각 시대의 사상가들은 신체적·사회적·정치적 상황이 인간 실존 자체를 향한 우리의 불안을 모든 것에 우선하는 두려움으로 탈바꿈시켰다고 자평했다. 인류의 모든 시대가 결국 '불안의 시대'로 보인다. '고뇌', '근심', '번민' 같은 옷으로 그 원초적 의미를 가린 채 불안은 우리의 모든 시대를 지배해왔다.

일반적으로 근심과 걱정은 구체적인 대상이나 상황에 대한 두려움이다. 그런데 불안은 형태가 없는 것에 대한 두려움, 즉 '실체가 없는' 두려움이다. 왜 우리는 실체 없는 불안을 느껴야 하고, 그것 때문에 고통을 받아야 할까? 이와 관련해 각각의 시대마다 불안은 '신앙, 믿음, 의미의 정식적 위기', '신체적·사회적 환경에 대한 조건부 반응에서 비롯되는 인지적·행동적 양상', '스스로 죽음을 예측할 수 있는 시간적 감각을 가진 인간종에 국한된 본능', '물리적·정신적 스트레스나 사회의 성적 억압에 대한 반응', '인간종의 신경생리학적 문제에 따른 의학적 고통' 등 다양하게 해석됐다. 특히 무의식과 분열하는 정신을 이론화한 프로이트식의 정신분석학적 이해는 인간 내면의 심리적 갈등을 들여다봄으로써 불안을 치유하려고 시도했다. 현대 정신의학과 신경과학도 불안을 인간의 생물학적 메커니즘의 한 부분으로 분리하고 수정한다.

　반면 철학적이고 사색적인 전통은 불안의 메커니즘이 아닌 '의미'에 초점을 맞춘다.[1] 불안으로 고통받는 사람 대부분은 시간을 과거와 현재 그리고 끝이 있는 미래라는 '유한한' 개념으로 인식하며, '불확실한 미래의 고통'에 대해 두려워한다. 확실히 불안은 감정이기에 인간 뇌의 생물학적 기능 일부라고 할 수 있지만, 생물학과 불안 사이의 인과관계는 여전히 불분명하고 불투명하다. 더욱이 불안은 부분적으로 우리의 자연적 환경과 인위적 환경, 즉 타고난 '본성'과 학습된 '양육'의 영향을 받는다. 아울러 불안은 뭔가를 믿는 사람들에게 나타나는 심각한 정신적 위기이거나, 믿음에 부응하지 못하고 현존에 부합하지 못한 결과일 수도 있다. 불안은 과거로 인해 괴로워하는 거칠게 부서진 마음의 지표일 수도 있고, 소외하고 억압하는 사회와 문화의 산물일 수도 있다. 아니면 애초에 인간 의식의 본질이 불안일지도 모른다.

　불안은 충분한 연구 자금을 지원받는 경험 심리학이나 약리학이나 신경생리학의 인상 깊은 발전에도 불구하고 여전히 보편적이고도 지속적인 양상으로 남아있는 인간 존재의 한 측면으로 보이며, 과학적 패러다임과 프레임워크 변화에도 쉽게 휘둘리지 않는 신비로운 현상인 것 같다. 사실상 우리는 불안을 어떤 범주에 어떻게 집어넣어야 할지 잘 알지 못한다. 애써 그렇지 않은 척 해봐야 지그문트 프로이트 (Sigmund Freud)가 말한 '과객(wayfarer)', 즉 두려움을 쫓아내려고 "어둠 속에서 휘파람을 불어도" 전혀 나아질 게 없었던 사람과 같아질 뿐이다.[2] 무척이나 다양한 양상과 겉으로 보기에는 이질적인 수많은 원인에 둘러싸인 불안의 다양성과 복잡성은 인간이 단순한 생물학적 자동기계가 아니며 본성이나 양육 환경, 계급, 인종 또는 젠더(gender) 정체성으로 좌우되는 생명체도 아니라는 사실을 상기시킨다. 요컨대 불안은 우리가 말하기 좋아하는 각종 이론의 원자들로는 쉽사리 분해되지 않는 무서울 정도로 기이한 개념이다.

　지금 우리 시대가 특히 불안한 까닭은 기술적·물질적 성취와 낙관주의가 그다지 중요하지 않다는 침울한 사실에 직면해 있기 때문이다. 힘 있고 부유한 사람들, 엄청난 명성과 재산을 쌓은 사람들도 자동차나 비행기에서 쓰러진다. 그들은 얼마든지 최고 수준의 의료 서비스를 받을 수 있고, 그래서 평균 기대 수명도 길다. 얼마든지 개인 전용기를 타고 기후 변화가 초래한 허리케인이나 홍수로부터 도망칠 수 있다. 그러나 그들 역시 인간이다. 그들 자신이나 그들이 사랑하는 사람들도 우리와 마찬가지로 잔혹한 불행, 유전적 한계로 인한 생물학적 시한폭탄, 갖가지 끔찍한 사건들에 굴복당한다. 그들 또한 우리와 똑같이 고통과 죽음을 끊임없이 목격한다. 높은 경제적 이동성과 사회적 성공이 그들의 자녀들에게 가장 좋은 옷과 최고의 아이비리그 교육과 값비싼 피아노 개인 교습을 제공해줄 수는 있겠지만, 도로의 음주 운전자와 비행기 추락과 소아암 같은 치명적 질병을 막아주지는 못한다. 지구 전체를 잠식하는 기후 변화에서도 영원히 도망칠 수 없고, 최악의 급성 정신 질환이나 신경증과 우울증으로부터도 자신들의 가장 소중한 가족을 보호해줄 수 없다. 자연을 향한 우리의 기술적 지배력, 경제력, 과학적 능력은 인간의 근본적이고 실존적인 곤경을 털끝만큼도 건들지 못한다. 이 변함없는 진실을 반복해서 확인할 수밖에 없다는 사실, 출구가 존재하지 않는다는 지속적인 깨달음이 불안과 두려움의 궁극적 원인이다.

오늘날 우리가 느끼는 당혹감은 더 크다. 신체적·정신적 영역을 막론하고 과학의 거침없는 전진과 기술의 끊임없는 진보가 우리에게 상상 속 유토피아를 현실로 만들 수 있다는 낙관주의로 이끌었기 때문이다. 더 오래 살 수 있다는, 죽음의 시점을 늦출 수 있다는 희망은 병들어 고통받으며 만년을 보내야 한다는 자각과 함께 또 다른 두려움을 낳았고, 죽음을 더 무서운 것으로 받아들이게 함으로써 불안을 가중하고 있다. 그리고 아마도 이전 세대에는 없던 불안, 대표적으로 기후 변화의 재앙이 암시하듯 물리적 진보와 자연에 대한 지배력이 달콤한 꿈이 아닌 끔찍한 악몽임을 알게 됐기 때문이다. 그동안 너무나 당연해 소중한지도 몰랐던 깨끗한 공기와 물이 우리 아이들의 미래에는 역사로만 기록될 수 있다. 우리가 마냥 즐기기만 하는 현대의 디지털 플랫폼과 소셜 네트워크 도구가 소통과 관계를 진화시키기는커녕 되레 지적 기능 장애를 일으키는 데다 또 다른 권력 수단으로 악용되고 있음을 눈치챘기 때문이기도 하다. 무엇보다 우리가 지금 갖고 누리는 것들을 포기할 수 없다는 사실, 그 폐단을 알아도 어쩔 도리가 없다는 사실이 우리를 더 불안하게 한다. 아무리 물리적 외부 기술을 연마하고 강화하더라도, 아무리 새로운 인류의 또 새로운 인류가 되더라도, 우리는 내부의 오래된 두려움과 불확실함과 불안을 그대로 유지한 채 살아가야 하는 존재들이다. 달리 말해 뭔가를 계속해서 생각할 수밖에 없는 우리는 불안에서 벗어날 수 없다. 우리가 생각하는 한 우리는 불안하다.

　인간이라면 누구나 가진 이런 특성, 늘 생각하고 결코 생각을 멈출 수 없는 존재성이 불안의 본질을 가리키고 있으며, 우리 삶에서 불안이 차지하는 위치와 우리가 불안과 관련해 무엇을 할 수 있는지에 대한 단서를 제공한다.

　불안은 인류의 가장 오래된 상념인 철학과 긴밀한 관계를 맺고 있다. 우리는 뚜렷한 위협이 보이지 않을 때도 무엇이 자신을 괴롭히고 어떤 고통을 줄지 알고 싶어 하며, 물질적 성공과 정신적 위안을 얻은 뒤에도 왜 계속해서 불안과 두려움을 느끼는지 궁금해 못 견디므로, 언제나 반추하고 성찰하고 철학적으로 생각하고자 애쓴다. 사실 철학을 불안을 치유해줄 수단이나 방법으로 여기는 경향은 놀라운 일도 아니다. 왜냐하면 아주 오래전부터 지혜의 연인인 철학자를 정신과 영혼의 의사, 좀더 정확히 표현하자면 어원적 의미에서 철학의 여명기인 고대로까지 거슬러 올라가 정신의 치유자, 즉 일종의 '심리치료사'로 여겨왔

: 불안을 철학하다 :

기 때문이다.[3] 영혼의 고통을 철학적으로 치유하려면 형이상학적이고 도덕적인 '자기진단'과 '자기발견' 그리고 '자기수용'이 필요하다.

하지만 불안은 단지 철학이 해결책을 제시할 문제나 철학이 치유법을 처방할 고통을 넘어서 있다. 오히려 불안은 철학 자체에 가깝다. 불안은 철학이 싹트고 꽃을 피우는 바로 그 "양토(壤土/loam)"다.[4] 수많은 철학적 탐구에서 명확히 드러났듯이 불안은 우리 인간의 유한성과 필멸성 그리고 인식적 한계에 대한 근본적인 반응이다. 질문을 던져 해답을 구하는 과정에서 불확실성을 없애려고 하는 철학적 탐구가 이와 같은 불안에 대응한다. 의심하고 질문을 제기하는 철학적 존재인 인간은 결정적 차원에서 불안한 존재다. 불안한 존재는 자신이 세상에 관해 알고 믿는 것에 만족하지 않고 끊임없이 불충분하다고 여기기에 철학을 한다.

우리는 의심을 제거하려고 질문한다. 우리 존재의 본질은 무엇인가? 우리가 사는 세상은 어떤 세상인가? 선함이 보상을 받는 세상인가? 행복이 실현되는 세상인가? 우리 세상이 세상의 전부인가? 저세상은 무엇인가? 저승, 사후세계의 본질은 무엇인가? 우리는 무엇을 모르는가? 우리는 정말로 뭔가를 확신할 수 있는가? 우리가 절대로 알 수 없는 진리란 있는가?

윤리적 질문은 더 깊은 '도덕적 불안'을 드러낸다. 나는 옳게 살고 있는가? 타인을 헤아리는 올바른 방법은 무엇인가? 그저 살아갈 뿐인가? 내가 뭔가를 바로잡지 못하면 어떻게 되는가?

'지혜(sophia)'에 대한 '사랑(philos)'인 '필로소피아(philosophia)', 즉 '철학'은 인간의 위대한 상념이지만, 그 철학을 이끄는 것은 단순한 호기심이 아니다. 우리가 구하려는 답은 공포에 물든 경외와 경이로움을 해소할 치유법이다. 철학에서 우리가 쉽게 답을 찾을 수 없으면서도 엄청나게 중요하다고 여기는 질문들은 '그릇된' 답이 될지도 모른다는 거대한 불안을 동반한다. 모두 '불안'의 다른 이름이라고 할 만한 '고뇌', '우려', '근심', '번민' 등이 19세기에 이르러서야 공식적인 철학 용어로 명명됐다고는 하나, 우리는 그 이전의 철학 문헌에서도 그 영향력을 얼마든지 발견할 수 있다. 일찍부터 철학자들은 정신적·도덕적·인식적 고통을 불안의 종류로 묘사해왔다. 불안은 당혹감이나 경외심이나 불확실성을 나타내는 다양한 표현들과도 어우러져 있었다. 더욱이 불안은 '철학적 탐구 주제'인 동시에 '철학자 자신들'의 문제이기도 했다. 철학자들은 불안을 향해 날카로운 형이상학적·도덕적·인식론적 질문을 던지면서 무엇을 느꼈을까? 다름 아닌 '불안'을 느꼈다. 그렇게 불안은 그 자체로 철학이 됐고, 이내 인간 존재의 지울 수 없는 특성이자 인간 의식의 밑바탕으로 이해됐다.

回

나는 이 책에서 '불교 철학', '실존주의 철학' 및 '실존주의 신학', '정신분석학', '유물론적 비판 철학'을 바탕으로 불안에 관한 '철학적 지침'

을 제공할 것이다. 내 참고문헌 목록에서 알 수 있듯이 우리가 불안을 심리학, 철학, 종교 분야의 저마다 전통적이고 학문적인 주제로 분리해서 생각하지만 않는다면 불안에 대한 철학적 사유의 폭은 한층 넓어진다. 불안을 해소하려는 종교적 처방은 형식과 내용 모두에서 철학적이며, 수많은 심리치료법 역시 그 근간과 방식 모두에서 철학적임을 인식할 필요가 있다.

현재 우리 문화에서 유행 중인 "불안이란 실제로 무엇인가?" 논쟁은 내게 별로 중요하지 않다. 만약 불안을 생물학적·의학적 현상, 뇌 회로의 재배선이나 화학적 불균형 문제 등으로 간주한다면 신경생리학과 정신의학 전문가들의 도움을 받으면 된다. 불안을 심리적·행태적 개념으로 여긴다면 심리치료사나 임상심리학자를 비롯한 각종 상담 및 치유 요법에 의지하면 된다.[5] 이 책에서 내 의도는 불안의 '인간적' 고통에 집중해 불안의 '의미'를 철학적으로 이해하는 데 있으며, 불안이 "X일 뿐"이라고 규정한다고 해서 불안이 '감소'하는 것은 아니라는 사실을 지적하는 데 있다. 불안에 시달리는 사람들에게 그 고통이 그저 신체적·정신적 기능 장애에 불과하다는 설명은 그런 기능 장애가 자신에게 어떤 의미와 중요성이 있을지 이해하는 데 아무런 도움도 되지 않는다.

그렇다면 불안에 관한 '철학적 지침'을 제공한다는 것은 무슨 뜻일까? 간단히 말하자면 '불안의 철학적 이론', 즉 몇몇 철학자들(물론 내가 선택한)이 불안에 대해 말한 내용을 소개한다는 의미다. 때때로 어려워

보이는 그들의 설명을 되도록 쉽게 옮겨 불안이 우리 일상에서 갖는 역할을 이해하고 불안과 더불어 삶을 능동적으로 살아가는 방법을 전할 것이다. 붓다(Buddha/佛陀), 장 폴 사르트르(Jean-Paul Sartre), 프리드리히 니체(Friedrich Nietzsche), 쇠렌 키르케고르(Søren Kierkegaard), 폴 틸리히(Paul Tillich), 마르틴 하이데거(Martin Heidegger), 지그문트 프로이트가 우리에게 제시하는 철학적 성찰은 모두 불안을 '인간의 조건'으로 바라본다. 불안하다는 것은 인간이 된다는 것이고, 인간이 된다는 것은 불안하다는 것이다. 불안은 항상 제거해야 할 병리 현상이 아니라 인간 존재의 피할 수 없고 없어서는 안 될 요소다. 불안하다는 것은 우리 자신의 인간성과 인격성을 확인한다는 것, 다시 말해 세상에서 우리가 차지하는 위치에 대한 이해를 구하는 것이다. 우리는 우주의 나머지 부분들과 매우 특별한 관계를 맺고 있는 특별한 종류의 실체인 까닭에 불안하다. 따라서 우리 존재의 본질, 이 같은 관계의 본질을 이해하는 것이 불안의 본질을 이해하는 열쇠다. 그리고 그 반대도 마찬가지다. 불안을 이해하면 우리 존재도 이해할 수 있기 때문이다. 반면 헤르베르트 마르쿠제(Herbert Marcuse)와 카를 마르크스(Karl Marx)는 '사회의 결과'에 초점을 맞춰 불안을 바라봤다. 우리는 사회의 억압과 불평등으로 소외당하기 때문에 불안하다.

이 책에서 나는 여러분과 함께 네 가지 갈래로 불안을 철학할 것이다. 첫째, '불교'를 종교가 아닌 철학의 한 분야, 불안을 우리 자신의 본성에 대한 깊은 오해로 보고 인간 자의식 이해에 초점을 맞춰 그 고통을 들여다보는 철학으로 규정해 들여다볼 것이다. 만약 불안이 우리의 실존에 고통을 주는 요인이라면 비록 그 종착점까지 이르는 길이 멀고 험난하더라도 마땅히 제거해야 하고 제거할 수 있어야 한다. 둘째, 불안이 참된 자유와 존재의 특징이며 자기발견과 진정한 지식으로 향하는 특권적 관문이라고 주장한 19세기와 20세기 유럽 '실존주의' 철학자들의 대표 주장을 살필 것이다. 우리는 불안을 떠안고 살아갈 방법을 찾아야 하며, 불안과의 투쟁을 기꺼이 환영해야 한다. 불안을 애써 모른 척하며 사는 삶은 우리 삶을 능동적으로 붙잡기보다 살아지면서 생긴 '나쁜 믿음'에 휘둘리는 거짓된 삶이 되기 때문이다. 셋째, 불안은 문명화한 인류가 필연적으로 수반한 양상이며 정신의 외적·내적 억압과 갈등의 결과이기에, 불안을 온전히 받아들여 우리 존재를 인식하는 감각에 통합해야 한다고 설명한 프로이트 '정신분석' 이론을 고려할 것이다. 넷째, 불안이 사회의 비인간화와 소외화에 저항하는 인간 반응이라고 주장한 헤르베르트 마르쿠제와 카를 마르크스의 유물론적 '소외' 개념을 소개할 것이다. 이들에 따르면 우리는 불안을 수용하기보다 세상의 사회·정치·문화를 (때로는 근본적으로) 변화시켜 우리 삶에서 불안을 유발하는 원인을 없애기 위해 노력해야 한다.

이 네 가지 갈래로 불안을 들여다보면 불안은 우리가 어떤 존재인지를 알아가는 과정에서, 우리 사회가 어떻게 구성돼 있는지를 깨닫게 되는 과정에서, 타인을 어떻게 대해야 하고 자신이 대접받으려면 어떻게 해야 하는지 이해하는 과정에서 발생한다는 사실을 알 수 있다. 그렇기에 불안을 철학한다는 것은 '실존적'이고 '정치적'이며 '도덕적'인 불안을 다루는 일이 된다.

이 네 가지 관점을 불안과 연결함으로써 우리는 불안이 '치유'될 수 있고 그래야만 한다고 주장할 수 있지만, 이는 어디까지나 우리를 불안하게 만드는 어떤 인위적인 힘을 적절히 평가하고 객관적인 태도를 유지하는 특정 방식으로만 가능하다. 우리가 반드시 죽고 마는 '필멸의 존재'라는 단순하고도 명백한 사실이 늘 우리를 불안하게 하고 뭔가에 의지하게 한다. 그렇지만 우리가 억지로 개인의 불안감을 증폭하거나 우리 스스로 구성한 사회적 장치로 불안의 고통을 악화할 이유는 없다. 우리는 '근본적' 불안과 '인위적' 불안을 분리해서 바라봐야 한다. 이 같은 철학적 사고방식을 통해 우리는 불안이 문제라는 사실을 인정하는 동시에 불안을 어디까지 수용하고 어느 선에서 저항할지 그 척도를 정할 수 있다.

나는 불안에 관한 철학적 지침, 즉 불안의 철학적 이론을 소개하면서 우리가 불안의 고통을 어느 정도 해소할 수 있는 '철학적 방법론', 다시 말해 불안과 더불어 살아가는 방법도 설명할 것이다. 이런 방법론 가운데는 이전에 미처 몰랐거나 생각해보지 않았던 새로운 철학적 이해로 불안의 의미를 다시 들여다보는 '재개념화'가 있다. 감정은 '인식'의 소산이므로 우리는 새로운 철학적 비전을 확보함으로써 두렵고 불확실하다고만 여겨왔던 불안을 다시 인식하고 다르게 이해해 감정을 통제할 수 있다. 철학은 불안을 병리학적 관점에서 보지 않고 인간

의식의 필수 구성 요소로 재해석·재분류해 불안을 우리 삶에 통합할 수 있다. 불안을 철학적으로 들여다본다는 것은 단순히 불안에 '반응'하고 '고통'을 느끼는 게 아닌 불안을 '생각'하고 '반추'한다는 뜻이며, 우리 내면에 사는 야수의 본성을 바꾼다는 의미다. 방금 말했듯이 감정은 인식의 지배를 받기에 우리가 불안의 본질과 불안이 우리 삶에 미치는 영향을 다르게 인식하면 불안을 느끼는 우리의 감정은 바뀔 수 있다. 불안을 솔직하고 객관적으로 성찰하면 우리는 그동안 불안 때문에 얻은 마음의 상처와 보상받지 못한 약속과 함께 불안 덕분에 겪은 삶의 도전과 축복도 명확히 구분할 수 있다. 그리고 그다음부터는 잘못된 불안이 잘못된 선택과 결정과 행동을 초래하지 않도록 스스로 예리하게 평가하는 이성의 힘을 발휘할 수 있다. 불안의 철학적 성찰은 우리 자신을 더 큰 자기이해와 자기수용의 길로 인도한다.

그렇더라도 현재 많은 사람이 고통받고 있는 끔찍한 불안 장애와 공황 발작에는 철학적 성찰이 무익한 것처럼 보인다. 상식적으로 생각해봐도 지금 병리적 불안 상태에 있는 사람들에게 불안을 합리적으로 고찰해보라거나 불안이 인간 존재의 본질적이고 불가피한 구성 요소라고 설명하는 것은 욕먹기 딱 좋은 소리다. 당장 불안 때문에 고통을 겪는 사람들에게 불안이 해롭지 않을 수도 있다는 제안은 상당히 모욕적으로 들릴 것이다. 그러므로 내가 이 책에서 설명하는 철학적 성찰은 일상적인 범주에서의 불안, 적어도 정상적인 사고가 불가능한 병리적 불안에 시달리지 않는 사람들에게 해당하는 이야기다. 병리학적 진단을 받을 정도로 고통받는 사람들에게 불안은 외부의 공격자처럼 느껴지는 데다, 내면의 다른 고통이 더 커지기 전에 내쫓아야 할 존재처럼 여겨질 것이다. 하지만 공교롭게도 '효과'가 있다는 항불안제 약물조차도 앞으로 살필 근원적인 '실존적' 불안과 그것이 파생하는 불안을 해소하거나 개선하지는 못한다.

물론 여러분이 단순히 불안에 관한 철학적 해석을 받아들이는 것만으로 이 책을 다 읽고서 "이제 알았어, 나는 더는 불안해하지 않을 거야"라고 다짐하지는 않을 것이다. 더욱이 잠재적으로 치유를 목적으로 하는 철학적 교의는 지적으로나 감정적으로 모두 타당해야 한다. 그런 타당함은 여러분이 삶을 이해하고 해석해온 방식과 그에 대한 철학적 주장이 일치할 때라야 확보된다. 내가 이 책에서 말하는 내용에 여러분이 이성적으로 공감할 수 있다면 철학적으로 불안을 '훈습(薰習/Working Through)', 즉 없애려고 애쓰기보다 그 향이 마음에 배어들도록 해서 실제로 불안한 마음이 들었을 때도 전과 다르게 그 불안을 '이해'하고 다르게 '경험'할 수 있다. 대상을 똑바로 바라보지 않으면 결코 그 대상을 이해할 수 없듯이, 불안을 제대로 이해하려면 불안을 피하거나 외면하지 말고 직시하면서 그 핵심이 어디를 가리키는지 확인해야 한다. 이것이 불안을 철학해 불안을 치유한다는 비유가 성립하는 배경이다. 다만 여기에서의 치유가 병리학적 치료를 일컫는 것은 아니다. 불안의 철학적 치유는 불안을 제거하는 게 아닌 불안을 재정의한다. 거듭 말하지만 '인식'이 '감정'에 선행한다. 불안을 철학하면 불안을 다르게 '이해'해 다르게 '변모'시킬 수 있고, 어쩌면 '해체'할 수도 있다. 불안을 재해석하는 과정에서 불안의 정체성을 달리 '인식'하면 불안을 느끼는 '감정'도 달라진다. 이때 불안은 이미 우리가 그 본질을 바꿨기에 더는 그동안 우리가 느꼈던 불안이 아니다. 우리는 철학을 통해 불안을 다양하게 인식할 수 있다. 우리가 불안을 다르게 이해하면 우리는 불안과 얼마든지 삶을 함께할 수 있음을 발견할 수도 있고, 우리 자신의 내면과 상념에 변화를 가져올 수도 있다. 결과적으로 불안을 철학하면 불안이 우리 삶을 고찰하는 데 얼마나 중요한지, 살 만한 가치가 있는 삶에 얼마나 크게 이바지하는지 알 수 있다.

세계에서 가장 뛰어나다는 심리치료 전통의 역사를 보면 하나같이 인간이라는 존재에 관한 철학적 성찰에 근거하고 있음을 발견하게 된다. 이들의 모든 노력은 사람의 마음과 그 병리 현상에 대한 일련의 철학적 가정과 명제로 뒷받침된다. 그러나 프로이트를 비롯한 이 분야의 어떤 선구자들도 철학적으로 정교하지 않으며, 자신들의 치료 이론을 세울 때 기댄 철학적 기반에 대해 잘 인정하려고 들지 않는다. 현대 심리치료 양식에 철학이 어느 정도로 차용되고 있는지 단박에 확인하려면 우리가 느끼고 생각하고 행동하는 방식이 내재해 있는 게 아니라 우리가 지속해서 학습해 조건화하는 과정이라고 주장하는 '인지행동치료(CBT)'를 살피면 된다.6 인지행동치료는 정신건강과 심리적 문제를 생각과 감정 그리고 행동 사이의 관계에 초점을 맞춰 분석한다. 즉, 인식이 감정을 낳고 감정이 행동에 영향을 미친다는 철학적 성찰과 궤를 함께한다. 이 관점에서 지속적인 '잘못된' 인식은 사고 패턴과 신념을 형성해 원하지 않던 불행감, 우울감, 불안감으로 이어진다. 반면 일찍이 아리스토텔레스(Aristoteles)가 '도덕적 덕'과 더불어 제시한 '지적 덕' 이론과 관련해서는 우리의 이성을 단련해 '올바른' 신념이 설정한 '삶의 목표'에 따라 우리의 감정도 '적절한' 중심을 찾을 수 있도록 돕는다. 인지행동치료는 고대 아리스토텔레스와 스토아 철학, 불교 철학과 도교 철학 전통에서 공공연하게 영감을 받아 심리적 장애 치료에 적용한 '철학적 방법론'의 명확한 사례 중 하나다.7 효과가 좋으니 신뢰도 크다. 인지행동치료의 우울증과 불안증 치료 성과는 꽤 인상적이다. 약물은 최후의 보루다. 심리치료 분야에서 주목할 만한 임상 결과는 대개 인지행동치료 쪽에서 나온다.8 인간의 인식과 신념에 대한 해석을 통해 해로운 사고 패턴을 수정하는 인지행동치료는 임상심리학 분야의 유력한 불안 치료법으로 평가받으며, 철학과 철학적 성찰이 불안 치유에 커다란 이론적 토대가 된다는 사실을 임상적으로 증명하고 있다.9

철학적 관점에서 불안은 인간이라는 양태의 구성 요소이자 존재를 인식하는 우리 의식의 필연적인 반응이다. 불안을 유발하는 외부적 요인은 다양하지만, 우리는 내면적으로도 늘 불안할 기회를 찾는다. 사실 불안을 느끼는 것이 인간의 '정상적' 상태이기에 오히려 불안하지 않은 사람을 '비정상적'이라고 의심해야 한다. 따라서 이런 명제가 성립할 수 있다.

"우리는 항상 불안할 것이다. 그러나 불안해하는 것에 대해 불안할 필요는 없다."

나는 다른 철학자들의 문헌을 소개하면서 저마다 이 명제에 힘을 실어주고 있다고 주장할 것이다. 불안은 중독적인 행동들이 그렇듯이 그 본질에서 병리나 장애가 아니다. 대체로 불안은 우리가 살고 싶은 삶을 방해받을 때 느껴지나, 우리가 살고 싶은 삶을 잘 살더라도 불안이 사라지지는 않는다. 불안을 철학하면 불안이 우리가 계속해서 살고 싶은 삶의 실마리를 찾는 데 도움이 된다는 사실을 깨닫게 될 것이다.

철학을 제외하고 여러 분야에 걸쳐 불안을 연구하는 학자들은 이 용어가 너무 남발되고 있다고, 감정이나 행동이나 기분은 물론 뇌의 상태를 일컫기도 하는 등 무분별하게 사용되고 있다고 불평하곤 한다. 특히 어떤 임상심리학자는 자신이 이름 붙인 장애의 명칭과 실존적 감정 사이를 혼동하면 안 된다고 주장한다.[10] 미국정신의학회(APA)가 공식적으로 활용하는 정신 질환 진단 및 처방 체계를 책으로 엮은 《정신 장애 진단 및 통계 편람(Diagnostic and Statistical Manual of Mental Disorders/DSM)》을 보면 '외상 후 스트레스 장애(PTSD)', '공황 발작(PA)', '강박 장애(OCD)' 등이 모두 '불안 장애(Anxiety Disorders/AD)' 범주로 묶여 있으며, 각각의 질환은 의사가 판단한 증상에 따라 그에 맞는 약물이 처방된다. 이 편람대로라면 여러분이 느끼는 불안은 불안이 아닌 것 같다. 불안을 병으로 분류하고 있으니까 말이다. 하지만 여러분이나 나나 모두 실제로 불안을 느낀다. 불안을 병리학적으로 분류한 이 편람을 읽고 있으면 여기에서 설명하는 불안의 정의는 여러분 개인의 일상적 경험에 비추어 '정상적' 불안이 아님을 알 수 있다. 불안을 세세히 분류해 각각 정확히 어떤 장애인지 판가름하는 작업은 우리 논의에서 필요하지 않을뿐더러 바람직하지도 않다. 정말로 중요한 것은 여러분이 평소 느끼는 불안에 대한 이해다. 정신분석적 불안, 실존적 불안, 유물론적 불안 등을 통틀어 '범불안 장애(GAD)'로 규정하기도 하지만, 그래서 넓은 의미의 장애로 볼 수도 있겠지만, 여러분 개인의 삶과 연결해 생각해보면 그렇게 일반화한 불안은 모두 여러분 저마다의 독특한 '철학적 불안'이 여러분의 존재와 삶을 표현하는 방식임을 깨닫게 된다.

回

철학에는 치유의 힘이 있다. 철학은 우리 삶의 불확실한 윤곽과 궤적을 인식하도록 돕는 방식으로 우리의 감정을 치유한다. 불안에 관한 철학자들의 글을 읽으면 비록 우리 삶에서 불안을 지우지는 못해도 우리가 왜 그토록 자주 불안한지 그 본질을 들여다봄으로써 불안이 우리 자신을 제대로 인식하는 데 큰 도움이 된다는 사실을 이해할 수 있다. 불안의 본질에 대한 철학적 성찰로 우리는 불안을 더 깊이 이해하게 되고 불안과 더 친밀한 관계, 즉 불안을 온전히 수용할 수 있는 통로를 확보할 수 있다. 우리는 절대로 불안하지 않을 수 없지만, 철학은 우리가 불안에 대해 불안해하지 않도록 도울 수 있다. 달리 말해 우리는 불안을 불안하지 않은 것으로 인식할 수 있다.

"눈물은 지적인 것"이며 두려움, 기쁨, 후회, 불안도 모두 지성의 산물이다.[11] 그러나 지성과 그 복잡성은 인간의 육체와 분리된 실체가 아니다. 지성은 매우 특별하게 작용한다. 본격적으로 불안을 철학하기에 앞서 나는 불안과 내 개인의 관계를 다양한 철학 이론과 연결해 불안이 내 삶에서 어떤 역할을 하고 있는지 성찰할 것이다. 가족과의 사별과 심리치료 그리고 철학적 사유 과정에서 내가 불안과 어떤 식으로 마주했고 치유될 수 있었는지 매우 솔직하게 고백할 것이다. 미리 언급하자면 내 가장 중요한 발견은 개인적 상실의 충격으로 불안한 것이 아니었다는 사실이다. 나는 늘 불안했고 앞으로도 반드시 불안할 것이다. 결과적으로 나는 병리학적 치료를 받은 것이 아니었다. 나는 거울 속 나 자신을 온전히 인식하고 받아드림으로써 치유됐다. 내 불안이 지금 있는 그대로의 나를 만들었고, 나 자신이기를 거부하는 동안 불안은 내게 불안한 것으로 인식됐다.

다음 장에서 이어질 내 개인적이고 자기방임적인 불안 고백을 여러분의 사례 연구로 삼기를 바란다. 한 인간이 불안에 관한 철학적 성찰에 대응해 어떤 삶을 살아왔고 불안을 어떻게 자신의 존재 자체로 녹

여냈는지 살필 수 있을 것이다. 당연히 내 삶의 세부 사항은 여러분과 상당히 다르겠지만, 어쨌든 우리는 모두 똑같은 인간이니 여러분과 나 사이에 공감적 유대를 형성할 수 있는 공통점을 충분히 찾으리라고 기대한다. 철학적 교의와 우리 자신의 삶 사이에 놓일 다리는 각 삶의 세부 사항에 달렸으므로, 여러분이 이 같은 교의에 접근하는 방식 또한 여러분 자신만의 고유한 불안과 여러분 삶에 대한 개인적 해석에 따라 달라질 것이다.

서문 격인 이 장은 여기에서 마치고, 이제 나는 불안을 더 깊게 이해하기 위한 길로 여러분을 인도하려고 한다. 이 책은 불안을 다시 생각하고 다시 성찰하고 다시 개념화하는 이벤트로의 초대장이다. 그렇지만 나는 병리학적 처방이나 치료법은 제시하지 못할 것이다. 철학하는 사람으로서 나는 내가 할 수 없는 것을 약속하지 않는다. 단지 나는 우리가 불안 속에서 혼자가 아니라는 사실을 발견하기를 바라면서 여러분과 나와 똑같았던 사람들, 똑같이 불안했고 불안의 본질을 깨닫기를 원했던 철학자들의 생각을 전할 뿐이다. 불안은 우리가 똑같은 인간이라는 증거이자 우리가 인간 공동체에 가입돼 있다는 절대적 표식이다. 어쩌면 이 과정에서 여러분의 불안이 철학적으로 치유될 수도 있을 것이다. 솔직히 나는 그러리라고 믿는다. 철학이 입혀주는 '갑옷'은 무척 견고하며, 철학이 쥐여주는 '무기'는 매우 강력하다.

항상 불안한 존재

오 마음이여,
마음에는 가을 절벽 같은 산이 있네.
무섭고, 순수하고,
누구도 가늠할 수 없는.
제러드 맨리 홉킨스

ANXIETY

내가 어릴 적 어느 날 아침, 아버지는 집에서 돌아가셨다. 나는 어머니가 황급히 도움을 요청하는 소리에 잠에서 깼다. 어머니는 형과 내 이름을 필사적으로, 두려운 목소리로, 큰 소리로, 딱 한 번 외치셨다. 나는 깜짝 놀라서 부모님 침실로 뛰어 들어갔다. 아버지는 엄청난 심장마비의 고통 속에서 경련을 일으키고 있었다. 입가에 거품을 문 채 아무 말도 하지 못하고, 가슴을 헐떡이며, 어떻게든 폐에 공기를 채우고자 몸부림치셨다. 어머니는 그런 아버지를 붙잡고 어쩔 줄 몰라 하셨다.

의사 선생님이 청진기와 검은 가방을 들고 서둘러 들어오셨을 때 아버지의 숨은 이미 끊어진 상태였다. 정말 잘생긴 얼굴에 레이밴(Ray-Ban) 선글라스가 짧은 머리와 너무나도 잘 어울렸던 내 아버지, 두 번의 전쟁에서 초음속 전투기를 조종하며 대공 포격과 공중 요격을 모두 피했던 전쟁 영웅, 마침내 집으로 돌아와 가족과 행복한 나날을 보낼 자격이 충분했던 사내는, 아내와 두 아들이 무기력하게 지켜보는 가운데 침대에서조차도 그리 평화롭지 못한 죽음을 맞이했다. 총알과 포탄은 그의 몸을 꿰뚫지 못했지만, 박테리아는 그의 동맥을 막았다. 아버지는 마흔세 살이었고, 나는 열두 살이었다.

그로부터 14년 뒤, 어머니도 돌아가셨다. 어머니는 유방암으로 오랫동안 투병하셨다. 가슴을 절제한 뒤에도 화학 요법과 방사선 치료와 호르몬 치료가 이어졌다. 어머니는 잘 버티셨다. 수술 후 4년이 지났고 곧 완치 판정을 받을 터였다. 그러나 암세포는 끝까지 살아남아 기어이 어머니 목숨을 앗아갔다. 유방암이 재발한 후 고통이 어머니를 만신창이로 만들었다. 숨을 거두기까지 어머니의 마지막 나날들은 온 육체와 정신을 파괴했다. 간신히 삼킨 물마저 토해냈고, 간이 망가져 피부는 누렇게 변했고, 몸속의 온갖 병리 현상으로 폐는 쪼그라들고 으스러졌다. 그 참혹한 모습을 보다 못한 나는 고통이라도 줄여드리게 모르핀을 투여해달라고 부탁했고, 그로 인해 어머니는 맥박만 겨우 뛸 정도로 무기력해졌다. 그런데도 끝까지 고통은 어머니를 놓아주지 않았다. 오직 고통에만 반응해 약한 신음을 규칙적으로 힘겹게 내뱉으실 뿐이었다. 이제 어머니는 나를 알아보지 못하셨고, 어머니도 내가 알아보던 어머니가 아니었다. 그렇게 어머니는 세상을 떠났다. 어머니는 쉰두 살이었고, 나는 스물여섯 살이었다.

나는 어머니가 유방암 판정을 받던 날을 똑똑히 기억한다. 암은 부인할 수 없는 죽음의 전조였다. CT 검사에서 기이하고 알 수 없는 부분들이 촬영됐다. 주변 세포와 눈에 띄게 다른 불규칙한 영역이었고,

그 모양과 음영이 그곳들을 확실히 구분했다. 그래도 암세포들은 어머니의 삶을 지탱하는 다른 세포들과 어우러져 존재할 공간을 만들어내는 듯 보였다. 그렇기에 나는 죽음이 삶과 공존할 수 있기를 희망했다. 하지만 나는 어머니의 암이 아직 완전히 퍼지지는 않았어도 그것들이 절대로 굴하지 않을 것이고, 다른 세포들에 철저히 무관심하리라는 사실을 알았다. 암은 내 슬픔과 비통함, 앞으로 겪게 될 재앙에 대한 두려움을 무시했고, 정작 어머니를 양분 삼아 살면서도 숙주의 신체적·심리적 고통에 전혀 아랑곳하지 않았다. 암은 그저 세포와 분자의 목적론에 따라 움직였으며, 번성을 위한 분열을 계속하는 동안 생물학적 합창에서 불협화음을 거듭했다. 나는 어머니의 몸속에서 자신들의 세상을 만들어 날뛰는 그것들에 아무런 간섭도 하지 못했다. 육체의 주인인 어머니조차 할 수 있는 게 없었다. 우리는 생존, 번식, 확장을 위한 암의 계산과 무관했다. 암은 우리를 신경 쓰지 않았다. 암은 우리가 존재한다는 사실 자체를 알지 못했다.

만약 내가 세포막을 뚫고 들어가 그것들과 소통할 수 있었다면, 어머니가 살아남아야 할 이유를 적은 편지라도 전해줄 수 있었다면, 나는 제발 이러지 말라고, 어머니는 이미 너무 많은 고통을 받았다고, 이별을 준비할 시간도 없이 삶의 동반자를 갑자기 잃었다고, 고생해 키운 아들들과 떨어져 6년 동안을 홀로 지냈다고, 손자가 고작 한 살밖에 안 됐다고, 소원이니 부디 어머니 생명만큼은 빼앗지 말라고 부르짖었을 것이다. 그랬다면 내 절규에 귀 기울여줬을까? 우리의 딱한 사정을 헤아려줬을까? 우리의 고통, 어머니가 살아야 할 이유, 사춘기가 되자마자 영웅인 아버지를 잃어버린 아들의 슬픔, 어머니 못지않게 상실의 트라우마(trauma)로 삶이 틀어질까 조마조마하며 살아온 내게 연민을 느꼈을까?

그러나 당연하게도 암은 그 어떤 태도도 취하지 않았다. 암은 그럴 수 없기 때문이다. 암세포의 세계는 내 두려움, 희망, 욕망, 사랑과 완전히 동떨어져 있었다. 암은 끔찍이도 무관심했다. 차라리 그 세계가 이성과 감정이 있어서 적대적이거나 악의적이라면 나는 저주하고 싸우면서 전략을 세우거나, 어머니 생명을 담보할 암의 욕망을 채워줄 제물이라도 바쳐서 그것들을 달랬을 것이다. 하지만 그 세계는 인간의 저주나 거래에 반응하는 종류의 세계가 아니었기에 그런 시도는 요점을 완전히 벗어난 것이었다. 암과 우리는 같은 우주에 존재하나 우주는 우리에게 안보를 약속하지 않는다. 우주는 선악의 존재가 아니다. 우주는 우리의 운명에 무관심하고 삶과 사랑에도 관심이 없다. 우주는 우리가 존재한다는 사실조차 모른다. '창조—변형—파괴'의 끝없는 순환 속에서 우리를 우연히 뱉어냈다가 다시금 우연히 흡수할 뿐이다. 암세포의 세계도 그런 우주의 한 부분이었다.

부모님이 돌아가실 때마다, 두 번이나 내리친 번개는, 세상과 나 사이에 근본적이고 형이상학적인 단절을 일으켰다. 세상이 약속했던 중력, 내 어린 시절 불안한 상상 속 안식처는 사라졌다. 세상은 위험해졌고, 온갖 함정과 틈새와 들창이 도사리고 있었다. 불운한 세상은 희미하게나마 드러나 있었겠지만, 나는 그 중심을 보지 못했다. 이제 나는 그 안에서 살게 됐다. 그곳이 내가 차지해야 할 곳이었다. 나는 아버지의 죽음을 세상이 열두 살짜리 아이를 살찌우는 대가로 부과한 세금, 너무 끔찍해 딱 한 번만 내면 되는 세금이라고 상상했다. 그러나 세상은 14년 만에 세금을 또다시 요구했다. 그때 나는 알았다. 세상은 탐욕스럽고, 계속 탐욕스러울 테고, 이미 두 번이나 앗아간 생명에 만족하지 않을 것이다. 세상은 도무지 이해할 수 없을 정도로 위험했다. 한 신, 한 아이의 신, 동정적이고 자애롭고 기도만 하면 들어줄 것 같았던 신은 아버지와 함께 죽었다. 다른 신, 한 청년의 신, 이성적이고 합리적이고 세상을 해롭지 않은 곳으로 만들어줄 것 같았던 신은 어머니와 함께 죽었다. 나는 결코 신을 죽이지 않았지만, 신은 아버지와 어머니의 죽음을 매정하게 선언하고는 스스로 죽었다.

부모님의 죽음은 갑작스러움이라는 스펙트럼의 양극단을 오가며 내 삶에 지속해서 두려움을 감염시켰고, 치유할 수 없는 불안으로 내 삶을 잠식했다. 이 암울한 교훈은 내게 세상이 무자비한 우연의 확률로 지배되고 있음을 가르쳐줬다. 새벽은 그저 고요할 뿐 그날이 재앙적인 불행의 날이 되리라고 경고하지 않는다. 미국 소설가 조앤 디디온 (Joan Didion)은 "재앙에 대한 기억은 언제나 그날의 평범한 일상으로부터 시작한다"고 썼다.[1] 아버지가 갑자기 돌아가신 날도, 어머니가 말기 암 선고를 받은 날도, 평범한 날로 시작해 결코 평범하지 않은 날로 끝났다. 나는 재앙의 징조가 보이지 않을 때도 걱정하고 근심하고 불안할 계기와 이유가 있다는 사실을 힘겹게 배웠다. 세상은 나를 위해 존재하지 않았고 내 욕망에 부응하지도 않았다. 인도의 신성한 강물에 가루가 된 어머니의 유골을 흘려보낼 때, 나는 내 삶에 새로 나타난 듯 보이는 것들을 알게 됐다. 새로운 두려움이 시야에 들어왔고, 더 무서운 가능성이 눈앞으로 다가왔다. 번개가 두 번 칠 수 있다면, 세 번도, 네 번도 칠 수 있다. 번개가 계속 쳐서 나를 찢어발기는 상황을, 내 존재를 무참히 감염시키는 삶의 악성 종양을 무엇으로 막을 수 있을까? 부모님의 죽음은 나를 불안과 하나가 되게 만들었다. 모든 치명적인 가능성의 문을 대놓고 열어젖혔다. 나는 보기 싫어도 그 너머의 두려움을 엿볼 수밖에 없었다.

내 불안은 단순한 두려움보다 더 교활했다. 그것은 한꺼번에 들이닥치는 고통이자 열병이자 생활이었고, 내 경험에 고유한 색을 넣어 세상의 다른 모습을 보게 하는 렌즈였다. 일찍이 붓다는 세상의 근본적이고도 형이상학적 특징, 즉 우리가 경험하고 알게 되는 모든 것은 '공동 의존적'으로 발현된다고 말했다.[2] 그 어느 것도 그렇게 되는 모든 것에 독립해서 존재하지 않는다. 불안도 마찬가지다. 불안한 개인은 자기 자신의 개별적이고 특별한 불안으로 윤곽이 잡히고 색이 칠해진 세상에 사는 듯하지만, 그 세계 역시 고통받는 다른 사람들과 그들의 불안이 공동으로 형성한 세상이다. 우리는 혼자라서 불안하고 혼자가 아니라서 불안하다.

불안은 세상과의 해석적 관계에서 나오는 감정이자 해석을 매개하는 감정이며, 그 해석을 어떻게 하느냐에 따라 저마다 다른 방식으로 읽힌다. 우리의 불안은 사람, 사물, 사건과 상호 작용하면서 각기 다른 양상을 취한다. 한쪽 구석에 가만히 있는 저 사내에게서 불현듯 위협 감을 느끼고, 잘 앉아 있던 이 의자가 갑자기 불안정하고 불균형해진다. 오늘 먹었던 음식이 내일 질병을 유발할 것 같고, 아침에 한 행동이 저녁에 조롱거리가 될 것 같다. 내 가족, 내 아내, 내 아이가 훗날 잔인한 운명의 꼬임에 넘어갈 표적처럼 보인다. 나도 그랬다. 나는 나만의 고유하고 잔혹한 세상에 산다고 느꼈고, 내 존재는 떼려야 뗄 수 없는 동반자이자 해석자인 불안에 그늘졌다가 밝아지기를 반복했다.

回

나는 스물아홉 살이 돼서야 심리치료를 받기 시작했다.[3] 어머니가 돌아가시고 몇 년 동안 나는 내게 아무런 병리학적 조치도 취하지 않았다. 친구들이 계속해서 우울증이라고 걱정해도, 병원에 가봐야 한다고 설득해도, 나는 심리치료를 거부했다. 나약한 도피처럼 느껴지고 죄를 자백하는 것 같아서 싫었다. 이전까지만 해도 친구들(모두 남자)은 심리치료를 두고 '푸념의 문화'라거나 '정신의학에 대한 부모들의 과잉 신뢰'라면서 폄훼하곤 했다. 그런 분위기 속에서 나도 자연스레 심리치료를 남자답지 못한 것, 삶의 고난을 헤쳐나가지 못하는 나약한 사람들이나 의지하는 것이라고 여겼었다. 소파에 앉아 심리치료사 앞에서 이런저런 자기연민을 늘어놓는 광경도 떠올라 못마땅했다. 그렇게 나는 충분히 이겨낼 수 있으리라고 믿으면서 그냥 참고 지냈다. 하지만 상태는 나아지지 않았다. 걸핏하면 불안해졌고 자괴감이 밀려왔다. 술을 너무 많이 마셨고, 마리화나를 너무 자주 피웠고, 잠을 제대로 이룰 수 없었다. 매번 분노와 질투에 사로잡혀 연애도 계속 실패했다. 불안과 공황이 나를 지긋지긋하게도 괴롭혔다. 그러다가 1996년 가을에 이르러 철학 박사과정 자격시험을 치르면서 나 자신의 가치를 돌아보고 스스로 질문을 던질 기회가 주어졌다. 그때 비로소 나는 도움을 구해야겠다고 결심했다.

나는 뉴욕 맨해튼(Manhattan)에 있는 현대심리치료연구소(ICP)를 찾아가 면담한 뒤 심리치료사를 배정받아 1주일에 두 번씩 치료를 받기 시작했다. 그때 나는 항우울제 복용도 고려했는데, 어떤 약을 먹을지는 정신과 의사의 진단이 필요했다. 그래서 연구소 소개로 그리니치 빌리지(Greenwich Village)의 꽤 호화로운 정신병원을 방문했다. 의사는 여유로운 표정으로 내가 원한다면 가장 인기가 많은 프로작(Prozac)을 처방해줄 수 있다고 말했다. 하지만 그 효과만큼 부작용도 있고, 특히 성 기능 장애를 유발할 수 있다는 설명에 당혹스럽고 불안해져서, 결국 약물 말고 상담 치료만 받기로 했다. 이후 나는 5년 동안 대인관계, 정신역동, 정신분석 심리치료에 성실하게 임했다. 그리고 나는 알게 됐다. 나는 부모님의 죽음 이후 불안해진 것이 아니었다. 나는 늘 불안한 사람이었고, 내 불안이 다른 불안한 사람들(모든 사람)과 나를 똑같은 사람으로 계속해서 규정하고 있던 것이었다.

내가 배정받은 첫 번째 치료사는 무표정한 얼굴로 내 이야기를 듣기만 하는 젊은 여성이었다. 그녀의 침묵에 불안해진 나는 상담 시간이 끝날 때까지 내가 무슨 말을 하는지도 모를 정도로 빠르고 장황하게 말을 늘어놓았다. 그다음에도 마찬가지였다. 나는 치료사를 바꿔달라고 요청했다. 나는 나와 적극적으로 소통할 사람이 필요했다. 내가 정신적으로 건강하지 않다는 사실을 내가 이해할 수 있게 해주는 치료사를 만나고 싶었다. 돌이켜 생각해보면 그때 나는 어른답게 행동하라고 종용하는 아버지보다 따뜻하게 위로해주는 어머니를 원한 것 같다. 부드럽게 포옹해주며 "아무렴, 아무렴, 다 괜찮을 거야"라고 말해주는 어머니 같은 치료법을 바란 것이다.

다행히 새로운 치료사는 무려 2년 동안 나와 함께해줬고, 나는 심리치료를 받는 과정에서 익숙하고 중요한 느낌을 되찾아 마침내 치료를 마칠 수 있었다. 그 기간에 나는 내가 할 수 없는 선택, 맡을 수 없는 책임, 바꿀 수 없는 세상, 재구성할 수 없는 사건 등에 끊임없이 집착하는 나 자신을 발견했다. 이를 내가 온전히 인정하는 것이 치료의 핵심이었다. 초반에는 여전히 술과 마리화나에 취해 있던 때가 많아서 치료 시간이 안개 낀 듯 몽롱하게 느껴지기도 했다. 두 번째 치료사도 이 부분만큼은 매우 단호하게 경고했다. 그 덕분에 나는 술과 마리화나를 완전히 끊고 박사 논문을 무사히 완성할 수 있었다. 과도하게 의존하던 것들을 없애니 우울증과 불안감이 한층 예민하게 느껴졌지만,

한편으로는 치료 상담 때 더 많은 이야기를 할 수 있어서 좋았다.

심리치료를 받을 때 나는 내 삶에 관한 일종의 계보를 그려보기도 했는데, 대부분 '유약함', '겁쟁이', '소심함' 같은 낱말로 묘사될 수 있는 것들이었고 모두 불안과 연결됐다. 나는 사춘기 때까지 이어진 야경증과 야뇨증, 늦잠 자던 날이면 통학 버스를 놓칠까 봐 안절부절못하던 모습, 학교에서의 대인기피증과 시험공포증, 너무나 무서웠던 개, 높은 곳, 깊은 물, 벌레, 어둠 등에 대한 두려움이 기억났다. 그랬다. 나에게는 온갖 공포증이 있었다. 나는 물에 빠지고, 뛰어내리고, 물리고, 늦는 게 두려웠다. 나는 늘 두려웠고, 어떤 때는 아무것도 하지 못할 만큼 무서웠다. 수많은 공포증이 내 안에 도사리고 있었다. 하나같이 더 깊은 불안으로 내 삶을 통해 환기되고 유지되기를 기다리는 것만 같았다. 최악의 상황을 상상하기란 너무 쉬웠다. 어차피 모든 길의 종착지는 재앙이었다. 세상일들이 전부 그렇게 작동하는 듯 보였다. 모든 좋지 않을 가능성이 나를 잠식했고, 언제든 갑자기 튀어나와 내 현실을 엉망으로 만들 만반의 준비가 돼 있었다. 심지어 완전히 나오지 못하고 다시 숨어들더라도 흔적은 남았다. 때때로 내 무시무시한 불안은 분노로 바뀌어 표출됐고, 뜬금없이 화를 내는 내 모습은 가족, 친구, 연인을 경악하게 만들었다. 불안을 가린 이 분노의 안개는 쉽사리 걷히지 않은 채 두려움의 어두운 우물 속으로 숨어들곤 했다.

내가 이야기하고 또 이야기하는 동안 치료사는 조용히 메모하면서 가끔 질문하거나 자세한 설명을 요구했다. 그때마다 나는 몇 번이고 내

: 불안을 철학하다 :

삶의 당혹스러운 갈림길로 돌아가야 했다. 나는 앞으로 나아가지 못했고, 여자친구와 헤어지든 엄격한 자기관리 프로그램을 시작하든 뭐라도 해야 하는데 그 어떤 행동 방침도 정할 수 없었다. 나는 이미 나이 든 자신을 잃는 것과 그것으로 찾을 수 있는 모호한 위안마저도 불안해했다. 나는 질투의 결과에 대한 두려움, 외로움에 대한 두려움, 포기에 대한 두려움, 여자친구를 잃는 두려움, 안정적인 직업을 찾지 못하는 두려움을 이야기했다. 나는 이 같은 '상실'이 무엇을 의미하는지, 내게 어떤 더 깊은 의미가 있는지 궁금했다. 나는 또다시 아무것도 결정하지도 못하고 버리지도 못하는 갈림길로 돌아가고 있었다. 이 '실존적 장애'는 내가 해로운 관계를 끊어내지 못하거나 삶의 손상을 막는 데 실패할 때 불안으로 나타났다. 나는 혼자가 되는 것, 혼자 살아가는 것, 가짜 어머니(여자친구)나 가짜 아버지(직업·일·소명) 없이 세상을 마주하는 게 두려웠다. 계속 나아가고, 스스로 삶을 직면하고, 내가 불확실한 존재임을 인정하는 '실존적 용기'가 없었기 때문이다.

回

처음 심리치료를 받을 때만 해도 나는 내가 '외상 후 스트레스 장애' 진단을 받아 병리학적 치료가 병행되리라고 생각했다. 그러나 내가 늘 우유부단하고, 산만하고, 걱정하고, 불안해하는 또 다른 사람이라는 사실을 깨닫는 데 그리 오랜 시간이 걸리지 않았다. 나는 내가 '같은 범주에 해당하는' 사람임을 빠르게 배워가고 있었다. 부모님의 죽음으로 이미 불안했던 사람이 더 불안해진 것뿐이었다. 두 분의 죽음은 시간이 지나면 내가 '자연스럽게' 부모님과 분리될 수 있었을 발달의 연속선을 단절시켰다. 부모님의 이른 죽음이 발달심리 차원에서 자기발견과 자기완성을 '부자연스럽게' 만든 것이었다. 그 죽음은 이 세상에서 나를 의미 있고 목적 있는 존재로 성장시킬 필수적 가치를 위협했다.4 두 분의 죽음은 불안이 흔하고도 광범위하게 형성되고, 끊임없이 새로운 버전으로 분화하고, 더욱 다양한 자아의 흔적을 남긴다는 사실을 깨닫게 해줬다. 새로운 트라우마와 새로운 상실에 자극받은 내 불안은 마치 바이러스처럼 계속 그것들과 상호 작용하고 재결합함으로써 내 자아를 관통해 흐르는 새로운 변종을 출현시켜 나를 놀라게 했다. 내 두려움은 그때그때 다른 두려움이었으나, 그 두려움의 어둡고 침침한 원천인 내 근본적 불안은 아무리 삶의 세부 사항이 바뀌어도 언제도 같았다. 불안의 거품은 점점 부풀어 내가 사는 세상에 갖가지 형태로 투영됐다.

내가 사는 세상은 물리적으로나 정서적으로나 많이 변해 있었다. 나는 이민자, 대학원생, 연인, 교수, 남편, 그리고 가장 극적으로는 딸아이의 아버지가 됐다. 하지만 성장, 취업, 정착 같은 '안정'의 과정도 새로운 형태의 불안과 불안정을 수반했다. 나는 우울증, 슬픔, 산만함, 질투에서 벗어나고자 치료를 받았지만, 놀랍게도 모든 것이 서로 연결돼 있었고 모두가 내면 깊이 자리 잡은 불안의 양태였다. 나는 책을 읽거나 글을 쓸 때도 '주의력 결핍'으로 장시간 정신을 집중하지 못했는데, 산만해지면 질수록 그런 내가 너무 어리석고 너무 더디게 느껴져 세상의 소중한 시간을 낭비하고 있다는 불안감으로 이어졌다. 나는 내가 아직 읽지 않았거나 쓰지 않은 책들을 떠올리면서 불안해했고, 다른 이들의 삶에 비해 가난하고 옹색해 보이는 내 삶을 생각하면서 불안해했다.

심지어 나는 내가 낭만적이지 못하고 섹스를 잘하지 못한다는 열등감에 사로잡혀 그동안 만났던 연애 상대들을 고통스럽고 가련하게 병적으로 경계했고, 그들의 과거 성생활을 상상하면서 미칠 것 같은 기분이 들었다. 이런 나의 성적·낭만적 무능함에 실망해 떠나버리면 열패감과 상실감에 사로잡힐까 봐 불안했다. 부모님이 안 계신다는 현실이, 내가 경험했던 다양한 실패가, 또 다른 상실을 예고하는 느낌이 들어 불안했고, 온 세상에 내가 또 상처받을 준비가 됐다는 신호를 보내야 한다는 생각에 불안했다. 나는 불안 덩어리 그 자체였다. 이런 정신 현상은 반복해서 내 자아를 갉아먹어 아무리 메스껍고 구역질이 나도 맞닥뜨릴 수밖에 없는 공포의 다양한 징후로, 수많은 미완성 이미지로 내게 다가왔다. 나는 문자 그대로든 비유적이든 나 자신을 애도하지 않을 수 없었다. 내 안에 이미 증인들이 있었고, 이미 목격할 대로 목격한 상황이었다.

프로이트는 정신분석 치료의 목적은 "병적인 고통"을 "일반적인 불운"으로 이끄는 데 있다고 썼다.[5] 그래서인지 심리치료는 나를 고치거나 회복시키거나 완치시키지 않았다. 나는 내 불안이 단순한 트라우마에서 비롯됐다는 사실을 확인하길 바랐다. 나는 분명히 타격이나 상처를 입었고, 심리치료를 받으면 완전히 치유되리라고 여겼다. 이 불안은 질병이니 치료받을 수 있다고 생각했다. 끝까지 나는 치료받지 못했지만, 그 대신 불안이 내 존재를 구성하고 있음을 알게 됐다. 그와 더불어 내 불안을 설명하지 못한다면 내 존재도 설명할 수 없음을 깨달았다. 영국 식민지로 전락한 이래 불안과 분노로 괴로워했던 인도인의 후예로서 내 안에 새겨진 정서적 기운, 두 차례 전쟁에서도 살아남은 무적의 영웅처럼 보였던 아버지의 요절을 목격한 어린 아들, 아름답고 사랑스러운 아내였던 어머니가 과부가 돼 홀로 두 아들을 키우신 대가로 암을 얻어 고통 속에서 세상을 떠나시던 모습, 나보다 더 크고 나이 많은 형이 아버지 행세를 하는 게 보기 싫어 무조건 반항하고 저항했던 시절, 성 경험이 풍부한 여자친구들과 뒤틀리고 불안정했던 관계, 내 부족한 남자다움이 더 불리하게 작용한 미국으로의 이민, 극도의 개인주의와 탈사회화로 나 같은 이민자들의 향수병조차 이해해주지 않던 사회 분위기, 감정적·정서적·심리적 불안정이 크나큰 약점으로 작용할뿐더러 어느 분야 못지않게 경쟁이 극심한 학계에서 직업을 찾기로 한 결정, 이 같은 내 삶의 모든 세부 사항이 내 불안에 저마다 숟가락을 담그고 맛을 더해 요리를 마무리했다.

내 삶의 이런 경험적인 세부 사항은 내가 불완전한 지식과 불완전한 능력을 지닌 필멸의 인간이라는 가장 기본적인 세부 사항과 부딪혔다.

나는 전지전능한 존재가 아니어서, 앞으로 무슨 일이 일어날지 모르기에 불안했다. 나는 전지전능하지 못하므로, 세상이 내게 보낼 모든 신체적·정신적 모욕을 견뎌낼 수 없고 견디지 못함을 알기에 불안했다. 나는 전지전능하지 않기에, 내가 사랑하는 사람들에게조차 잘못을 저지르고 해를 끼칠 수 있음을 상상하는 것만으로도 불안했다. 나아가 나는 내 무능함으로 인해 언제든지 다른 사람들에게 치이고 희생당할지도 모른다고 여기는 생각 때문에 불안했다. 그리고 세상에서 얻은 것들이 많아질수록 잃을 것들도 많아지기 때문에 불안했다. 어릴 적 나는 아직 살아보지도 않은 삶을 '올바르게' 살 수 있을지 불안했다. 중년이 된 나는 기껏 살아온 삶이 '올바른' 삶이었는지 불안했다. 나는 귀엽고 사랑스러운 딸의 존재를 통해 내 삶에서 기쁨을 찾았지만, 이 은빛 구름 또한 검은빛을 머금고 있고 내가 살아있는 동안 딸아이를 잃을 수도 있다는 무서운 가능성을 떠올리며 스스로 행복감을 누그러뜨렸다. 나이를 먹을수록 더 가까워지는 쇠약과 죽음에 대한 두려움, 과거의 경험이 줄기차게 상기시키는 미래의 괴로움과 고통, 내 존재가 내 가족에게 또 다른 불안을 초래한다는 사념이 합쳐져 내 불안은 점점 더 어두운 색조를 띠어갔다. 나를 불안하지 않게 만드는 것들도 언젠가 나를 불안하게 할 것이다. 그런 내가 주변을 또 불안하게 만들 것이다. 삶은 계속해서 불안을 창조하고 유지하기 위해 고안된 잔인한 속임수처럼 보였다.

回

죽음은 불안이 무엇인지, 내가 누구인지, 많은 것을 가르쳐줬다. 죽음의 때 이른 등장은 내 삶의 모든 상실이, 내가 건너야 할 모든 강물이, 부모님을 잃었다는 치명적인 두려움으로 물들 것임을 예고했다. 그두 번의 사건은 확실히 내 감정적·철학적 성향을 형성했다. 이후 아무리 일상적인 죽음이라도 이 상실에 대한 암시는 내게 트라우마를 당하러 오라는 초대장처럼 작용했다. 내 내면에 각인된 죽음을 향한 두려움은 죽음의 불안감을 넘어 죽음 자체로 다가서게 했다. 나는 끊임없이 작은 죽음들을 만들어내고, 유도하고, 뛰어들었다. 그대로 죽고 싶어 기절할 때까지 술을 마셨고, 어떤 때는 자동차를 운전하면서 일부러 속도를 높이고 눈을 감아 죽음이 선사하는 망각의 세계로 가려고 했다. 이성을 잃도록 흥분하면 너무나도 황홀한 분노에 곧 죽을 수 있겠다는 희망을 느끼며 이 붉은 안개가 검게 변해 나를 기분 좋은 아지랑이 속으로, 불안이 없는 망각 속으로 인도해주리라고 기대했다.

그러나 내 분노는 이 세상이 내게 가져다줄지 모를 불행이 두려워 웅크리고, 울부짖고, 주저앉고 싶어 하는 욕망의 반대 행동일 뿐이었다. 나는 세상이 부모님을 무너뜨린 두 가지 방식 중 하나로 죽으리라고 확신했고, 사실 지금도 그렇게 생각하고 있다. 나는 아버지처럼 심장마비로 급사하거나, 몸속에 암 덩어리가 생겼다는 사형 선고를 받고 지긋지긋한 고통 속에 죽어갈 것이다. 솔직히 나는 두 가지 가능성 모두가 두렵지만, 후자가 더 무섭다. 더 큰 고통과 괴로움을 느낄 것이기 때문이다. 더욱이 암은 주변 사람들의 고통도 배가한다. 내가 사랑하는 사람들이 나 때문에 고통받는 것만큼 슬픈 일이 또 있을까? 그들의 반응을 떠올리는 것만으로도 두렵고 불안하다. 내 고통에 고통스러워하고, 내가 다시는 돌아오지 못할 곳으로 떨어질 때까지 내 곁을 지키고, 내 삶의 마지막 순간을 바라보면서 내 차가워진 얼굴을 쓰다듬고, 내 손을 붙잡고, 울음을 터뜨리는 모습들.

부모님의 죽음은 세상이 내린 저주, 악랄하게 전염되는 운명의 손길처럼 느껴졌다. 나는 죽음 앞에서 인간의 육체가 얼마나 나약하고 허술한지 똑똑히 깨달을 수 있었다. 숨을 쉬려고 안간힘을 써도 숨이 쉬어지지 않던 아버지의 일그러진 얼굴, 죽음의 순간 괄약근 힘이 풀리며 배출된 오물로 얼룩진 하얀 시트에 덮여 있던 아버지의 무기력한 몸, 화장터 불길 속에서 살이 타고 녹아내려 뼈만 남은 아버지 육신의 잔류물, 망가진 간이 혈액으로 독소를 뿜어내 누렇게 변해버린 어머니의 피부, 쪼그라든 어머니의 폐, 구역질과 현기증 속에 초점을 잃은 어머니의 눈, 마지막 며칠 동안 망각의 늪에서 표류하는 듯 보였던 어머니의 모습. 나는 병원 영안실로 옮겨진 어머니의 시신, 산 자가 누울 일 없는 그 차가운 공간을 떠올리며 그 육체는 어머니가 아니라고, 어머니의 정신은 내 옆에 서 계신다고 나 자신을 설득했지만, 아무리 설득해도 믿으려 들지 않는 내 마음을 움켜쥐고 있던 두려움은 잠재우지 못했다. 어머니의 정신은 그녀가 혼자라는 사실, 두 아들을 그리워한다는 사실, 깜깜하고 차디찬 영안실에 갇혔다는 사실을 의식하고 있었을까? 나는 어머니가 더는 숨을 쉬지 않았을 때 어머니의 정신이 육체와 더불어 소멸했음을 알아챘다. 나는 몸이 무너지면 전구가 꺼지듯 자아와 인격도 사라진다는 사실을 직시했고, 복잡한 분석이나 사유 없이도 이해 가능한 근본적인 철학적 교훈임을 알게 됐다. 어머니 삶의 무대에 없던 것들이 어머니에게 나타났을 때, 내가 알던 삶은 끝났고 내가 알던 사람은 사라졌다. 하지만 존재의 흔적은 나를 이 세상에 데려온 사람과 닮은 모습으로 내 기억 속에 남아 나를 괴롭혔다.

어머니마저 돌아가시자 더 근본적인 위기가 나를 덮쳤다. 나는 전에 없이 너무 자유로워졌다. 그때까지 나는 내 삶이 부모님과 연결돼 있다고 믿었다. 부모님의 기준을 따라야 했고, 부모님의 허락을 받아야 했지만, 아마도 부모님의 통찰과 혜안 덕분에 덜 무모하게 살 수 있을 터였다. 그런데 이제 모든 울타리와 보호막이 사라졌다. 한 노래 가사처럼 나는 "언제든지, 하고 싶은 대로" 할 수 있게 됐다.[6] 나는 누구의 눈치도 볼 것 없이 내 삶을 결정할 수 있고, 앞으로 내가 어떻게 되든 부모님이 소중한 아들을 당신들보다 먼저 떠나보내지 않아도 된다는 사실을 확실히 알 수 있었다. 이 깨달음이 끔찍한 공포를 불러일으켰다. 실존주의 철학자들이 묘사한 '자유의 저주'와 그로 인한 '불안'을 온전히 이해할 수 있게 되면서 나는 생애 처음으로 본질적 두려움을 경험했다. 나를 만들어낸, 내게 신과 같은 존재인 부모님의 죽음은 내 도덕적 질서, 목적, 존재 이유를 앗아갔다. 그동안 나는 무엇을 위해 살고

⋮ 불안을 철학하다 ⋮

있었을까? 나는 누구를 위해 살고 있었을까? 내 삶을 공유할 사람이 없다면 모든 것의 의미를 어디에서 찾아야 할까? 부모님이 그렇게 무자비하고 냉혹하게 죽을 수 있다면 내 형제, 아내, 딸, 조카, 친구들, 그리고 나도 죽을 수 있다. 그렇다면 내가 가진 것과 잃을 것에 무슨 의미를 부여할 수 있을까?

부모님의 죽음으로 인해 내가 바라보던 세상의 질서는 무너져내렸고, 불안해진 내 존재 양상은 내가 세상의 작동 방식을 완전히 다른 개념으로 이해하게 했다. 부모님이 돌아가셨을 때 세상과 나는 함께 바뀌었기에, 내가 그런 경험을 하고 말았기에, 이 세계가 얼마든지 구부러지고 펴질 수 있음을 온전히 이성적이지 않은 의식적·감정적 이해로 접근하는 게 내 철학적 상식이 됐다. 불확실한 세상을 몸소 체험한 나로서는 어느 영역에서든 확실성을 논하는 게 그저 우스꽝스럽게 보였다. 주변 사람들이 확신에 찬 표정으로 오만하게 굴 때면 그래봤자 언젠가 단 한 번의 타격에 무릎을 꿇으리라고 생각했다. 어떤 인간이든 인간의 연약함이 적나라하게 드러났다. 살아있는 삶은 무모하고 뻔뻔스러운 것에 지나지 않았다. 부모님의 죽음은 내게 세상이 모래 위에 있음을, 어디에도 없는 확실함을 추구하는 것 자체가 코미디임을, 모든 것이 생기고 사라짐을, 세상이 하나가 아니라 저마다 다름을, 신은 실존하지 않았음을, 사랑보다 중요한 진실은 없음을, 우리가 바라는 것은 공감과 정신적 위안뿐임을 가르쳐줬다.

나는 내 삶의 의미와 가치는 나 자신이 부여한 것 외에 없음을 이해시켜주는, 나라는 존재에 미리 정해진 목적 따위 없다고 말해주는 철학 이론에 끌렸다. 인생에 주어진 목적이 있다는 믿음, 의도된 종말이 있으리라는 신념은 필연적으로 내가 삶의 목적을 향해 나아가지 못하고 있다는 두려움과 삶을 낭비하고 있다는 불안감에 감염되게 만든다. 내 인생에 목적은 없다고 나 자신을 이해시키고, 승리해야 할 까닭이 없으면 패배할 이유도 없음을 스스로 확신하고서야 나는 비로소 불안을 털어버릴 수 있었다. 신기하고 놀랍게도 이런 인식은 실재와 실존의 진실을 찾아야 한다는 공허한 강박과 달리 오래도록 굳건히 유지됐고, 내 날개 아래로 계속 바람을 불어넣었다. 세상에는 특별한 목적이 없고, 부모님이 돌아가신 것도 세상의 악의적 목적에 따른 것이 아니다. 내게는 아무런 죄가 없고, 세상이 무슨 의도가 있어서 나를 괴롭힌 것도 아니다. 나를 기어이 불안하게 하려는 것은 아무 데도 없다. 그래서 나는 그냥 살아갈 수 있었다.

回

나는 직업 철학자가 되려고 박사 논문을 준비할 무렵 심리치료를 받았다. 그래서 철학 공부도 불안을 극복하는 데 중요한 역할을 했다. 소파에 앉아 치료사와 상담을 하는 것만큼이나 철학도 나를 치유했다. 내게 철학은 크게 두 가지 형식으로 나뉘었다. 하나는 기술적이고 난해해 보이는 철학이었고, 다른 하나는 개인적이고 감정적으로 보이는 철학이었다. 전자는 '근대 철학자'와 '분석 철학자'의 고전적 규범이었다. 이들 철학자는 의미, 존재, 관념, 자각, 언어, 지식, 해석의 본질, 물리학과 생물학의 개념적 토대 등을 주제로 열렬히 첨예하게 논쟁했다. 이들은 자신을 자연과학과 사회과학의 비판적 논평자로 여겼으며, 그와 같은 영역의 한 축을 형성했다. 이 범주의 철학은 세계를 비판적으로 탐구하는 관찰이었고, 이는 대개 개인이 아닌 사유 집단에서 수행하는 활동이었다. 철학자 개인의 정체성은 끼어들 여지가 없었다. 중요한 것은 그렇게 형성된 학설이나 이론이었다. 그런 철학은 사람 냄새가 나지 않아서 나는 공허함을 느꼈다. 내 인생과 상관이 없었고, 내가 철학을 공부하기로 선택한 이유와도 무관했다. 나는 철학이 내 삶을 이해하고 슬픔과 불안을 극복하는 데 도움이 되기를 바랐다.

후자에는 실존주의 철학자들이 있었다. 장 폴 사르트르, 프리드리히 니체, 쇠렌 키르케고르, 마르틴 하이데거, 프란츠 카프카(Franz Kafka), 알베르 카뮈(Albert Camus), 미겔 데 우나무노(Miguel de Unamuno), 표도르 도스토옙스키(Fyodor Dostoyevsky) 등이 있었다. 그런데 이들 가운데 몇몇은 학계에서 철학자로 분류되지 않았고 독서 목록에도 포함되지 않고 있었다. 하지만 내가 보기에는 모두 훌륭한 철학자들이었고, 나는 이들과 함께 이 잔혹하고 불확실한 세상을 향한 내 절실한 열망을 있는 그대로 인정하고 받아들일 수 있었다. 실존주의 철학자들은 대체로 우울하고 내성적이었으며, 자신이 왜 그런 감정을 느끼는지에 대해 이해하고자 노력했다. 이들은 인간의 필연적인 죽음과 그것이 우리 삶을 근본적으로 위협하는 '부조리'에 대해 가감 없이 솔직하게 썼다. 나는 나 자신이 다른 모든 인간과 마찬가지로 지성과 감정의 호기심 많은 혼합체임을 알고 있었다. 철학과 문학의 혼합체인 실존주의는 지성과 감정의 혼합체인 인간이 추상적 사변의 대상만이 아닌 피와 살로 이뤄진 구체적 생명체임을 확인시켜줬다. 확실히 실존주의는 불가해한 철학적 난제를 기술적으로 분석하는 데 초점을 맞추지 않았다. 실존주의 철학자들은 기분, 느낌, 감정을 이야기했고, 문학과 철학과 심리학, 심지어 종교와 영성 사이의 틈을 메우는 인간 조건에 관해 고민했다.

이들의 관심은 우리가 자신의 기분과 다른 사람의 기분을 읽는 문제에 있었다. 이들은 복잡하고 현학적인 논쟁의 사슬로 그 기분에 접근하지 않았다. 사실 키르케고르 같은 실존주의 철학자라야 "과학 또한 시와 예술처럼 생산자와 수용자 모두의 기분을 전제로 한다"는 말도 할 수 있었을 것이다.[7] 이들은 내게 새로운 것과 오래된 것을 새로운 관점에서 보게 해줬고, 같은 철학책을 읽더라도 다르게 느끼도록 해줬다. 실존주의 철학자들은 자신의 철학적 주장이 그것을 이해하고 실현하는 우리의 감정적 수용 능력에 달렸음을, 우리가 뭔가를 진정으로 이해하면 그에 걸맞은 적절한 감정을 느낄 수 있음을 분명히 했다. 키르케고르가 강조했듯이 어떤 대상 그리고 우리 삶에서의 의미와 가치는 우리가 "적절한 기분과 감정을 품고 있을 때만" 이해할 수 있다.[8] 실존주의는 우리의 철학적 사유를 우리가 어떻게 살아야 하는가의 문제와 연결했다. 다시 말해 우리의 생각을 온전히 이해하려면 자신이 생각하는 대로 살려고 노력해야 한다. 그렇게 나는 올바른 위치에 바로 섰다. 여기에서부터 살 이유를 찾을 것이다. '성공'이나 '탁월'이나 '출세'가 아니어도, 항상 행복하거나 늘 불안 없이 살지는 못하더라도, 나는 내가 살아가는 데 필요한 것들을 찾을 것이다.

'본질에 앞서는' 실존, 존재의 부조리와 무의미에 관한 실존주의적 수용을 접했을 때 나의 첫 번째 반응은 안도감이었다. 그때부터 나는 내 삶이 부조리하거나 무의미할 가능성에 두려움을 느끼지 않았다. 나는 이미 그에 대한 경험적 확인을 받았었다. 부모님의 죽음은 세상의 잔혹함에 한계가 없다는 신호였고, 두 분의 때 이른 죽음은 세상이 부조리하다는 증거였으며, 모든 구원과 행복의 약속이 치명적인 거짓이자 하나 마나 한 헛소리라는 표상이었다. 그러나 나는 그 어떤 저주도 받지 않았고 세상의 응징 대상으로 선택되지 않았다. 부모님의 죽음은 내 삶에 대한 선전포고가 아니었다. 그저 누구에게나 일어날 수 있는 사건이었으며, 내 삶에서의 중요성과 의미는 내가 그 사건들에 부여한 해석의 문제였다. 세상이 보이는 것처럼 정말로 터무니없다면, 세상이 왜, 무엇 때문에 내 운명에 관심을 가질까? 아직 살아보지도 않은 미래의 불행에 대한 불안은 내 인생이 혹시 잘못된 길로 가고 있는 건 아닐까 하는 두려움으로 왜곡됐고, 가족과 사회와 문화의 기대에 부응해야 한다는 우주적 제약, 즉 너는 이런 방식과 이런 태도로 살아야만 한다는 억압으로 변질했다. 죽어서 천국이나 지옥에 간 게 아닌

데도, 그 어떤 신의 은혜와 자비도 없이 강요된 세속적 처벌과 응징이 나를 기다리는 것 같았다.

그러는 동안 나는 잠재력을 낭비했고, 잘못된 일을 찾았고, 잘못된 삶의 동반자를 기대했다. 나는 잘못된 방식과 태도로 잘못된 삶을 살고 있었다. 내 인생에서 가장 큰 실패는 과거에 내가 잘못된 삶을 살았다는 것이다. 인생에는 정해진 형식이 없지만, 나는 그 없는 형식을 억지로 엉성하게 만들고는 그렇게 못 살까 봐 불안해했다. 실존주의 철학은 그 인식을 근본적으로 바로잡아줬다. 잘못된 결정이란 애초에 없다. 나는 내 역할, 나만의 역할을 찾아야 하고, 그 결정도 내가 하는 것이다. 내 삶에서 내가 해야 할 역할과 하면 안 되는 역할은 어디에도 쓰여 있지 않다. 그 표지는 아무리 찾으려고 해도 찾을 수 없다. 내가 무엇이든 무엇이 되든, 인생은 '발견'이 아니라 '발명'의 문제다.

철학이 내게 약속한 첫 번째 해방은 내가 살아가는 시간을 오롯이 점유하는 것이었다. 여러 철학자가 쓴 철학책(물론 영역본)을 읽는 동안 나는 내가 더 잘 살아있고, 더 현실적이고, 덜 불안하다고 느꼈다. 책을 내려놓으면 시간이 지나면서 그 빛이 희미해지기도 했지만, 일부라도 지속해 이후 내 삶의 다양한 사건을 해석하는 데 영향을 미쳤고, 또 다른 철학적 비전을 통해 이해할 수 있게 해줬다. 두 번째 해방은 일찍이 바뤼흐 스피노자(Baruch Spinoza)가 말한 '영원의 상 아래에서(Sub Specie Aeternitatis/수브 스페키에 아이테르니타티스)' 세상을 초연히 바라보는 것이었다. 일상의 사사로운 걱정과 두려움을 좀더 포용적인 이성의 안도감 아래로 내려놓으면, 쉽게 말해 밖으로부터 안을 들여다보면 그 걱정과 두려움은 그야말로 하찮은 것이 됐다. 마지막 세 번째는 실존주의로 대표되는 철학적 교의가 내게 정신적 위안을 제공했다는 점이다. 인생 순간순간의 단순한 결정들이 어떻게 '궁극적 관심(Ultimate Concern)'과 교차하고 이어지는지 보여줌으로써 모든 고민과 선택은 쓸데없는 게 없다는 사실을 확인할 수 있었다.[9] 내 모든 사념은 나를 원초적 불안과 마주하게 했고, 그 불안이 충분히 존중받을 만한 것임을 깨우쳐줬다.

실존주의 철학은 삶의 부조리와 무의미를 강조하지만, 이는 삶이 의미와 가치가 없다는 뜻이 아니다. 부조리하고 무의미한 세상을 인정하지 들지 않고 어떻게든 거기에서 의미를 찾으려고 몸부림치면 자기모순에 빠지고 불안을 초래하게 된다. 그것이 '실존적 위기'다. 우리가 지금, 여기에, 존재한다는 사실만이 진실이다. 우리 실존의 '진정성'을 찾지 못한 채 우리 자신이 발견하거나 실현할 수 없는 것들을 갈구하는 순간 불안이 찾아온다. 우리가 하는 모든 결정에 잘못이 없는 세상임을 직시한다면 잘못된 인생을 살고 있다는 인지 부조화와 불안은 들어설 자리가 없다. 나는 이와 같은 실존주의 철학의 치유적 가치를 깨닫고 받아들였다. 나는 불안을 있는 그대로 수용하되 내 모든 감정이 불안에 잠식당하지 않도록 계속해서 지성을 개입시키는 지적 토대를 마련하기로 했다. '인식'이 '감정'을 지배한다. 철학을 이렇게 활용하는 것은 전혀 부끄러운 일이 아니다. 오히려 철학은 정확히 그래야 한다.

철학은 우리에게 더 나은 삶의 방식을 가르쳐준다. 철학은 우리 삶을 필요 이상으로 괴롭게 만드는 환상과 망상을 제거하는 데 사용할 '무기'다.

回

　나는 우울과 불안에서 벗어나려고 철학을 공부했고, 철학으로 슬픔을 극복하고자 했다. 그렇지만 애초부터 철학에 불안을 없애버리는 해결책이 있으리라고는 생각하지 않았다(그랬다면 현시대의 우리는 '불안'이라는 낱말조차 알지 못했을 것이다). 나는 단지 철학책을 읽고, 철학자들이 힘들게 깨달은 지혜를 인쇄한 문장에 푹 빠지고, 내가 쓸 수 있는 시간을 되도록 유용하게 보내고, 9시부터 5시까지의 학업 일정을 충실히 소화하고, 그래도 가끔 견딜 수 없는 지루함이 밀려오면 쉬고, 그렇게 나름대로 하루하루를 잘 마감하면서 살았다. 학생으로서, 철학 교수로서, 철학 상담사로서 꽤 오랫동안 공부하고 연구한 끝에 나는 불안은 절대로 사라지지 않는다는 당연한 진실을 알게 됐다. 우리는 불안과 함께 살아야 한다. 불안은 우리 자아의 일부이며, 끊임없이 진화하는 우리 자아의 매우 중요한 구성 요소다. 특히 우리 자신을 온전히 받아들이는 데 불안이 우리를 어떻게 표현할 수 있는지, 불안이 어떻게 지금까지의 우리 삶을 살게 했는지, 그래서 우리를 어떻게 규정했는지 알아가는 게 중요하다. 철학은 바로 이 부분을 도와준다. 철학은 우리가 죽을 때까지 불안을 느끼리라는 진실, 불안해하는 것에 대해 불안할 필요가 없다는 진실을 받아들이게 돕는다. 이것이 철학의 굉장한 힘이다.

이때의 철학은 추상적 이론, 학문, 논쟁에서 이길 수단, 논리적이고 정교한 체계 같은 것이 아니라, 마음(감정)과 정신(지성)을 오가는 살아 있는 처방전이다. 분명히 철학은 내 삶을 변화시켰다. 나는 철학책을 읽고 철학적으로 생각하면서 불안을 다독이고, 명상이나 산책, 등산이나 달리기처럼 비약물적 방식으로 불안이 얌전히 노닐도록 한다. 사전적 의미의 '정복'도 아니고 '치유'도 아니고 '치료'도 아니다. 그냥 나와 불안이 좋은 관계를 맺는 것이다. 내가 제안하고 싶은 용어는 '수용' 또는 '화합', 더 확실하게 표현하자면 '소유'다. 불안은 상대도 아니고 제삼자도 아니다. 불안은 '내 것'이다. 불안이 곧 '나'다. 철학이 내게 이를 깨우쳐줬고 동시에 과제도 부여했다. 이 진실을 널리 알리고 서로에게 영향을 미치라는 것이었다. 내가 이 책을 쓴 이유다. 나는 이 책이 여러분에게 똑같은 도움을 주리라고 믿는다. 이제 본격적으로 불안을 철학해보자.

무아의 불안

괴로움이 나를 붙잡고 있는 것이 아니라,
내가 괴로움을 붙잡고 있는 것이다.

붓다

ANXIETY

고대 불교의 수행법은 실천적·도덕적·치유적 차원에서 철학이 무엇인지 보여줬고, 인간이 느끼는 "통렬한 고통의 경험"을 "자기변화의 수단"이자 "실질적인 해결책"으로 제시한다.[1] 불교를 바탕으로 한 철학적 치유의 명시적 과제는 "내면에 깊게 자리 잡은 불만을 치료"하는 데 있다.[2] 이는 생각보다 야심 찬 과제이며, 여러 불교 교의의 복잡성과 요구 사항은 자기변화와 실질적 해결책이 모두 불교 이론과 수행에서 그대로 드러나도록 하는 데 초점을 맞추고 있다.[3] 여기서 '치료'라는 개념은 당시 제자들이 붓다를 "번뇌로 가득한 세상의 정신적 병폐를 치유"하기 위한 진단과 처방을 제공하는 "위대한 치료자"로 이해하고 있었음을 상기해준다.[4]

"내면에 깊게 자리 잡은 불만"과 "정신적 병폐"를 살필 때 가장 중요한 요인은 불교 철학의 '두카(dukkha)'라는 개념이다. 흔히 '괴로움'이나 '고통'으로 번역되지만, 본래 뜻은 '불만족' 또는 '불충분'에 가깝다.

'두카'가 '고통'이라고 경솔히 번역된 탓에 불교 철학은 지나치게 비관적이라는 오해를 받곤 하나 사실은 전혀 그렇지 않다. 인간 존재의 한계를 강조할 뿐이다. '두카', 즉 '불만족'의 근본적 원인은 다름 아닌 우리의 '극심한 불안'에 있다. 이 불안은 다른 영향과 감정 외에도 우리가 '맨몸의 존재(인간 정체성의 본질)'임을 잘 직시하지 못하는 지적·정서적 실패에서 비롯된 '실존적 불쾌함'이다. 일찍이 붓다는 살아있음은 현혹될 수 있음을, 불안하고 슬퍼하고 두려워하고 분노할 수 있음을 의미한다고 말했다. 따라서 우리가 그와 같은 번뇌에서 벗어나기 위한 첫걸음은 세상의 참모습과 그 안에서 살아가는 인간의 위치를 명확히 인식하는 데 있다. 세상과 우리 자신을 잘못 이해하면, 밧줄을 뱀으로 착각하거나 그 반대로 오해하면, 우리는 필요 이상으로 더 불안해지고 더한 고통을 겪게 된다.

붓다는 세상의 본질과 우리 자신의 정체성을 이해하고 수용하라고 가르쳤다. 세상이 어떤 식으로 작동하는지, 우리가 누구이며 무엇인지를 이해하면, 두카란 현실에 대한 근본적이고 형이상학적인 오해 때문에 발생하는 불필요한 고통(불만족)의 한 부분임을 알 수 있다. 잘못 이해한 세상에 우리 자신을 잘못 두면 고통을 받게 된다. 반대로 이를 바로잡으면 극심한 실존적 불쾌감에서 스스로 자유로워질 수 있다. 불교 철학은 분노처럼 불안도 치유해야 할 정신적 병폐로 간주한다. 그래서 불교의 수행법은 우리 삶에 미치는 부정적 영향을 완화하고 최소화하는 데 초점을 맞춘다.

붓다는 "감정적 격변의 원인이 되는 믿음을 바꿈으로써" 매우 특별한 종류의 "평온함"을 얻을 수 있다고 설파했고,[5] 제자들과의 활발한 토론을 통해 이에 대한 철학적 논리 체계를 구축한 것은 물론 그와 같은 정신 상태에 도달할 수 있는 다양한 명상 기술도 제시했는데, 여기에는 "마음을 진정시키려는 노력, 정신 상태에 대한 면밀한 관찰, 습관 수정, 감정 기대, 감정 지연, 주의 환기, 조언과 위로, 역할 모델 설정, 자기성찰, 자기고백" 등이 포함된다.[6] 이런 수행 방법과 지침은 '마음 챙김' 또는 '마음 관찰'과 같은 이름으로 오늘날까지 전파되고 있다. 불안에 관한 대중적인 자기계발서 대부분은 이에 근거하거나 이를 응용한 정신적 실천을 다루고 있다. 만약 이 수행에 성공해 붓다가 말한 매우 특별한 종류의 평온함에 이른다면 "분노, 두려움, 슬픔 같은 감정이 아예 없거나 거의 사라진 상태"가 될 것이다.[7]

그런데 그 상태는 그야말로 '무아(無我/anātman/non-self)'의 경지라서, 적당한 분노나 두려움이 종종 바람직한 정치적·도덕적 가치가 있다는 사실을 고려할 때 우리가 그런 무감각한 삶까지는 바라지 않을 수 있다. 실제로 수도승처럼 살고 싶어 하는 사람은 많지 않기에 이런 부분이 불교 교의를 수용하는 데 주저하게 만드는 요인이 되기도 하지만, 이 약속된 평온함으로 가는 과정에서 평소 우리를 괴롭히던 갖가지 고통으로부터 확실히 벗어날 수 있으니 충분히 여행할 만한 가치는 있을 것이다.

붓다에게 불안은 우리 인간이 자신의 존재와 자신이 사는 세상의 본질을 착각해서 생기는 감정의 문제였다. 따라서 불안은 인간 존재와 세상의 관계 조건을 바꿔야 피하거나 벗어날 수 있는 불행한 괴로움이다. 곧 알게 되겠지만, 불안을 바라보는 이 같은 태도가 불교 철학을 실존주의와 구별 짓는다. 그렇지만 불안이 우리의 죽음, 우리의 필멸성, 우리의 유한한 삶, 우리의 인간적인 제약, 우리의 신체적·정신적 조건 등을 예민하게 인식하는 데서 유발된다고 본다는 점에서는 서로 궤를 함께한다. 불안을 온전히 이해하려면 불교 철학과 실존주의 관점이 모두 필요하다.

불교 철학 관점에서 우리는 자신의 참된 본성을 깨달아 비로소 불안으로부터 자유로워질 수 있다. 반면 실존주의 관점에서 우리는 자신의 참된 본성을 깨닫고자 불안을 있는 그대로 받아들일 수 있다. 이런 차이가 있으나 두 관점 모두 불안을 외면하지 말고 직시해야 한다. 불교의 경우 최종 목적은 불안에서 벗어나는 것이지만, 불안의 원인, 즉 우리의 오해가 어디에 뿌리를 두고 있는지 온전히 이해할 때라야 불안을 피할 수 있다. 이를 위해 앞서 언급한 '마음 챙김(마음 관찰)'이라는 자기 객관화를 통해 우리 스스로 자기 자신을 들여다보고 우리 자신의 참된 본성이 무엇인지 발견해나가라고 요구하는 것이다.

불교 철학의 불안 개념은 붓다가 제시한 인간 삶의 '네 가지 깊은 진실(Four Noble Truths)'인 '사성제(四聖諦)', 즉 '고집멸도(苦集滅道)'에 잘 드러나 있다. 우리 세상에는 '괴로움(苦)'이 있고, 괴로움에는 '원인(集)'이 있으며, 원인은 '제거(滅)'할 수 있는데, 그 '방법(道)'은 이렇다는 것이 '사성제'다. 그 첫 번째 진실인 '고(苦)'가 다름 아닌 '두카'다. '생로병사(生老病死)', 우리가 태어나고 늙고 병들고 죽는 것 자체가 삶의 '불만족'이자 '불충분'이자 '괴로움'이다. 그래서 우리는 불안할 수밖에 없다.

두 번째 진실인 '집(集)'은 본래 용어로 '사무다야(samudaya)'다. 괴로움의 원인이다. 괴로움이 우리 마음속 집착에서 비롯함을 알지 못하는 어리석음 때문에 번뇌와 불안이 계속 쌓인다. 붓다는 이 원인을 똑바로 응시해야 우리 세상과 우리 존재의 한계를 이해할 수 있다고 말했다. 우리의 괴로움은 신비롭거나 설명할 수 없는 무엇이 아니라 인간 존재의 한계에서 생기는 것이다. 괴로움이 원인이 인간이라는 존재의 본질, 다시 말해 우리의 유한성과 한계 그리고 세상의 형이상학적 제약에 있음을 순순히 받아들여야 한다. 그러려면 우리의 모든 감정적 반응을 인식 아래로 내려놓아야 한다. 우리 주변에서 일어나는 일과 우리의 행동에 주의를 기울여 올바르게 인식한 뒤에야 감정을 느끼는 연습이 필요하다. 고통, 상실, 아픔에 대한 우리의 감정적 반응을 세상이 우리에게 가한 제약과 우리 괴로움 사이의 관계를 이해하면서 어렵게 얻은 통찰과 평가로 완화해야 한다. 그래야 괴로움에서 벗어날 첫걸음을 뗄 수 있다.

세 번째 진실인 '멸(滅)', 즉 '니로다(nirodha)'가 괴로움의 원인이 사라진, 세상과 자기 존재를 향한 집착을 끊고 삶의 괴로움에서 벗어난 상태다. 붓다는 우리의 구원과 해방을 결코 비관적으로 바라보지 않았다. 서양에서 불교를 허무주의나 비관주의, 세상을 향한 환멸, 속세에 대한 거부로 보는 시각은 심각하게 잘못된 것이다.[8] 붓다는 분명히 괴로움이 제거된 상태인 '멸'을 제시했고, 나아가 그 방법까지 구체적으로 상세하게 설명했다.

그것이 바로 네 번째 진실인 '도(道)', '마르가(marga)'다. '멸'을 위한 '길', '방법'이다. 우리의 괴로움과 우리의 불안은 '도'로 완전히 제거, 적어도 완화할 수 있다. 방법은 여덟 가지인데 이를 '여덟 가지 올바른 길(Noble Eightfold Path)'이라고 해서 '팔정도(八正道)'라고 부른다. '정견(正見/올바른 관점)', '정사유(正思惟/올바른 생각)', '정어(正語/올바른 말)', '정업(正業/올바른 행동)', '정명(正命/올바른 생활)', '정정진(正精進/올바른 노력)', '정념(正念/올바른 마음 챙김)', '정정(正定/올바른 집중)'이 그것이다. 여덟 가지 가운데 어느 한 가지만 잘하면 안 되고, 각각의 길이 반드시 다른 일곱 가지 길로 이어져 마침내 하나가 돼야 한다. '팔정도'를 통해 우리는 정신적 태도, 관점, 그리고 더 중요하게는 책임과 실천의 조합으로 삶을 더 '능숙하게' 사는 습관을 들임으로써 괴로움과 불안에서 벗어날 수 있다.

불교 철학은 우리가 세상을 인식하는 방식을 바꾸면 우리의 두카, 우리의 고통, 우리의 불안을 완화할 수 있다고 약속한다. 이 깨달음 또는 '볼 수 있음'으로 우리는 우리 자신이 실제로 누구이고 무엇인지 보지 못하게 만드는 걸림돌을 우리 마음에서 제거해 궁극적인 '멸'의 상태이자 해탈의 경지 '열반(涅槃/nirvana/니르바나)'에 이를 수 있다. 우리가 불안한 이유는 바로 이 '보지 못함'에 있기 때문이다. 붓다가 지적했듯이 "다르게 인식하는" 통찰력과 "사물을 있는 그대로 보는" 능력으로 우리는 "깨닫지 못한 존재가 불만족해서 겪는 고통"을 피할 수 있다. 불교 철학의 '사성제'를 깊이 이해하고 '팔정도'를 실천한다면 우리는 삶에 미숙한 초보자에서 숙련자로, 바다를 건너는 기나긴 여정 속 뱃멀미로 고생하는 초보 갑판원에서 폭풍우에도 아랑곳하지 않는 일등 항해사로 성장할 것이다. 그런 사람은 자기객관화와 균형 잡힌 세계관을 갖췄기에 어떤 고난과 역경에도 삶을 '능숙하게' 헤쳐나갈 수 있다.

불교 철학의 '사성제'를 두고 대부분 사람은 생각 없이 그냥 입버릇처럼 "고리타분하다"라거나 "상투적"이라고 말하곤 한다. 이 책을 읽어보지도 않고 "어렵겠네", "따분하겠네" 하고 소셜 미디어에 댓글을 달 사람들도 마찬가지다. 많은 사람이 여전히 본질에 관심을 기울이지 않는다. 좋든 나쁘든 평가는 인식이 선행돼야 할 수 있는 법인데 너무 쉽게 다 아는 듯 여긴다. 그리고 때때로 우리는 뭔가를 이미 알고 있는 양 이야기하지만, 생각과 행동에 모순을 보이는 경우가 잦으며 본질을 잘못 이해하는 때도 많다.

비유를 들어보자. 시력을 회복할 수 있다는 기대감에 눈 수술을 받고 이제 막 붕대를 푼 맹인들에게 보이냐고 물으면 자신 있게 "예"라고 대답하지만, 걸어보라고 하면 이내 앞에 있는 테이블에 부딪힌다. 사실 그들은 아직 보이지 않는다. 보이리라는 믿음이 모순된 행동을 일으키는 것이다.

다른 예로, 영화관에서 엔딩 크레딧이 다 올라가 스크린이 꺼졌는데도 울먹이며 자리를 뜨지 못하고 있는 사람이 있는데, 옆에서 친구들이 영화 끝났다고, 영화는 영화인데 아직도 울고 있느냐고 놀리는 모습을 생각해보자. 그때 한 친구가 똑똑한 척 영화란 무엇인지, 영화가 어떻게 작동하는지 설명을 한껏 늘어놓는다고 해보자. 물론 맞는 말이긴 하다. 하지만 그게 본질일까? 영화의 본질은 무엇일까? 현실이 아닌 것에 과도한 감정을 느끼는 것도 본질은 아닐 테지만, 영화는 영화이니 운운하며 현실에서 단 한 발짝도 떨어지지 않은 채 영화를 보는 것도 본질에 어긋나 보인다. 가장 합리적인 태도는 영화 속 이야기가 슬프든 즐겁든 몰입해서 보다가, 영화가 끝나면 재빨리 현실을 직시하는 것이라고 할 수 있다. 붓다라면 영화 관람 비유에서 '영화의 개념이 무엇인가?'와 '영화 관람은 무엇을 수반하는가?' 사이의 이해가 결합해야 한다고 말했을 것이다. 세상의 본질과 그 안에서의 우리 존재를 이해할 때도 종종 이런 상황이 벌어진다. 이성적이어야 할 때 이성적이어야 하고 감정적이어야 할 때 감정적이어야 한다. 더욱이 잘 모르면 알려고 하거나 그마저 싫으면 가만히 있는 것이 올바른 태도다. 모르면서도 안다고 여기면 정신적 병폐에 시달릴 위험성이 더 커진다.

다시 '사성제'로 돌아와서, '두카'는 극심한 실존적 괴로움을 뜻한다. '고통'으로 번역된다고 해서 일자리나 소득을 잃거나, 병들고 다쳐서 겪는 고통처럼 세상의 다양한 경험적 불행에 따른 불편함을 일컫는 개념이라고 한정 지으면 곤란하다. 으르렁거리는 맹수나 독을 품은 뱀 같이 식별 가능한 위협에 대한 단순한 두려움도 아니다. 그러나 우리는 안정적인 일자리와 소득과 주거를 확보해도, 질병과 아픔 없이 건강한 나날이 이어져도, 위험한 맹수가 죄다 사라져도, 여전히 괴로움을 느낄 테고 두카가 남아있다고 생각할 것이다. 왜냐하면 실존적 괴로움은 살아있는 인간 존재라면 누구나 느끼는, 인생의 무상함과 덧없음, 참된 자아에 대한 무지, 끊임없이 쉽게 좌절되는 욕망을 충족시키지 못하는 데서 겪는 괴로움이기 때문이다.

우리가 경험하는 실존적 괴로움은 "우리 자신이 언젠가 반드시 죽는다는 사실을 깨닫는 순간부터 생기는 좌절감, 소외감, 절망감"에서 기인한다.[9] 우리는 인생의 프로젝트를 근본적으로 완료할 수 없고 영원히 그 보상을 거둘 수 없음을 알기에 좌절감을 느낀다. 삶에서 느끼는 모든 즐거움은 '상실'의 두려움이 섞인 '시간'의 제약으로 상쇄된다. 우리는 행복과 기쁨을 만끽하는 상황에서도 이 상황이 곧 끝나리라는 생각, 지금은 좋아도 앞으로는 나쁠 수 있다는 예감을 피할 수 없고, 심지어 아직 한 번도 경험하지 못한 일에 대해서도 부정적 기시감에 시달린다. 봄과 가을의 따스한 햇살처럼 아름다운 날들이 빨리 끝나버릴까 봐 두렵고, 뭔가 시간을 낭비하고 있다는 느낌에 초조하고, 지난 시간은 더는 돌아오지 않는다는 생각에 허망해한다. 그래서 우리는 계속 불안하다.

아울러 우리는 세상과 자기 자신을 뜻대로 통제하지 못하는 데서 소외감을 느낀다. 우리는 정치적·사회적·경제적 모든 영역에서 우리의 계산 아래 있지 않은 세력에 의해 통제받으며, '사회적 동물'이라는 인간종의 특성 때문에 사적 영역에서조차 온전히 홀로 서고 스스로 의지할 수 없다. 그래서 우리는 계속 불안하다.

그리고 역설적이게도 우리는 사랑 앞에서 극도의 절망감을 느낀다. 친구는 물론 부모, 연인, 자녀와 같이 우리가 가장 사랑하는 사람들에게도 우리는 결국 완전한 타인으로 남을 수밖에 없다. 나아가 우리는 삶에서, 능력에서, 성취에서 궁극적으로 유한한 필멸의 존재임을 깨닫고 절망한다. 우리는 약속의 땅을 언뜻 엿볼 수는 있어도, 신체적으로나 정신적으로나 그것을 소유하는 게 불가능하다는 사실을 안다. 더욱이 대자연 앞에서 우리는 사람들과 우리 자신에게 재난이 들이닥치는 상황을 막지 못함도 안다.

우리는 시간의 흐름과 노화, 질병, 죽음, 부패에 이르는 필연적 진행을 도저히 막을 수 없다. 미국의 철저한 실용주의 철학자였던 윌리엄 제임스(William James)도 "내 뱃속의 끔찍한 공포, 삶의 불안을 느끼는 감각"에 대해 주목했다. 우리 세상이 요구하는 고통스러운 통행료를 인식하는 데서 겪게 되는 이 제거 불가능한 감각이 다름 아닌 '두카'

다.[10] 고통과 상실의 불가항력 그리고 그 불가항력에 대한 우리의 본능적 인식은 아무리 포장을 잘한들 결국에는 '실존적 괴로움'에 관한 이해를 불교 철학의 '두카'로 향하게 한다.

回

딸아이가 태어난 날, 나는 무척 기뻤지만, 그와 동시에 아이를 두카의 삶으로 인도했음을 인정하지 않을 수 없다. 딸아이는 '생로병사'의 두카 가운데 '생'을 시작했다. 이제 나는 아이가 인생을 살아가면서 스스로 느낄 상실과 절망을 막지 못한다. 부모로서 아무리 사랑하고 갈망해도 나는 아이가 태어난 세상의 본질을 바꿀 수 없다. 그리고, 결국, 아이도 언젠가 세상을 떠날 것이다. 당연히 나는 그때까지 내가 살아있기를 절대로 바라지 않지만, 그렇다고 한들 남아있는 사람이 죽음의 고통을 고스란히 견뎌내야 함을 안다. 우리가 평생 플레이해야 하는 이 어두운 생각 게임은 우리 인생의 영원한 그림자다. 아무리 부유하고 강력하고 위대한 인간이라도 이 그림자에서 벗어날 수 없다. 우리는 우리의 흔적을, 우리의 기억을 남기려고 애쓰지만, 앞으로 무슨 일이 일어날지 끊임없이 물으며 궁금해하는 존재의 마지막 운명은 '망각'이다. 이럴진대 세상과 세상의 요구란 게 다 뭐란 말인가?

불교 철학에서 실존적 불안은 두카다. 병리적 신경증도 아니며, 자유나 진정성이나 행동과 선택의 무한함을 향한 갈망도 아니다. 그저 자기 자신의 참된 본성에 대해 혼란스러워하는 무지한 존재의 양상이다. 어둠 속에서 우물쭈물 더듬거리는 존재, 삶의 순환 고리에서 계속 부패하는 존재, 망상과 무지로 자신과 타인을 해하는 존재, 경험하지 못한 죽음을 두려워하다가 죽어서는 아무 말도 하지 못하는 존재의 양상일 뿐이다. 그렇기에, 그런 존재가 겪는 불안, 즉 두카는 무의미하고 불필요하기에, 없애거나 누그러뜨려야 한다. 불교 철학은 그럴 수 있다고 약속한다.

붓다는 우리가 세 가지 깨달음을 얻는 데 실패해서 두카를 느낀다고 지적했다. 첫 번째는 세상이 덧없이 변덕스럽고, 끝없이 변화해 불안정하며, 계속해서 불확실성을 초래해 우리가 예기치 못한 상황과 마주할 때 신체적·정신적으로 불안해진다는 사실이다. 이를 온전히 인식하면 변화무쌍한 세상을 이상하게 여길 것도 없고, 어차피 "이 또한 지나갈 것"이므로 세태에 휘둘리지 않도록 마음을 다잡을 수 있다.

두 번째는 이처럼 끊임없이 불안정하고 불확실한 세상이기에 이 안에서 우리 욕망이 영구적으로 충족되는 일은 없다는 사실이다. 그도 그럴 것이 영원한 만족이 가능해지려면 세상 자체가 항구적으로 변함없이 휴식과 안식과 평온함을 제공할 수 있어야 한다. 하지만 우리 세상은 그렇지 않다. 하물며 우리는 아무리 영원한 좋음은 좋음이 아님을 논리적으로도 알고 있다. 아이스크림을 먹으면 달콤하고 기분 좋은 까닭은 곧 다 먹어서 없어질 것이기 때문이다. 우리는 이 즐거운 감각이 끝나리라는 사실을 알기에 즐거움을 느끼며, 그런데도 계속 먹으면 이내 임계치에 도달해 무감각해지거나 오히려 고통스러울 수 있음을 안다. 이 사실을 알면서도 우리는 욕망의 충족이 유지되지 않을까 봐 불안해한다. 만족감이 지루함으로 이어지는 것도 싫고 만족감을 잃게 되는 것도 싫어서 스스로 괴로워한다. 이른바 이 "변환의 괴로움"은 우리가 일종의 정신적·정서적 불안정에 갇힌 존재임을 드러낸다.

인간 욕망의 이 같은 '불안정한 만족'을 훗날 독일 철학자 아르투르 쇼펜하우어(Arthur Schopenhauer)가 공식화했다. 그는 서양 철학과 동양 철학의 유사성을 인정하고 자신의 사상에 투영한 철학자였다. 철학사에서 '가장 비관적인' 철학자로 평가받곤 하는데, 그의 철학이 '삶의 의지'를 부정하고 있다는 오해 때문이다. 그렇지 않다. 그는 '끝없는 욕망'을 부정했다. 쇼펜하우어는 욕망은 다른 욕망을 부추길 뿐이며, 끝없이 욕망을 추구하는 동안 우리는 그 욕망을 필사적으로 움켜쥔 채 만족감과 지루함 사이를 오간다고 꼬집었다. 욕망이 영구적으로 충족되지 않는다는 사실을 깨닫지 못하면 우리는 행복이 우리가 통제할 수 없는 세상에 달렸다는 잘못된 인식으로 계속해서 고통받게 된다. 달리 말해 인식이 오염돼서 괴로워한다. 다행히 우리는 의식적이든 무의식적이든 행복은 낱개로 경험해야 할 만족이고 소유는 늘 상실에 위협받는다는 사실을 안다. 불안에 한 가지 얼굴만 있는 것은 아니지만, 특히 끝없는 욕망의 얼굴을 띤 불안은 그때그때 낱개로 얻는 기쁨과 즐거움의 순간마저 더럽히고 파괴한다.

모든 행복은 어느 순간 끝난다. 그래도 곧 만나게 될 또 다른 행복을 준비하면 된다. 우리는 이미 경험했다. 그 경험을 인식으로 굳히면 두카를 제거할 수 있다. 하지만 알려지지 않은 것들, 형태가 없는 것들, 알 수 없는 것들이 우리가 지금 느끼는 만족을 공허하게 만든다. 그러면 우리는 이미 알고 있던 진실, 만족이 곧 끝나리라는 진실을 하얗게 잊은 채, 되레 끝날 수 있고 정반대로 변할 수 있다는 생각을 하면서 불안해한다. 정말이지 우리는 너무나 나약한 존재다. 인식을 가만히 붙잡아두기가 이처럼 어렵다. 행복이 사라질까 봐 세상의 유동성과 불확실성을 다시 인식하지 못하고, 사랑하는 사람들의 운명과 우리가 소중히 여기는 모든 것이 그대로이길 바라면서 이전과 똑같은 두카를 또 초대한다. 이 무한 순환이 무한 고통의 원천이다.

은빛 구름이 검은빛을 머금고 있음을 아는데도 생로병사의 두카가 늘 우리 마음을 두드리면 쉽게 문을 열어주고 만다. 이 지울 수 없는 자각의 경험마저도 두카다. 이것이 우리 존재의 본성이다. 이와 같은 불교 철학의 이해 속에서 우리의 이런 본성을 깨닫지 못하면 불안은 사라지지 않는다. 아무리 효과 좋다는 항불안제를 복용하더라도 근본적인 슬픔이나 분노로 인한 고통은 치료할 수 없고, 죽음의 필연성에 대한 우리의 인식도 약화할 수 없을뿐더러, 세상의 덧없고 허망한 일시적 행복을 향한 우리의 집착, 갈증, 욕망도 누그러뜨리지 못한다.

게다가 우리는 우리 자신이 '누구인지' 모르는 무지로 인해, 우리가 상상하는 방식으로 실재하지 않는 자아를 상상하기 때문에 고통받는다. 우리가 '무아'에 무지한 한 우리는 계속 자아를 착각하면서 괴로워할 수밖에 없다. 이것이 우리가 두카를 초래하는 세 번째 깨달음의 실패다. 아마도 불교 철학에서 가장 난해하고 논쟁적인 교의일 것이다. 그러면서도 붓다가 거듭 강조했듯이 불교의 가르침 가운데 가장 근본적이고 중요한 문제가 이것이다. 우리는 '대상'으로서의 우리 자신, 즉 우리가 '나의 몸'이라고 말할 때 그 몸이 속한 '자아'의 운명을 걱정하기 때문에 불안하다. 즉, 우리가 '나'라고 여기는 '자아'는 우리 스스로 '대상화한 자아'다. 끊임없이 변화하고 타인에게 보이는 육체와 정신이다. 우리의 불안을 초래하는 것이 바로 이 자아에 대한 집착이다. 이 자아가 손해 볼까 봐, 불행해질까 봐, 궁극적으로는 죽어서 없어질까 봐 염려하면서, 어떻게든 이 자아에 이익과 행운과 명예를 가져다주려고 애쓴다. 붓다는 시간을 초월해 동일하게 지속하는 실체인 '나'는 없다고 말했다. 달리 말해 우리가 사는 이 세상의 모든 개인적·사회적·도덕적·법률적 책임의 근거가 되는 자아는 실재하지 않는다. 따라서 우리가 느끼는 불안은 실체가 없는 존재를 향한 불안이다.

불교 철학 관점에서 우리는 형상(육체), 감각, 지각, 의지, 의식이라는 다섯 가지 끊임없이 변화하는 '다발'이나 '꾸러미' 또는 '덩어리'로 이뤄져 있지만, 이는 고정되고 불변하는 실체로서의 '나'가 아니다. 우리가 아는 '나'는 단순히 어제가 다르고 오늘이 다르게 계속 변하고 있는 순간순간의 혼합체이며 '나' 자체가 아닌 부분의 구성이다. 우리에게 있는 것이라곤 이 다섯 가지 유동적인 '다발'뿐인데, 우리는 느끼고 분별하고 움직이고 생각하는 특정 형상을 띤 살과 피와 물을 담은 '덩어리'

이나 이것들이 속한 영구불변의 실체는 없다. 그 어느 것도 고귀한 '나' 또는 '자아'를 형성하지 않는다. 우리는 이 다섯 가지 요소의 유동적 과정이 어우러져 꽤 오랜 시간 동안 통일체로 보이게 하는 일종의 그릇이자 장소다. 과정의 각 단계는 인과적으로 다음 단계를 생성하면서도 영원한 실체로 통합되진 않는다. 형상, 감각, 지각, 의지, 의식이 끊임없이 어우러지기만 한다. 어느 과정에서도 이것이 실체라고 할 만한 자아는 찾을 수 없다.

바로 이 자아가 두려움과 걱정의 중심이 되는 본체이며 애지중지 이름을 붙여준 그릇이다. 혹여나 다치지는 않을까, 모욕당하지는 않을까 걱정하고, 행운과 불행이 닥치면 우리에게 기쁨과 슬픔을 일으키는 대상이다. 그리고 우리는 이 자아가 무(無)로 돌아가는 운명을 극도로 염려하고 두려워한다. 이 자아를 향한 우리의 집착은 너무나도 뿌리가 깊어서, 생각을 집중해 의식적으로 주의를 기울일 때가 아니고는 우리 생각이 거기에 붙어서 떨어지고 있지 않다는 사실을 전혀 알아차리지 못한다. 더 고차원적으로 생각해야 그 생각을 떨어뜨려서 생각할 수 있다. 왜 우리는 엉뚱한 곳에 붙어 있는 생각 때문에 괴로워할까? 이 자아가 나의 실체가 아닌데, 실체에 직접 영향을 줘야 의미 있고 중요한 것인데, 왜 우리는 운명, 상실, 재산, 보상, 이득에 그토록 지대한 관심을 두는 걸까?

결국 우리의 고통과 불안은 우리의 참된 본성, 그러니까 우리 자신이 누구이고 타인이 누구인지 헷갈리고 혼란스럽기 때문에 생기는 것이다. 우리가 계속해서 실체가 없는 것을 실체라고 여기면, 즉 '무아'를 '자아'로 인식하면 우리는 죽을 때까지 온갖 유혹과 충족되지 않은 욕망, 번뇌, 괴로움, 질병 등을 안기는 이 세상의 속박에 갇힌 채 살아갈 수밖에 없다. '자아'가 '무아'임을 깨달으면 끊임없이 변하고 사라졌다가 나타나기를 반복하는 것들에 집착하거나 휘둘릴 까닭도 사라진다. 내가 생각했던 '나'는 없다. 내가 되찾고 싶은 '나'도 없다. 이것이 우리의 참된 본성이다.

존재하지 않는 실체 '무아'에 대한 불교 철학의 관점은 우리 자신을 세상의 소용돌이로 돌려보내 나머지 '무아'와 더불어 우리가 합당한 위치에 자리 잡을 수 있도록 돕는다. 실재하지 않는 자아에 집착하면 집착할수록 우리는 고립되고 더 불안해진다. 우리는 그냥 무아로서 여기에 있고, 이렇게 무아로서 여기에 있다가, 무아로서 돌아가고, 다시 무아로서 돌아온다. 이것이 '윤회(輪廻/samsara)'다. 여담이지만 이런 우주적 순환 또는 통합은 자각몽이나 환각을 경험한 사람들에게서 보고되곤 한다(나도 경험했다). 호스피스 돌봄을 받는 이들에게 이와 같은 사례는 죽음이 삭제나 소멸이 아닌 회귀와 치환의 가능성을 보여주므로 깊은 위로가 될 수 있다.

확실히 '무아' 개념은 난해하다. 내 설명이 부족해서 어렵다고 느낄 수 있으니 다른 설명을 살펴보자. 정확하게는 '대화'다. '자아'가 영원하고 불멸인 무형의 실체를 떠올리게 하는 수사적 표현임을 직관적으로 알 수 있다. 일테면 '리버풀 FC'(Liverpool Football Club)'라는 이름을 붙여 아무리 선수와 감독이 바뀌어도 변함없이 존재하는 실체처럼 보이게 하듯이 말이다. 불교 경전에 이를 깨우치게 해주는 대목이 자주 나온다. 밀린다(Milinda) 왕과 나가세나(Nàgasena) 승려의 다음 대화가 대표적이다.

밀린다: 스님은 누구이고, 이름은 무엇입니까?

나가세나: 왕이시여, 사람들은 저를 나가세나라고 부릅니다만, 그저 이름이고 호칭일 뿐입니다. 그에 맞는 실체는 없습니다.

밀린다: 나가세나 스님, 그 말이 사실이라면 스님에게 옷과 음식과 거처를 내주는 이는 무엇입니까? 청렴결백한 삶은 사는 이는 무엇입니까? 살생을 저지르고, 남의 것을 훔치고, 사음을 일삼고, 거짓을 말하고, 술에 취하는 이는 무엇입니까? 스님 말이 옳다면 공덕이란 없는 것이고, 선행과 악행을 행하는 자도 없을 것이고, 따라서 업보도 없을 것입니다. 누가 스님을 해하더라도 해한 자 역시 어디에도 없는 셈이 됩니다. 사람들이 스님을 나가세나라 부른다고 하셨는데, 그렇다면 무엇이 나가세나입니까? 머리카락입니까?

나가세나: 아닙니다.

밀린다: 아니면, 손톱이나 이나 살 또는 몸의 다른 곳이 나가세나입니까?

나가세나: 아닙니다.

밀린다: 아니면, 몸이나 감각이나 지각이나 의지나 의식이 나가세나입니까?

나가세나: 왕께서 말씀하신 것 가운데 어느 것도 나가세나가 아닙니다.

밀린다: 계속 물었는데도 나가세나는 찾지 못했습니다. 그렇다면 나가세나는 공허한 소리에 지나지 않습니까? 내 앞에 서 있는 사람은 도대체 누구입니까? 아무래도 스님 대답이 잘못된 것 같습니다.

나가세나: 왕이시여, 이곳에 오실 때 어떻게 오셨습니까? 걸어서 오셨습니까, 아니면 차를 타고 오셨습니까?

밀린다: 마차를 타고 왔습니다, 스님.

나가세나: 그러면 이번에는 왕께서 대답해주십시오. 마차란 무엇입니까? 굴대가 마차입니까? 아니면 바퀴가 마차입니까? 차체가 마차입니까? 고삐가 마차입니까? 멍에가 마차입니까? 그것도 아니면 다른 부속물이 마차입니까?

밀린다: 스님이 가리키신 것 중에 어떤 것도 마차가 아닙니다.

나가세나: 그렇다면 왕이시여, 마차 또한 공허한 소리일 뿐입니다. 왕께서 마차를 타고 이곳에 오셨다는 말씀은 거짓이 됩니다.

밀린다: 나가세나 스님, 나는 진실을 말했습니다. 마차의 굴대와 바퀴와 차체 등 모든 부분이 합쳐진 것을 마차라고 부릅니다.

나가세나: 그렇습니다. 이제 왕께서는 마차라는 이름이 가리키는 바를 이해하셨습니다. 저 역시 다섯 가지가 합쳐져 나가세나라는

이름으로 불리는 것입니다. 그러나 그저 이름일 뿐입니다. 나가세나라는 이름은 저의 실체가 아닙니다.[11]

밀린다: 참으로 훌륭하십니다. 이제 답을 얻었습니다. 붓다께서 여기에 계신다면 스님을 칭찬하실 것입니다.

붓다에 따르면 불안한 사람은 무지한 착각에 빠져 수은처럼 끊임없이 변하는 현실을 움켜쥔 채 실체가 없는 존재의 덧없고 허망한 껍데기에 한평생 매달린다. 우리가 겪는 불안에 대한 불교 철학의 관점은 이처럼 한결같다. 우리는 늘 상실을 두려워하고, 세상이 우리에게 가할지 모를 불행을 두려워하며, 우리가 가진 소중한 모든 것이 사라질까 봐 두려워한다. 미래만 생각하면 온통 걱정할 것투성이다. 우리에게 닥칠 불운과 질병과 쇠락과 죽음이 보인다. 저마다, 전부, 마치 실체인 양 이름을 부여받은, 우리가 착각하는 '나', '자아'를 향한 집착과 연결된다. 우리 존재의 참된 본성인 '무아'에 대한 무지에서 비롯된 우리의 실존적 갈증은 "감각적 쾌락, 부, 권력, 사상, 이상, 관점, 판단, 이론, 개념, 믿음 등"을 구성해 파멸적인 집착으로 움켜쥐고, 매달리고, 욕망한다.[12] 여기에서 붓다가 유형적인 재화와 무형적인 재화에 대한 집착을 구분하지 않았음을 유의할 필요가 있다. 때로는 물질을 향한 갈망보다 정신을 향한 잘못된 집착으로 더 치명적인 상처를 입을 수 있다. "더 완벽해지려는 욕망, 더 인정받으려는 욕망, 더 강해지려는 욕망, 더 존재하려는 욕망"에 비례해 상처도 더 벌어진다.[13] 더욱이 가진 게 더 많아

지고 바라는 게 더 커질수록 통제 불능 세상이 가해오는 위협도 매서
워진다. 불안에 날개를 달아주는 격이다.

回

　불안은 우리 내면에서 생겨나는 것이지 외부 세계가 주입하는 게 아
니다. 세상은 그저 존재한다. 이런 세상과의 잘못된 관계와 이런 세상
을 바라보는 잘못된 세계관이 불안을 일으킨다. 우리 마음이 불안의
창조자다. 외부 세계가 불안을 초래한다 여기고 통제하려는 시도는 번
번이 실패한다. 세상을 바꿀 수 없고 세상의 유동성과 불확실성을 통
제할 수 없다면 우리가 할 수 있는 일은 딱 하나, 세상에 대한 우리의
인식을 바꾸고 그 반응을 빠르게 하는 것뿐이다. 세상이 가져다주는
듯 보이는 모든 긍정적이거나 부정적인 뭔가에 아무런 의미가 없음을
그때그때 재빨리 파악하고 무시해버리는 것이다.[14]
　그러기 위해서는 우선 마음이 어떻게 작동하는지, 마음이 불안의
대상인 자극, 모욕, 방해, 박탈, 상실 등에 어떻게 반응하는지 깊게 들
여다봐야 한다. 우리 마음과 몸의 상호 작용에 대한 고조된 인식은
'마음 챙김(마음 관찰)' 명상과 스스로 규율을 부여한 규칙적인 수행을
통해 확보할 수 있다. 이는 세상의 산만함에 빼앗긴 주의력을 우리 의
식이 되찾는 1인칭 관찰자 시점의 탐구다. 이 탐구 과정은 우리를 현재
순간에 집중하게 함으로써 지난 과거에 대한 후회와 앞으로 나아가야

할 미래를 향한 불안에서 벗어날 수 있게 해준다. 붓다는 우리에게 마음, 행복, 슬픔, 불안은 물론 기쁨의 원천인 우리 자신에게 주의를 기울여야 한다고 강조했다. 우리가 진정으로 탐구해야 할 가장 중요한 주제는 다름 아닌 '나 자신'이다. 내가 왜 그렇게 느끼고 생각하는지 이해하려면 내가 누구이고 무엇인지 알아야 한다.

마음 챙김은 우리가 하는 생각을 돌아보게 해주는 탁월한 수행법이다. 이 명상은 우리가 숨을 들이쉬고 내쉬는 존재라는 간단한 인식에서 시작된다. 내가 지금 숨을 쉬고 있다는, 당연하지만 평소에는 생각하지 않는 사실에 집중한다. 그렇게 일련의 호흡법을 단계별로 수행해나가다 보면 내 생각의 본질에 다가서게 된다. 나와 생각의 관계가 서서히 드러나면서 마침내 우리는 나 자신이 생각의 인질이 아님을 이해할 수 있다. 즉, 그 생각이 '생각하는 주체가 없는 생각'이라는 진실을 깨닫게 된다. 마음 챙김은 바깥에서 나를 볼 수 있게 해준다. 웅크리고 앉아 있는 저 '자아'를 보게 한다. 이를 습관화하면 우리는 우리가 느끼는 모든 감정을 무덤덤하게 여길 수 있다. 나아가 이기적이고 자기중심적인 자아로부터 우리를 분리해 일상적인 걱정을 제거한다. 내가 누구인지 알면 알수록 역설적이게도 불안한 나는 '파괴'된다.

그런데 이렇듯 불안을 제거하고 파괴할 해결책이 제시됐으니 앞길이 희망스럽게 느껴지면서도, 한편으로는 또 다른 우려감이 밀려온다. 이 장을 시작할 때 잠깐 언급했듯이 수도승처럼 살고 싶어 하는 사람은 많지 않다. 아니, 거의 없을 것이다. 안도감은 가까우나 그것은 신기루

일 뿐 실제 안도에 이르는 길은 매우 멀고 지루할뿐더러 많은 것을 포기해야 한다. 마음 챙김도 어느 수준까지는 할 수 있지만, 정말로 제대로 수행해 자아와 완전히 단절하는 무아의 경지와 열반의 상태에 도달하기 위해서는 엄청난 노력이 필요하므로, 우리처럼 속세를 살아가야 할 일반인으로서는 사실상 도달할 수 없는 영역에 있다. 이 문제는 붓다도 인정했는데, 그래서 그는 설법 대상에 따라 해석 방식과 수행법을 여러 겹으로 제시했다. 붓다의 가르침을 구하러 온 모든 불쌍한 영혼이 탁발승이나 수도승이 돼서 걸식하며 수행하거나 고독한 참선의 길로 나아가야 하는 것은 아니었다. 이는 우리가 설령 구원과 해방의 종착지까지는 도달하지 못하더라도, 불안을 받아들이고 불안과 함께 살아가야 함을 시사한다. 우리는 불안을 마주할 때 돌아서는 안 된다. 우리는 불안을 오롯이 직면해야 한다.[15]

그렇기에 불교의 고명한 스승들은 불안과 더불어 살기를 거듭 강조하고 있다. 불안을 피할 게 아니라 그것이 유동적이고 불확실한 세상의 필연적 부산물임을 기꺼이 수용할 수 있는 우리 인식의 능력을 과감하게 믿음으로써 불안을 극복하라고 격려한다.[16] 영적 지도자로 존경받는 승려 페마 초드론(Pema Chodron)은 이를 여러 문장으로 우아하게 표현했다.

우리는 불안과 고통의 진실과 예측 불가능성을 탐구하되 애써 밀어내지 않는다.[17]

전사는 다음에 자신에게 어떤 일이 일어날지 결코 알 수 없음을 받아들인다. 우리가 결코 피할 수 없는 불확실성은 진실이다. 미지의 그것은 우리를 두렵게 하지만, 우리 모험의 일부다. [18]

진정한 질문은 불확실성과 두려움을 피하는 방법이 아닌 그 불안과 관계를 맺는 방식이다. [19]

우리는 이름 모를 두려움과 함께하는 법을 연습해 배울 수 있다. [20]

우리는 안도감의 환상을 잃게 될까 두려워 불안해한다. 어느 쪽으로 방향을 틀어야 할지 몰라서 혼란스럽다. [21]

무아는 모른다는 것, 모든 것을 알 수 없다는 것, 내가 누구이고 다른 사람이 누구인지 전혀 몰라도 편안해질 수 있는 우리의 능력이기도 하다. [22]

삶의 조건으로서의 괴로움을 인정하라는 불교 철학의 순수하고 직설적인 교의에서 나는 아주 단순하고도 명확한 진리를 발견했다. 나는 불안하다. 내가 무아에 무지한 한 앞으로도 나는 계속 불안할 것이다. 나는 내 불안에 떳떳하지 못했다. 세상이 나를 비난하는 것처럼 느껴졌다. 세상이 내게 내리는 벌 같았다. 이 생각이 내 불안의 원천이었다.

그렇지만 내 삶 구석구석을 돌아보게 해준 불교 철학의 예후와 진단, 치유 가능성에 관한 낙관적 전망, 실행 경로 제시는 내게 강력하고 굳건한 힘이 됐다. 나는 내가 누구이고 무엇인지 알게 되는 그날까지 내 운명의 설계자이자 창조자로서 살아갈 것이다.

어린 시절 나는 세상이 그저 신기하고 좋아 보이기만 했다. 내가 고통과 불안에 시달리라고는 꿈에도 생각지 못했다. 부모님의 사랑과 보살핌 속에서, 하루하루 재미있는 세상 속에서, 거짓 안도감에 푹 빠져 있었다. 그러다가 나는 그 안도감의 수호자들이 사라지자, 그들을 급작스럽게 영구적으로 소멸시킨 세상의 파괴적이고 잔혹한 최악의 방식에, 무너졌다. 존재하는 것들의 구성적 특징을 직시하지 못한 신경증적 몰락이었고, 존재의 엄격한 요구를 수용하지 않으려는 완강한 거부가 초래한 실존적 몰락이었다.

이를 이겨내고 다시 일어서는 데 많은 시간이 걸렸다. 불교 철학을 통해 나는 세상에 대한 기존의 유치한 이해에서 탈피해 그것이 자기애적 환상이자 이기적 망상임을 똑바로 응시할 수 있게 됐다. 이와 관련한 불교 철학의 더 복잡하고 심오한 교의는 이후 스코틀랜드 철학자 데이비드 흄(David Hume)의 걸작《인간 본성에 관한 논고(A Treatise of Human Nature)》에서 재현된다. 자아란 실재하지 않고 자기성찰로 조금씩 드러나는 감각과 인식의 다발일 뿐이라는 깨달음은 내가 환각 체험을 할 때 분명해졌다. 마이클 폴란(Michael Pollan) 교수의 환각 연구에서처럼 나도 내 자아가 주변 세계로 녹아드는 모습을 봤다.[23] 현대 물리학의 양자역학도 이를 설명한다. 우리는 별의 먼지였고, 이 세상에서의 존재 방식이 완료되면 다시 그 형태로 돌아간다. '자아'는 '무아'라는 붓다의 설법은 당시에도 추종자들은 상당히 당혹스럽게 했다. 그들은 매우 곤혹스러워하면서 끈질기게 반복해서 이렇게 물었다.

"세존이시여, 제가 죽고 나면 저는 어떻게 됩니까?"

붓다는 질문 자체가 성립하지 않는다고 대답했다. 아무런 의미가 없는 물음이었고 범주 오류였다. 실재하지 않는 것에 존폐나 불행 같은 문제가 발생할 리 없기 때문이다.[24]

비록 우리가 '무아'를 온전히 이해하지는 못하더라도, '고집멸도' 사성제에 집중하게 해주는 명상이나 자기성찰은 우리가 이 변화무쌍하고 예측 불가능한 세상을 통제할 수 있으리라는, 우리에게 그런 자아가 있으리라는 생각에서 적어도 조금이나마 거리를 벌리도록 도울 것이다. 어쩌면 이것이 서 있거나 앉아 있거나 누워 있는 붓다가 늘 입가에 희미한 미소를 띠고 있는 이유일 것이다. 그는 '무슨 일이 일어나고 있는지', '지금이 몇 시인지' 알고 있다. 그는 세상이라는 연극 무대에서 저마다 혼신의 연기를 펼치고 있는 배우들의 모습을 초연하게 바라보면서도 그 내면의 애환에 대한 연민으로 가득 차 있다.

붓다에게 불안과 괴로움은 우리의 경향, 의도, 습관에서 비롯되며, 그로부터의 구원과 해방은 평생에 걸쳐 느리지만 의연하게 우리 스스로 자기 자신을 얼마나 바로 세우느냐에 달렸다. 이 과정에 참여하자마자 우리는 작지만 소중한 보상을 받을 수 있고, 멈추지 않으면 계속해서 받게 될 것이다.

종착점에 이르지 못해도 더 나쁜 일은 일어나지 않는다. 그 누구도 아닌 우리 자신을 위해 이 과정을 즐기는 것이 우리의 유일한 구원의 길이다. 우리가 이 과정에 있는 이상 우리는 어디로도 끌려가지 않는다. 우리의 여정에는 계속해서 갖가지 모습의 불안이 기다리고 있을 것이다. 해맑게 우리를 반길 불안을 지나치려 하지 말고, 우리도 해맑게 받아들여 여정의 동반자로 삼아보자. 조만간 그 불안이 우리 삶의 원동력이었음을 눈치채게 될 날이 올 것이다.

불안할 자유

두려움을 알면서도 두려움을 물리치는 자,
심연을 보지만 긍지를 갖고 보는 자가 담대하다.
심연을 보되 독수리의 눈으로 보는 자,
독수리의 발톱으로 심연을 움켜쥐는 자,
이런 자가 용감한 자다.

프리드리히 니체

ANXIETY

우리의 '실존'은 가장 중요한 철학적 문제다. 우리는 길을 알지 못한 채, 지도 한 장 얻지 못한 채 태어났다.[1] 사는 동안 종교, 신, 계시가 지도를 제공해준 적이 있지만, 세월이 흘러 철학과 과학의 지성적·개념적 혁명이 일어나자 그 지도 또한 그저 우리와 똑같은 인간, 즉 혼란스럽고 헤매고 불안한 인간 존재들이 만들어낸 것일 뿐, 전지전능하고 초자연적인 권위의 산물은 아님을 알게 됐다. 이를 간파한 실존주의 철학자들은 우리 삶의 불확실하고 당혹스러운 결과와 그것이 수반하는 불안과 고뇌, 그리고 그에 따라 필연적으로 박차를 가할 수밖에 없는 '자신과 세상에 관한 탐구'를 긍정하고, 환영하고, 찬미했다.[2] 실존주의자들은 불안을 치료나 제거의 대상으로 보지 않았다. 오히려 함께 더불어 살아갈 인간 존재의 필수 구성 요소로 여겼다. 우리 존재의 진정성을 끊임없이 요구하는 적극적인 삶의 '신호'라고 생각했다. 실존주의 철학은 이 근원적 두려움을 '불안', '공포', '고뇌', '근심', '번민', '강박', '예단' 등 다양한 용어로 공식화했고, 그 속에서 자기발견과 진정한 삶 그리고 우리 행동과 책임에 대한 도덕적·형이상학적 통찰의 기회를 제공해줄 해방적 측면을 발견했다.

실존주의 철학에서 불안은 철학과 심리학을 잇는 다리다. 그래서 실존주의는 우리의 추론과 결정이 자연스레 동반하는 기분과 감정에 주의를 기울이라고 요구한다. 철학을 하는 주체는 우리 인간이다. 우리가 생각하고 느끼고 감정을 표출한다. 감정이 우리가 이성으로 세운 철학을 뒷받침해 자기고백과 자기기록과 자기심판으로 바꾼다. 감정과 이성은 이렇듯 떼어놓을 수 없기에, 우리의 총체적 경험을 좌우하는 감정은 아무리 일시적이고 불확실하더라도 냉철하고 추상적인 이성만큼이나 중요하다. 우리의 생각과 감정이 서로 결별하면 우리는 소외당해 표류하게 된다. 이런 이유로 실존주의 철학은 심리학적 관찰과 철학적 사유를 거의 구분하지 않았고, 마침내 감정인 '불안'을 '철학적 문제'로 간주하도록 허용했다. 그 결과 실존주의자들의 저술은 이전 철학책들과 달리 철학자는 물론 신학자, 소설가, 시인들이 오랫동안 고민해왔던 인간의 감정을 공식화함으로써 새로운 철학 형식을 제공했다. 나아가 전통적인 철학적 분석에 심리학적 세심함과 솔직함을 융합했다.[3]

아울러 불안과 개념적으로 한 꾸러미를 이루는 자유, 죽음, 무(無), 책임, 진정성 등 이른바 인간 존재의 '궁극적 관심'도 함께 다뤘다.[4] 이 가운데 무엇이든 하나에 관한 생각은 다른 것으로 이어진 길을 찾는 과정이고, 각각의 종착점으로 향하는 모든 과정에서 불안이 드러난다.

일테면 우리 삶을 선택할 형이상학적 자유는 도덕적·경험적 오류 가능성에 관한 불안, 행동에 대한 책임, 존재의 진정성을 향한 추구를 요구하고, 우리 삶에 언제나 죽음이 기다리고 있다는 진실은 모든 가능성의 중단과 그 너머의 알 수 없는 무를 상기시키면서, 삶의 열망과 희망에 극복하기 어려운 장벽을 쌓아 올린다. 실존주의 철학자들은 저마다 개성 있는 글쓰기 스타일과 다양한 관심사에도 불구하고 '인간'은 그 정의가 무엇이든 간에 만들어지거나, 결정되거나, 발견되거나, 발명되지 않은 존재이며, 인간의 삶에도 미리 정해진 본질이나 계획 따위는 없다고 주장함으로써 하나가 됐다. 창조나 탄생 이전의 상태라면 우리는 정의, 식별, 분류를 기다려야 하겠지만, 이미 실존하는 존재로서의 우리는 항상 본질에 앞선다. 그리고 현재 실존하는 존재는 노력해도 완성할 수 없고, 결코 멈출 수 없으며, 언제나 '낯선 땅의 낯선 이방인'으로서 죽음의 확실성과 실현의 불가능성을 인식해가는, 삶을 지속하는 동안 존재할 뿐인 '무'임을 깨달아가는 상태다. 이 상태가 바로 '불안'이다.

실존주의 철학자들은 이 같은 인간 조건의 근본적 진실을 예리하게 인식해 겸허히 받아들였다. 우리는, 심지어 가장 현명하고 지식이 많고 권력이 큰 사람조차도, 미래가 무엇을 가져올지 확신할 수 없다. 실존주의 철학은 이 늘 배불러 있는 불확실성을 아직 다 만들어지지 않은 세상과 우리 자신을 '즐길' 선택과 행동의 '자유'라고 여긴다. 이 자유는 우리의 상이자 메달이자 기름 부음인 동시에 우리가 처한 양상이며 우리가 마주하는 혼란이다. 이 자유는 소중한 우리의 도덕적·정치적 재화인 동시에 결과가 정해져 있을지 모를 미래로부터 우리를 안심시키는 실존적 재화다. 사실 우리는 미리 정해진 운명의 자동기계와 같은 삶이 싫어 무의식적으로는 이 자유를 갈망한다. 하지만 이 자유는 불확실성이기에 불안이라는 대가가 뒤따른다.

실존주의 철학은 미리 결정되거나 확립된 그 어떤 본질도 없는 자유로운 존재인 우리 자신을 이해하는 데 '불안'을 '필수불가결한' 요소로 선언하고 우리에게 자기창조의 책임을 부여한다. 자유로운 우리는 스스로 삶과 운명의 윤곽을 결정할 책임이 있기에 필연적으로 불안을 경험한다. 자유롭게 행동하고 선택하는 존재의 불확실성과 불안이 우리 의식을 구성한다. 그런데도 우리는 이 자유가 여간해서는 축복이나 구원처럼 느껴지지 않는다. 공포, 두려움, 고통인 것만 같다. 실제로 우리는 삶의 많은 부분을 이 자유를 회피하거나 거부하는 데 소모한다. 애써 이 자유를 외면하고자 감성적이거나 지적인 치유법을 찾고, 심지어 약리적인 도움까지 받아가면서 저주 같은 축복을 덜 느끼려고 하는 것도 놀라운 일은 아니다. 인간은 스스로 삶을 어떻게 살아야 하고 살 수 있는지를 결정하는 자유에서 도피하는 데 한없이 창의적이다.[5]

回

교육 수준이 높은 철학 비전공자들에게 파이프 담배를 피우고 커피 마시는 모습이 인상적인 프랑스 철학자 장 폴 사르트르는 실존주의를 대표하는 인물이다. 그렇게 여길 만도 하다. 그는 실존주의 사상을 명료하고 간결하게 표현했고, 《존재와 무(Being and Nothingness/L'Être et le néant)》를 포함한 여러 철학책은 물론 소설과 희곡으로까지 저변을 확장해 중심 논제를 탁월하고 정확하게 제시했다. 그렇지만 인간의 자유, 의식, 실존적 부조리, 무 등의 개념은 선배 철학자인 쇠렌 키르케고르와 마르틴 하이데거에게 이론적 토대를 두고 있다. 그래도 키르케고르나 하이데거보다 사르트르를 통해 더 많은 사람이 실존주의 철학을 처음 접했고, 특히 자기 자신의 진정한 가치에 모순된 방식으로 살아가는 상태를 말하는 '비진정성'이나 '나쁜 믿음' 같은 용어는 전세계에서 널리 인용됐다.

아울러 사르트르가 한층 더 유명해진 데는 그가 자신의 사상을 펼치기 위해 '문학' 형식을 활용한 것도 한몫했다. 소설 《구토(Nausea/La nausée)》는 시대를 대변하는 문화적 상징이 됐고, 희곡 《닫힌 방(No Exit/Huis clos)》은 "타인은 지옥이다"라는 대사로 강렬하게 기억됐다. 게다가 무엇보다 그의 철학이 실존주의의 분수령이 된 계기는 《존재와 무》의 핵심 문장이자 앞서 내가 몇 번 언급한 "실존은 본질에 앞선다"라는 경구 덕분이다. 이것이 실존주의를 한마디로 표현하는 슬로건이며 중심 통찰이다. 플라톤(Platon)과 아리스토텔레스 이래 서양 철학에서는 본질이 실존보다 우선하고 본질을 원형으로 실존이 성립한다는 게 지배적인 관점이었다. 그러나 우리는 이미 정해진 형이상학적 본질, 즉 플라톤의 '이데아(idea)'나 아리스토텔레스의 '에이도스(eidos)' 같은 본질적 형상을 구현하려고 태어난 존재가 아니다. 우리는 엄연히 실존하고 있으며, 먼저 존재했고 지금 존재하기에 우리 자신의 본질(형상)을 만들어가는 것이다. 본질이 중요하지 않다거나 무시해야 한다는 뜻은 아니다. 본질을 얼마든지 상정할 수 있어도 실존하지 않는 존재, 예컨대 '용'이나 '유니콘'처럼 세상에 없는 존재를 떠올리게 할 수도 있으므로 본질은 어디까지나 가능성이다. 우리는 이미 실존한다. 우리의 삶은 자신의 선택과 결정으로 나 자신의 본질을 채워나가는 기록이다. 우리는 살면서 자신이 누구인지 알게 되고 자기 자신을 형성한다. 범위를 한껏 키우면 역사의 끝은 인류의 행동과 선택이 인류의 삶과 인류 자체를 무엇으로 만들어왔는지 알게 되는 계시의 순간이며, 실제로 이때 인류는 '인간의 본질'이 무엇인지 깨닫게 된다. 이 같은 전개는 미리 쓰여 있던 대본의 발견이 아니다. 대본 따위는 없다. 우리는 자신이 시간의 흐름 속에서 스스로 구성해나가는 본질을 목격할 뿐이다.

사르트르의 실존주의는 인간 존재와 그 의식이 '신성한 실체'로부터 부여받은 게 아닌 스스로 본질을 구성해나간다고 보기 때문에 '무신론적' 휴머니즘이다. 인간은 죽을 때까지 지속하는 존재 가치가 각인된 동전이 아니다. 무에서 출발해 자신의 행동과 선택을 통해 자기 자신뿐 아니라 타인의 본질에도 영향을 미친다.[6] 우리가 발을 들여놓은 세상은 우리와 타인에 의해 만들어진다. 세상을 떠날 때 우리는 타인의 자갈 더미에 우리 자신의 자갈을 더한다. 그것들이 우리의 다음 의식으로 연결돼 계속해서 세상을 이어나갈 것이다. 이 세상을 규제하고, 결정하고, 평가하는 초월적이고 외부적인 권위(신 또는 추상적·비인격적 우주 질서)는 실재하지 않는다. 인간이 만물의 척도이며, 인간이 만들어내는 것과 무관한 영구불변의 도덕적·정신적 진리는 없다. 이 사실은, 눈치챘겠지만, 인류의 집단적 총체가 인간 개인의 개별적 행동과 선택의 합이라는 엄청난 책임을 우리에게 안겨준다. 우리의 모든 행동과 선택은 그대로 세상이라는 건물에 벽돌로 쌓여 본보기가 된다.[7]

사르트르에 따르면 이 피할 수 없는 자유는 우리가 삶의 불확실성을 탐색하고 자기 존재의 가치와 본질을 창조해야 할 자유다. 그렇기에 우리는 자유롭도록 '정죄(定罪/condemnation)'를 받은 것이다.[8] 이는 우리의 실존이 우리 자신에게 강제하는 '실존적 책임'이다. 유전자가 요구하는 종의 재생산(번식), 단순한 육체적 충동으로 쉽게 이행할 수 있는 '생물학적 책임'보다 훨씬 더 무거운 책임이다. 살면서 우리는 우리가 어떤 의미를 지니고 태어난 존재가 아니라, 우리 것으로 만들어야 할 특정 장소와 시간에 그저 '던져진' 존재임을 깨닫는다. 인간은 그렇게 세상에 던져진 뒤 스스로 자신을 만들어가는 존재다. 우리는 세상에 던져진 우리 자신을 발견하기 위해 깨어나고, 그 안에서 우리의 자리와 모든 의미를 우리 자신이 결정해야 한다. 싫어도 어쩔 수 없다. 우리는 그렇게 하도록 '강요'받았다.[9]

자유를 갖는다는 것은 불안으로 특징지어지기에 완전한 기쁨이 아니다. 일반적으로 우리는 타인에 의해 규범적으로 확립된 기대와 기준을 충족시키려고 설득력 있게 행동함으로써 이 자유에서 '도피'한다. 이것이 이른바 '정상적' 상태이고, 이 상태의 나는 세상이 그렇게 되기를 바라는 나다. 우리는 이것을 자유라고 상상한다. 그편이 훨씬 안정적으로 느껴지기 때문이다. 별다른 비난도 받을 것 없이 사회의 지배적 관점을 수용했기 때문이다. 이런 태도는 우리 자신에게 안정된 자아, 인정받는 정체성, 편안하게 꾸며진 영역이라는 피난처를 제공해준다. 우리가 이 세상에서 별 탈 없이 공연을 이어나갈 수 있는 검증된 연기 대본이 되기도 한다. 그러나 이 같은 속 편한 순응은 사르트르가 말하는 '나쁜 믿음'이고 진정성 없는 처신이다. 보호받고 안전할 것 같은 제한된 상황을 추구하면, 역설적이게도 자유가 아닌 제약과 구속을 마주하게 된다. 이런 식으로 사회적 통념에 빠져드는 태도는 우리 자신을 기존 생각과 행동에 가두어 정작 우리가 선택하고 결정하지도 않은 세상에서 '낯선 자'와 '이방인'이 된 자기 모습을 발견하게 함으로써 우리 각자의 고유한 불안을 내팽개치게 만든다.

실존주의 철학은 우리 자신만의 불안에 능동적으로 주의를 기울이고 그것을 병리 현상으로 여기지 않으면 불안을 우리 삶의 다양한 가능성, 우리가 결정해야 할 정해지지 않은 미래, 우리의 소중한 부분과 끔찍한 부분을 알려주는 고마운 메시지로 받아들일 수 있다고 강조한다. 우리 삶에 우리가 따라야 할 궤적과 우리의 운명이 미리 그려져 있다면 불안할 까닭이 없다. 인생의 무대에서 우리가 해야 할 대사는 언제 어디서든 프롬프터에 나타날 테고, 우리는 아무런 두려움 없이 거기에 쓰인 대로 읽으면 된다. 하지만 우리는 삶이 그렇지 않다는 사실을 잘 알고 있다. 인생은 시험이 아니다. 인생이 시험이라면 우리가 어디로 가서 무엇을 할지 알려줄 기출 문제가 있을 것이다. 우리의 불안은 그런 기출 문제가 있을 턱이 없음을 매우 충실히 보여준다.

　반면 쇠렌 키르케고르와 폴 틸리히 같은 기독교 기반의 '유신론적' 실존주의자들은 실존적 불안에 대한 대응으로 '신앙'을 선택했다. 기독교 실존주의에서 불안이란 잘못된 선택에 따른 '죄책감'에 대응하는 감정이다. 기독교 실존주의는 이 세속적인 불안의 해결책으로 실존적 삶에 대한 인식을 뛰어넘는 '신앙의 도약'을 제시했다. 이를 위해서는 변함없는 헌신, 한 점 부끄럼 없는 사랑, 과감한 결단이 필요하다. 우리의 선택은 매 순간 불안을 초래하지만, 신 앞에 '홀로' 서서 떳떳한 평가를 받음으로써 자신의 행동을 판단할 수 있다. 다음에 무엇을 해야 할지, 어떻게 해야 할지, 무슨 일이 일어날지 우리는 알지 못하나, 이전의 평가를 토대로 행동을 구체화할 수 있다. 신의 감시에 자신을 붙잡아둔 채 스스로 선택한 결과를 끊임없이 반추하면서 선택을 이어나간다. 이렇게 불확실한 삶을 정면으로 돌파하고 선택의 결과를 올바르게 만드는 게 우리의 운명이며 앞으로 나아갈 유일한 길이다. 이 과정에서 느끼는 불안을 거부하는 것은 살기를 거부하는 것이다. 불안이 결코 '절망'이 돼서는 안 된다. 키르케고르는 "절망은 죽음에 이르는 병"이라고 말했다. 우리가 더 헌신하고, 더 사랑하고, 더 과감한 실존적 결단을 할수록 우리는 불안의 씨앗인 죄를 지워나갈 수 있다. "신 앞에

선 단독자"로서 우리는 올바른 선택과 결정으로 앞날을 열어갈 수 있으며, 그 결과 또한 기꺼이 감수할 수 있다.

그런데 이후 마르크스주의자들은 이와 같은 실존주의 철학을 사회적·경제적 계급, 젠더, 인종과 상관없이 모든 인류 개인의 선택에만 집중하고 공동체의 도덕은 도외시하는 부르주아적 자유주의 사상이라고 치부했다. 그렇다면 인간의 역사와 그 우연성, 그리고 우리 시대보다 앞서 행해진 개인들의 선택과 결정은 일부 특정 계층에만 보이는 방식으로 세상을 구성해온 것일까? 소수의 엄선된 사람들에게만 주어지는 선택과 가능성의 특권만 놓고 보면 그런 것 같기도 하다. 특히 인류 공통의 자유에 관한 사르트르의 실존주의적 이해는 역사의 흐름과 현 시대의 정치적·경제적·사회적·문화적 양상을 고려할 때 지나치게 순진하고 낙관적인 관점이라고 비판받았다. 이에 사르트르도 앞선 모든 사람의 선택처럼 우리 모두의 선택이 뒤를 따르는 모두의 선택에 영향을 준다는 원래 주장을 조금씩 수정하기도 했다. 하지만 그렇더라도 맥락은 바뀌지 않는다. 마르크스주의자들의 비판도 실존주의 철학의 맥락이 아닌 용어나 정의를 물고 늘어진 것이었다. 실존주의 철학자들의 저작에는 우리 선택과 결정의 건설적 측면과 더불어, 삶을 살아가는 데 개인의 책임이 얼마나 중요한지에 관한 깊은 통찰이 담겨 있다.

불안을 바라보는 실존주의 철학자들의 견해에는 공통점도 있고 차이점도 있다. 내가 이 책에서 모든 실존주의를 속속들이 소개할 수 없고, 마르크스주의자들의 비판처럼 실존주의가 사회라는 유기체보다 개인의 선택과 자유에 과도한 비중을 두는 것도 사실이지만, 반대로 그 사회 구조와 제도와 관습이 우리 개인의 불안을 생성하고 유지하는 원흉이라는 사실을 만천하에 드러낸 것도 실존주의다. 그중에서 가장 날카로운 관점은 의심할 여지 없이 20세기 실존주의와 비판 이론에 지대한 영향을 미친 프리드리히 니체일 것이다. 그가 쓴 수많은 저작은 오랜 세월 여러 세대를 거쳐 읽는 이들에게 충격을 선사하고, 흥분시키고, 격앙케 했다.

인간이 '맨몸의 존재'라는 우주적 공포와 실존적 두려움은 한때 잘 조직된 종교의 교리와 의식이 요구하는 믿음으로 구원받는 듯했다. 종교는 인간 삶의 모든 측면을 아우르는 포괄적인 행동 및 도덕 규범을 제공했고, 이는 모두 전지전능한 신에 의해 뒷받침됐다. 그러나 과학의 불편한 연구와 철학의 집요한 추론으로 그와 같은 안도감을 더는 보장받지 못하게 됐을 때, 신과 종교 그리고 그 신성한 계시를 해석한 사제들의 도덕적·형이상학적 지침은 어떻게 됐을까?

이 문제는 니체를 통해 가장 날카롭고 아프게 제기됐다. 그가 반복해서 경고한 다가오는 '폭풍'은 유럽과 유럽 문화가 초래한 극심한 불안, 음침한 허무주의, 신 없는 세상을 향한 신경증적인 저항이자, 지성적·도덕적 묵인을 요구하는 국가와 시장과 그 밖의 잡다한 이데올로기 같은 '새로운 우상'으로의 필사적인 도피 열망이었다. 니체의 글 곳곳에는 불안이 도사린다. 그 가운데 가장 중심은 종교적이든 비종교적이든 '신의 죽음'에 직면한 불안이다. 여기서 '신'은 신성한 창조자이자 도덕의 보증자로서뿐 아니라 세상의 모든 도덕적·인식적·정신적 영역에서 절대적으로 안전한 '확실성'을 보장하는 존재를 뜻하는 개념이다. 세속화한 세상에서 이제 이 신은 실재하지 않는다.

　니체는 불안이 내가 나 아닌 다른 존재가 되려고 갈망할 때, 끊임없이 남을 의식하고 세상의 통제에 순응할 때, 세상은 무한히 되풀이될 뿐 오래된 종교적 전통이나 믿음이 보장한 안정 따위는 없음을 받아들이지 못할 때 생긴다고 여겼다. 흥미롭게도 그의 이런 관점은 불교 철학의 중심 주장과 일치한다.[10] 자기 자신을 온전히 수용하지 못하고 낙관적인 비관론으로 세상을 냉철하게 바라보지 못해서 우리는 불안하다. 이 불안이 우리를 삶의 주인이 아닌 겁 많은 노예로 만든다. 이런 태도가 고착하면 생각과 행동의 변화가 요구될 때도 지금 상태에 계속 머물면서 사사건건 세상과 타인의 눈치만 보게 된다. 더 최악은 추후 이 사실을 알고 나서도 그 의미를 완전히 잘못 읽어 세상을 바꾸지도 받아들이지도 못하는 극단적 허무주의에 빠지게 된다는 것이다.

　이 처참한 패배를 막고자 니체는 우리에게 "운명을 사랑하라(Amor Fati/아모르 파티)"고 외쳤고, 운명에 뒤 기울일 줄 아는 사람이라면 누구나 자신의 정체성, 자신의 삶, 자신의 불안을 자신의 일부로 기꺼이 받아들여야 한다고 역설했다. 그는 고대 그리스 비극을 교훈 삼아 이성, 질서, 절제, 절대적 영역인 '아폴론적인 것'과 감성, 혼돈, 충동, 상대적 영역인 '디오니소스적인 것'의 조화를 이루면 우리는 무자비한 세상에 직면해 두려움과 불안을 용기 있게 인정하고 실존의 도전에 자신 있게 응할 수단을 찾을 수 있다고 설명했다.[11] 그럼으로써 우리는 자신의 실존적 위기를 극복한 '위버멘쉬(Übermensch/Overman/초월인/극복인)'로 우뚝 서게 되는 것이다.

니체는 주옥같은 용어와 문장과 개념을 많이 남겼지만, 그중에서도 가장 핵심은 '힘에의 의지(힘을 향한 의지)'일 것이다. 이것이 니체 철학의 중심 개념이자 실존의 도전에 자신 있게 응할 수단인 까닭이다. 힘에의 의지는 자신에게 집중하고 자신의 가치를 높여 그 높아진 가치로 자신의 삶을 열어나가려는 의지를 말한다. 니체에게 힘에의 의지가 없는 인간, 즉 스스로 극복하려고 하지 않는 인간은 추하다. 힘을 향한 의지를 불태우는 인간, 즉 자신을 극복하는 인간만이 아름답다. 여기에서 '힘'은 세간의 '권력'이 아니다. 그런 힘이야말로 무시하고 저 멀리 내팽개쳐야 할, 우리의 실존을 위협하는 적이다. 니체에 따르면 우리의 불안은 세상에 해로운 믿음을 양산하고 잇속에만 사로잡힌 인간들을 마치 '힘에의 의지'에서 승리한 자들로 착각해 그들이 설정한 도덕적·정신적·감정적 요구에 맹목적으로 순종할 때 발생한다.

붓다와 마찬가지로 니체도 우리가 자신을 필요 이상으로 불행하게 만드는 세상과 타인의 강력한 환상에 사로잡혀 있다고 생각했다. 니체는 인간의 역사를 유심히 들여다봤다. 세상은 권력을 가진 수많은 인간이 그때그때 자신들의 입맛에 맞는 정치적·문화적·정서적 권력을 위해 선택과 행동을 바꿔가며 그 역사를 써내려왔다. 그들에게 맞는 것, 그들의 열망을 충족하는 것, 그들의 지위를 유지하는 것이 세상이었다. 어느 시대나 그랬다. 지금도 그렇다. 우리가 불안을 느끼는 대상, 우리가 걱정하고 두려워하고 죄책감을 느끼는 바로 그 대상이 다름 아닌 '그들의 제약', '그들의 가치', '그들의 규범'이다. 역사가 누적하고 조정해온 인간의 가치, 도덕, 규범의 제약들로 이뤄진 사회 체계는 우리가 그것에 부응하지 못하면 갖가지 그럴듯한 명분과 교훈을 내세워 우리에게 열등감, 패배감, 소외감 같은 극심한 불안을 느끼게 하고 이를 지속시킨다. 이와 유사한 사유는 플라톤의 《국가(Republic/Politeia)》로까지 거슬러 올라가며, 실존주의 철학자들 외에는 카를 마르크스와 미셸 푸코(Michel Foucault)도 포함한다. 이미 오래전부터 세상의 가치와 이상은 특권을 누리는 계층의 뿌리 깊은 권력을 유지하는 데 도움이 되도록 설정됐다.[12] 영구불변의 관념으로 완성된 행동 규범인 '도덕성'마저도, '정의'와 '불의', '선'과 '악'마저도, 강자의 이익에 부합하는 이데올로기로 활용된다. 이런 것들이 우리에게 심어준 양심이고, 이런 것들이 우리에게 강요한 자기반성과 자기비판이다. 죄책감과 불안으로의 초대장이다.

니체는 '힘'을 다양한 개념으로 묘사하고 있지만, 그 가운데 가장 강렬하고 인상적인 개념은 우리 '자신의 가치'를 '타인의 가치'보다 우위에 두고 굴복시킬 수 있는 능력이다('나'를 '나 자신'에게 굴복시키는 것도 마찬가지다).[13] 세상에서 절대적으로 숭배되는 가치는 우리 자신의 가치를 누르고 옭아매는 타인의 가치다. '중력'이다. 이 중력에서 벗어나 더 높이 오르기 위해 '힘'이 필요하다. '약자'가 '강자'를 굴복시키면 실제로 '강한' 것은 '약한' 것이다. 이 진실은 모든 겁먹은 사람들, 추상적이고 기하급수적으로 실현된 권력에 복종한 모든 시민이 고통 속에서 배우는 교훈이다(완고한 부모가 더 고집스러운 자녀들에게서 배우는 교훈이기도 하다). 우리 눈앞에서 손가락을 흔드는 사람들이 신체적·지성적으로는 보잘것없이 보일지 몰라도, 제도와 법률과 재정을 틀어쥐고 국가적인 권력을 행사하는 그들은 얼마든지 우리를 무릎 꿇리고 자비를 구걸하게 할 수 있다. 문화를 통제하거나 도덕을 조정할 수 있는 권력자들도 매한가지다. 그들은 우리를 자신들이 원하는 방식으로 생각하게 만들 수 있고, 우리가 그러지 못할 때 극심한 죄책감, 열패감, 불안감을 느끼게 할 수 있다.

그런 순간마다 우리는 붓다의 말처럼 고통을 겪을 뿐 아니라, 자신의 한계를 탓하면서 그 고통을 세상이 내린 도덕적 처벌인 양 여기게 된다. 세상에 적응하지 못한 자신의 책임이라고, 내가 무능해서 그런 것이라고, 자기 자신을 파괴적으로 채찍질한다. 우리의 불안 대부분은 부지불식간에 세상과 타인의 조건을 따라 살다가 그에 제대로 부응하지 못할 때 느끼는 심각하게 잘못된 감정이다. 니체 관점에서 이 불안은 '힘에의 의지'가 부족해서, 우리 자신의 가치를 주장하지 못하고 세상을 굴복시키지 못해서 생겨난다. 물론 니체도 우리가 모두 쉽게 이 과업을 달성할 수 있다고 상상하지는 않았다. 대다수 사람은 '무리' 속에서 울부짖는 유순한 양이다. 무리의 요구와 명령을 기어이 깨부술 독립적이고, 도전적이고, 자주적인 '고귀한 영혼'은 언제나 소수다.[14]

니체가 불안을 초래하는 이데올로기라고 비판한 인습적 도덕성은 지금 우리 시대의 사회적·경제적 장치가 강요하는 역할, 우리가 적응하지 못하는 그 역할에도 그대로 적용된다. 여기에도 수많은 도덕적이고 정신적인 자기실현의 실패가 도사리고 있는데, 우리는 이런 우주적 실패가 특정 종교적·문화적·사회적·도덕적 관점, 그냥 그 덕택에 삶의 짐을 덜 수 있다고 믿는 "인간적인 너무나 인간적인" 것들의 요구에 부응하지 못한 것일 뿐임을 알지 못한다. 니체는 이 같은 우리의 정신적 병폐, 우리의 불안을 "타인의 '인생 해법'을 자기 것으로 만드는 데 실패한 우리의 기능"이라고 규정했다. 도덕에 절대성도 없고 인식적·형이상학적 확실성도 없어서 그 인습적 가치마저 퇴색하면 우리는 엄청난 책임을 떠안게 된다. 그러므로 우리에게는 선과 악의 새로운 척도, 새로운 측정 단위, 새로운 '가치의 서판'이 필요하다. 세상의 '낡은 서판'을 깨부수고 '새로운 서판'에 우리만의 가치를 담아야 한다.[15] 세상은 여전히 불확실하고, 그래서 우리는 여전히 두렵겠지만, 세상이 그런 세상임을 계속 배워가면서, '사자와 같은 용기와 의지'로, 우리 삶의 가치를 창조하기 위해 고난 속으로 뛰어들어 모든 것을 극복하고 우뚝 일어서야 한다.

'신의 죽음'은 우리를 실존적 불안과 부조리에 노출한다. 신이 더는

∶불안을 철학하다∶

도덕 질서를 관장하지 못하고 선악의 보상과 처벌을 보증하지 못한다면, 이 세상은 누가 바로잡을 수 있을까? 이제 우리는 선과 악의 절대적 근거도 없고 전지전능한 힘의 보호도 없이 운명의 변덕 앞에 무력하고 무방비하게 남았다. 우리를 기다리는 약속된 땅은 없다. 선악이 없으니 선행에 대한 보상도 없고 악행에 대한 처벌도 없다. 저 높은 곳에서 내려다보는 그 어떤 심판도 없이, 안내자나 조정자도 없이, 우리는 방향을 상실한 채 혼란스러운 존재로서 이 세상이 보여주는 겉보기에만 차분한 양태로 동화하고 공명한다. 이 개념은 훗날 폴 틸리히의 '무의미함의 불안', 즉 "모든 의미에 의미를 부여하는 의미의 상실"에 따른 불안으로 이어진다.[16] 신은 한때, 아니 오랫동안 우리 실존의 보상, 안도, 응보를 의미했다. 신이 죽었다면 "모든 의미에 의미를 부여했던 의미"도 죽은 것이다.[17]

니체에게 불안은 세상을 있는 그대로 받아들이기를 나약하고, 비관적이고, 불건전하게 거부할 때 받게 되는 신호였다. 우리 중 용감한 사람은 오직 자기 것으로 만들 때라야 의미를 지니는 장엄함인 '심미적 현상'을 체험하고자 삶의 도전을 수용하고 앞으로 나아간다.[18] 대개의 '무리'는 그러기를 꺼린다. 니체는 신을 향한 믿음을 상실하거나 도덕적·정신적 심연에 빠져들면 존재의 형이상학적 확신을 잃게 된다고 믿는 불쾌하고 위태로운 허무주의를 우려했다. 허무주의는 어차피 무의미하고 부조리한 세상인데 굳이 왜 그렇게 어떻게든 꼼지락거리려 하고 자신을 표현하려 드느냐고 비꼰다. 문화와 도덕이라는 인간의 최고 가치는 세상의 본성에 관한 공리적 주장이었는데, 그 주장이 거짓으로 드러난 마당에 우리가 뭘 할 수 있나? 최고 가치를 진흙탕 깊숙이 파묻어놓고 뭘 찾으려 하나? 모든 게 의미 없고, 의의도 없고, 더 큰 계획에도 들어맞지 않는다면, 우리 삶을 새로이 쓴다 한들 무슨 소용이 있나? 이와 같은 허무주의의 결과로 나타나는 공허함과 무의미함, 그리고 그런 손짓이 꼬드기는 자기멸종이야말로 끔찍한 불안을 넘어 절망까지 몰고 온다. 우리는 그렇게 되지 않게 할 힘이 우리 안에 있음을 안다. 우리 손짓을 멈추는 것도 우리다. 니체는 허무주의가 향하는 '새로운 우상', 새로운 권력자나 새로운 이데올로기적 예언에 대한 맹목적이고 노예적인 굴복으로 20세기에 전체주의와 국수주의가 득세하리라는 것을 정확히 예측했다.[19] 허무주의라는 마취제는 삶을 무감각한 절망에 빠뜨려 신이 죽고 없는 세상의 고통을 완화함으로써 그런 삶을 견딜 수 있게 해줬다. 그리고 사람들은 실존의 약속을 껍데기뿐인 삶과 맞바꿈으로써 더 나쁜 세상이 되는 대가를 치렀다.

니체는 새로운 시대를 환영하고, 앞에 놓인 도전을 즐겁게 수용하고, 자신을 독특하고 고유한 삶의 작품을 창조하는 예술가로 간주하라고 우리를 고무한다.[20] 그의 저작들이 보여주는 공격적이고 웅변적인 산문과 운문은 논리적이고 현학적이기를 좋아하는 사람들에게는 어떨지 모르겠지만 우리에게는 전혀 해롭지 않다. 니체의 생애를 다룬 여러 전기가 묘사하고 있듯이 그의 몸과 마음은 끔찍한 고통에 시달렸으나, 지적으로나 도덕적으로나 절대로 자신을 구속하지 않는 강인한 정신과 마주했기에, 그의 글을 읽는 것 자체만으로도 불안의 해독제가 된다.[21] 여담이지만 오늘날 '번아웃 직업'에 갇힌 '회사원'으로서의 철학자들은 자신을 괴롭힌 철학적 문제를 해결하고자 대학 직위가 주는 안도감을 떨쳐내고 알프스산맥과 유럽 전역을 방랑하면서 문자 그대로나 비유적으로 고독한 탐구를 이어나갔던 니체의 자신감과 자존감이 부러울 수밖에 없다. 일찍이 니체가 감지한 불안의 원흉, 세상의 도덕적·사회적 요구는 현재를 살아가는 우리 삶의 모든 단계에서도 저주처럼 우리를 괴롭히고 있다. 당근과 채찍을 교묘히 제시하며 늘 우리를 불안하게 만드는 세상의 반대편에서 니체는 뒤집힌 측면의 시원한 벌거벗음, 그 가벼움, 그 광활함에 황홀했고, 완전히 새로운 유리한 위치에서 바라보는 아름다운 광경에 매료됐다. 그는 그것을 하나부터 열까지 우리에게 생생히 전달하고 있다.

그런데 한편으로 니체의 철학은 우리의 불안을 노골적으로 유도하고 계속해서 죽음을 일깨운다. 우리 삶의 유한함이 우리의 친구임을, 그것에 감사해야 함을 알려주기 위해서다.[22] 전통적인 기독교 종교 교리가 약속한 불멸은 언제가 대가를 요구했다. 우리는 천국에서 불멸할지 지옥에서 불멸할지 선택해야 했고, 당연히 천국을 열망하기에 천국 열쇠가 달린 이승에서의 올바른 삶, 정답이 정해진 삶을 강요당했다. 이는 엄청나게 끔찍한 숙제를 수반했다. 니체는 이렇게 썼다.

"왜냐하면 그 당시 가련하고 '영원한 영혼'의 구원은 짧은 생애 동안 얻는 지식에 달려 있었고 하룻밤 사이에 결단해야 하는 것이었기 때문이다. '지식'은 끔찍할 만큼 중요했다."23

반면 우리가 불멸을 향한 믿음을 치워버리고 태양 아래 우리의 순간
에 만족한다면 어떨까? 얼핏 필멸이 우리에게 무거운 짐을 지우는 것
같다. 우리 삶이 구원받지 못하고, 불완전해서 성취하지 못하고, 살아
있는 동안 끝까지 '최고선(Summum Bonum/수품 보눔)'을 발견하지 못
한다고 생각하면 불안해진다. 하지만 유한함과 한계야말로 우리의 친
구다. 끝이 있어서 우리 삶은 소중하다. 남은 시간이 줄어들수록 우리
는 이 가련하고 눈 깜짝할 사이 쉽게 끝나버리는 자신의 삶에 연민을
느끼게 된다. 이 짧은 휴식기에 언제 그 '끔찍한 숙제'를 마치고 구원의
문을 두드릴 수 있을까? 니체는 죽음이 우리의 짧은 삶을 방해한다고
저주하기보다 오히려 삶의 끝을 알려주는 이 '우주의 종(鐘/bell)'에 감
사해야 한다고 말했다. 그 덕분에 우리는 삶에 더 충실할 수 있고, 끔
찍한 숙제를 어떻게든 해내려고 어설프게 애쓰면서 조급해하지 않아
도 된다. 죽음의 부름에 도구를 내려놓으면 그뿐이다. 아니, 종이 금방
이라도 울릴 수 있음을 아는 이상 그동안 숙제 때문에 들고 있던 도구
도 지금 당장 내려놓는 게 좋지 않을까? 우리가 필멸의 존재라는 진실
에 우리 삶을 저울질할 거대한 심판관이 없다는 진실이 더해져 우리는
위안을 받는다. 불완전하고 미완성된 우리 삶은 평가받거나 비판받지
않을 것이다. 지금 우리가 그렇듯 더없이 행복한 익명성으로 이어질 것
이다.

니체는 '인간의 죽음'과 '신의 죽음'으로 약속된 '위안'을 명확히 묘사

했다. 이제 우리는 터무니없이 짧은 삶에서 올바르고 온당한 지식을 얻지 못했다고 불안해하지 않아도 된다. '영원한 영혼'을 위해 하룻밤 사이에 결단해야 하는 지식의 '끔찍한 중요성'은 제거됐다. 불멸이라는 사탕발림으로 짧디짧은 인생을 옥죄는 것은 그 자체로 짐이다. 영혼과 영원의 장엄함을 위한 심판대와 짧은 인생 사이의 불균형은 언제나 근본적으로 불공평했다. 죽음이 인도하는 공허로의 구원은 이 같은 실존적 부담으로부터의 거대한 안도감이자 위대한 탈출이다.

니체에 따르면 이렇듯 그 여정에 대한 적절한 지침이 없는 불멸은 저주와 다름없고, 우리 삶에 끝을 선사하는 필멸은 가장 커다란 축복이다. 필멸하는 생명은 겸허하다. 필멸은 어둠으로 파멸하기 전 찰나의 휴식도 아니며, 불멸에 정착할 기회를 위해 교묘히 연출된 연극도 아니다. 필멸은 그저 우리가 봐왔던 그대로다. 보이지 않는 우주적 도식에서 어떤 의미도 없는 중단이자, 우리의 고유한 삶에 우리 스스로 투자하는 모습을 무심히 지켜보다 끊어지는 단절이다. 서운할 것도, 야박할 것도 없다. 필멸을 온전히 있는 그대로 인식하면 우리는 자신의 실존과 그 많은 불완전함을 책임 있게 수용하고 축복으로 받아들일 수 있다. 불멸과 무한한 시간은 삶의 가치를 향한 우리의 상상력을 멈추게 하기 때문이다. 우리는 유한함과 한계 앞에서야 비로소 우리 자신에 대한 이해를 시작할 수 있다. 우리가 불멸의 존재라면 시작과 끝, 성공과 실패는 애당초 성립하지 않는다. 영원함에는 그 어떤 의미와 가치도 따라붙지 않는다. 우리는 필멸의 존재이므로 그 모든 것을 경험할 수 있다. 다만 죽음이라는 마지막 경험은 우리가 알 수 없고 전할 수 없다. 다음 익명성으로 이어질 뿐이다. 따라서 삶의 불가피한 중단에 떨 것 없이 살아있는 순간순간을 만끽해야 하며, 살아있는 동안 우리 자신을 더 이해하고자 애쓰고 우리 자신과 함께 더 충실히 살아가야 한다.

니체에게 불안은 세상의 규범적 압박에 대한 반응이거나, 죄책감과 도덕적 실패감을 유발하는 것들에 대한 반응이거나, 그런 것들이 없어서 방향을 잃고 길을 헤매는 두려움에 대한 반응이었다. 어느 쪽이든 간에 불안은 우리의 원인이 아닌 결과적 상태다. 원인이 잘못인데 결과가 잘못이 되는 것이다. 이와 같은 부조리는 반대로 결과에 구속되지 않는 사람은 스스로 자신의 것을 만들고, 자신의 요구에 자신을 맡기며, 자신의 삶을 살기 때문에 원인을 개의치 않고, 그런 것들의 존재나 부재에 억압당하지 않는다는 사실을 암시한다. 이런 사람은 평범한 인간이 시달리는 불안으로부터 자유로운 상태에 있지만, 동시에 그런 경지는 소수의 선택받은 고귀한 영혼, 즉 '위버멘쉬' 또는 '초월인(극복인)'인 사람들만 오를 수 있고, 이들은 무리를 초월해 더 고매한 존재로 진화할 수 있다. 이들 눈에 인간은 '원숭이(유인원)'일 뿐이다. "웃음거리 아니면 견디기 힘든 수치"다.[24]

니체의 철학적 교의는 카를 마르크스와 헤르베르트 마르쿠제의 불안에 대한 유물론적 이해와 결합해 소수 권력 집단이 인위적으로 형성하고 유지하는 정치적·사회적·경제적 구조가 어떻게 불안을 초래하는지, 어떻게 그 구조를 약화할 수 있는지 강력한 비판적 도구를 제공했다. 니체는 방대한 저작에서 수많은 생각거리를 폭넓게 던져주므로 대중이 유익하게 읽을 수 있는 철학자다. 그는 우리에게 소수 권력이 확립한 이데올로기와 정치 및 사회 체제를 향해 잠재적으로 해방적이고 급진적인 비판을 가할 수 있는 논쟁도 제공한다. 그렇지만 니체는 민주주의자가 아니었다. 오히려 그는 민주주의를 맹렬히 반대했다. 그는 인간 유형의 위계에 헌신하고도 결단코 뉘우치지 않은 귀족주의자였고, 국가와 사회가 나서서 약자와 불우한 사람들을 돌보는 행태도 냉혹하게 비웃었다. 니체는 19세기 사람이니 그가 반대한 민주주의도 19세기 것일 테지만, 지금 살아있다 한들 똑같이 호되게 꾸짖을 것 같다. 변한 게 없기 때문이다. 여전히 '위버멘쉬'도 아닌 '원숭이' 같은 소수가 세상을 쥐락펴락하고, 더 평범해진 대중은 거기에 순응하면서 천편일률적으로 똑같이 원숭이처럼 남들만 따라 살고 있기 때문이다.

이는 니체가 외쳤던 삶이 아니다. 우리는 계속 불안해야 할까? 우리는 절대로 니체가 말한 '고귀한 영혼', '위버멘쉬'가 될 수 없을까? 우리에게는 강자에게 굴복해 느낀 불안을 약자의 불행을 위안 삼아 감추는 것 말고는 더 나은 삶의 방식이 없을까? 아니다. 정말이지 아닐 것이다. 우리는 충분히 삶의 중심에 자신을 놓고 살 수 있다. 그렇게 살면 우리는 가족, 사회, 국가의 불인정으로 인한 신경증적 두려움에서 벗어날 수 있다. 그들 관점의 사랑과 배려를 잃게 될지도 모른다는 불안에서, 그들 관점의 격려와 칭찬을 얻지 못할지도 모른다는 불안에서 벗어나 우리 자신의 삶을 살 것이다. 우리는 기존 권위에 적절한 경의를 표하지 않았다는 이유만으로 죄책감에 시달리지 않을 것이다. 우리는 우리 자신의 강점과 약점, 가능성과 한계를 온전히 받아들일 것이다. 우리는 이것들은 우리 자신만의 독특한 특징이라고 여김으로써 시기, 질투, 열등감에서 해방될 것이다. 우리는 강자와 강자의 이데올로기로 끌어들이는 교활한 조작에 휘둘리지 않고, 이를 향한 아첨이나 비굴한 태도를 경멸할 것이다. 우리는 정해진 의미와 가치가 없는 세상에서 우리 자신만의 고유한 의미와 가치를 구성할 것이다. 우리는 끊임없는 익명성 안에서 이 삶이 '영원 회귀'를 거듭한다는 진실을 깨닫고 그 삶을 기꺼이 반복해서 살고 싶도록 자신의 삶을 긍정할 것이다.[25] 우리는 우리 자신의 모든 실수, 죄, 오류마저도 삶의 양분임을 알고 이를 진심으로 부끄럽지 않게 받아들일 것이다. 우리는 '하찮은 영혼'의 특징인 수치심, 모멸감, 시기심, 질투심, 죄책감이나 원망, 복수, 응징의 감정을 느끼지 않을 것이다.

사회적·도덕적 요구에 부응하지 못할 때 발현되는 갖가지 열패감이 시기, 질투, 원망, 복수와 같은 감정과 어우러져 불안이라는 정신적 병폐로 귀속된다고 본 니체의 깊은 통찰력은 우리 세계관의 근본적 전환을 촉구한다. 우리는 불안을 유발하는 기울어진 질서의 요구를 인식적으로 거부해야 한다. 우리의 불안은 우리의 잘못이 아니다. 당당히 우리 자신의 삶을 주장하고, 우리 인생을 지배하려는 이데올로기에 맞서 우리 자신만의 의미와 가치로 응수해야 한다. 우리 자신이 만들어낸 불안이 아니다. 불안감이 밀려올 때마다 머릿속에서 그 불안의 진짜 원인을 떠올리며 거기에서 우리 자신을 분리해야 한다. 그러면 우리 실존이 붙들고 있는 근본적인 불안(우리 존재의 구성 요소) 외에 다른 불필요하고 잡스러운 불안은 대부분 떨쳐낼 수 있을 것이다.

니체는 반평생을 질병으로 고통받았고, 고독했고, 미쳐서 죽었다. 그의 저작들이 보여주는 과격하고 거침없는 문체와 다르게 그는 따뜻하고 사려 깊은 사람이었다. 그의 삶은 그가 독자들에게 심어주고자 했던 이상의 본보기 자체였지만, 살아생전 그는 널리 알려지지 않았고, 그가 쓴 수많은 작품도 거의 읽히지 않았다. 그러나 죽은 니체의 힘은 어마어마했다.

이제 우리는 그의 모든 것을 탐닉할 수 있다. 여러분도 그에게서 원하는 것, 필요한 것을 모두 가져갈 수 있다. 무덤 속 니체도 자신의 철학이 '영원 회귀'의 삶 속에서 또 다른 익명성으로 이어지고 있음에 한껏 기뻐할 것이다. 끊임없이 변화하는 세상에서 여러분만의 의미와 가치를 찾도록, 여러분 자신의 고유한 불안 앞에서 여러분이 용감해지도록 니체가 기꺼이 도울 것이다. 특히 여러분 스스로 '힘에의 의지'를 완전히 일깨운다면 그의 영혼은 더할 나위 없이 행복할 것이다.

回

가히 '불안의 수호성인'이라고 할 만한 덴마크 철학자 쇠렌 키르케고르는 세대를 아우른 심리학자와 심리치료사의 지적 선조이자, 지그문트 프로이트 자신은 아니더라도 그 후계자들이 인정했듯이 정신분석 이론의 기초가 된 인물이며, 폴 틸리히, 마르틴 하이데거, 장 폴 사르트르 같은 실존주의 철학자들의 사상적 출처다.[26] 그는 인류의 가장 위대한 '축복'인 의지와 선택의 자유가 무거운 부담, 즉 '불안'을 동반한다고 주장했다.[27] 그러면서 키르케고르는 이 부담이야말로 우리가 기꺼이 져야 할 짐이라고 강조했다. 불안은 우리의 십자가이며, 우리는 불확실한 우주의 불안과 함께 살면서 우리가 선택한 길로 나아가려는 의지를 통해 우리 자신을 발견할 것이다. 조용한 자기성찰과 우리의 잘못된 선택이 몰고 올 끔찍한 결과에 주의를 기울이는 과정에서 불안과의 대립은 우리에게 혁신적인 자기발견의 길을 열어준다. 우리는 무엇을 해야 하고 무엇을 할 수 있을까? 우리는 우리가 의도했든 아니든 우리 행동의 결과를 감내할 힘을 가질 수 있을까? 키르케고르에게 불안은 그 불편한 만남에도 불구하고 우리 자신을 형성하고 우리 삶을 나아가게 할 원인이 되는 목적, 즉 아리스토텔레스가 말한 '텔로스(telos/목적인)'였다. 순응과 타협의 거짓된 안도감에서 벗어나 우리 자신이 되는 방법은 불안을 철학하고 불안을 마주할 때만 찾을 수 있다.

키르케고르의 생애는 그가 자신의 고뇌하는 삶에서 엄격한 자기창조를 시도했음을 보여준다. 개인적 관계의 영역에서든 인습적 신앙심에 대한 비판에서든 그가 내린 선택은 그가 살고 싶었던 삶의 유형을 대부분 결정했다.[28] 그에 관한 전기를 읽으면 그가 자신의 경험을 말하

: 불안을 철학하다 :

고 있음을, 그가 쓴 내용은 모두 그가 겪은 것들이며 그가 겪어야 할 것들이었음을 알 수 있다. 그는 삶에서 끊임없는 인지 부조화와 선택의 돌이킬 수 없는 결과에 대한 괴로운 헤아림을 경험했다. 키르케고르가 우리에게 들려주는 자신의 개인적 통찰은 우리의 머리와 가슴에도 그대로 적용된다. 그의 문장은 모호하고 시적인데, 이는 그 옛날 소크라테스(Socrates)가 대화 상대에게 계속 질문을 던져 스스로 답을 찾도록 했던 '산파술(産婆術/maieutikē/마이에우티케)'처럼 독자 개인의 생각과 경험에 비추어 스스로 깨우치게 하려는 의도에서였다. 우리도 예술을 감상하고 문학 작품을 읽을 때처럼 인간 실존을 밝힐 귀하고 반짝이는 통찰을 발견하리라는 기대 속에 그가 펼쳐놓은 덤불을 헤치며 나아갈 수 있다. 그는 자신의 계속되는 고뇌를 드러내면서 우리도 우리의 괴로움에 맞서도록 격려한다. 키르케고르를 읽노라면 철학이 비단 학문적이고 이성적인 수행만은 아니라는 사실을 확신하게 된다. 오히려 철학은 본래부터 가슴으로 하는 것, 마음의 문을 활짝 열고 우리 삶 자체에서 삶의 증거를 찾아 떠나는 감성 충만한 여행이다.

키르케고르는 '불안'을 "불안한 감정과 그런 기분을 일으키는 인간 존재의 구조" 모두를 지칭하는 용어로 의미를 확장해 사용한다.[29] 즉, 불안은 감정이면서 인간 실존의 구성 요소다. 우리가 불안할 때의 경험이 인간의 근본적인 감각이며, 때로는 문화, 훈련, 교육, 이데올로기 등 외부적 요인의 영향을 받기도 한다. 인간의 가장 기본적인 감각, 우리가 살아있음을 말해주는 호흡, 촉각, 청각, 미각, 후각, 시각 위에 있는 감정이 불안이다. 이와 동시에 불안은 이 우주에서의 극심한 고립감을 나타내기도 하며, 신의 자비로운 손길이 우리를 지나치거나 놓쳤을 가능성, 그래서 우리가 "신에게 잊혀 이 거대한 집의 수백만과 수백만 사이에서 소외되는 것"에 대한 두려움과도 관련이 있다.[30]

 키르케고르의 불안 치유는 '신학적' 또는 '종교적' 또는 '영적'으로 묘사된다. 유신론적 실존주의자인 키르케고르는 인간이 가진 '죄의 가능성'에서 불안을 발견했고, 불완전한 지식 때문에 잘못된 선택으로 죄를 짓고 싶은 유혹에 빠진 '원초적 인간(아담)'의 마음 상태를 이해하고자 했다. 그는 《불안의 개념(Concept of Anxiety/Begrebet Angest)》에서 불안은 죄에 대한 예감이며, 현재 상태의 한계를 벗어나 행동하거나 경험하거나 느끼려는 감각이라고 썼다. 달리 말해 불안은 "타락을 앞둔 개인의 심리적 상태"다.[31] 당연히 '타락'은 인간을 '죄 없는 무지' 상태에서 '죄 많은 앎'의 상태로, 행복하고 인도받는 '보호' 상태에서 세상의 가능성을 찾다가 죄를 짓게 될지도 모를 '비보호' 상태로 추락하는 성서적 재앙을 말한다. 불안을 "타락을 앞둔", 즉 타락의 조건이 되는 개인의 "심리적 상태"라고 했는데, 왜냐하면 "아담의 마음은 금단의 열매에 끌리면서도 거부하고 싶었기" 때문이다.[32] 따라서 아담의 불안은 그가 저지른 원죄의 원인이 아니었다. 오히려 불안을 통해 그는 "거부할 수도 있었던" 경험을 했다.[33] '죄 없는'은 '행동하기(죄짓기) 전'을 의미하므로, 불안은 죄 없는 사람의 '정상적' 상태다. 여기에서 신학적 표현을 걷어내면 불안이 우리가 행동하기 전에 느끼는 지극히 자연스러운 감정이자, 우리의 가능한 행동에 대한 욕망과 그 행동을 할 수도 있고 하지 않을 수도 있는 우리의 능력 모두를 생각하게 해주는 고마운 감정이라는 게 더 현실적으로 다가온다. 마찬가지로 우리는 사회적 실존의 압박 속에서, 세상의 기준에서 어떤 행동이 인정받거나 비난받는지 알기에 불안한데, 이때 우리는 그것이 정상적인 불안감인지 쓸데없는 죄책감인지 돌아볼 수 있다. 더 직관적인 사례로, 불안은 우리가 높은 벼랑 끝에 서 있을 때 겪는 아찔한 현기증 같은 것이다. 떨어질 위험 때문이 아니라 떨어지는 행동을 하면 죽는다는 사실을 알기 때문에 불안하다. 이처럼 우리는 우리의 '행동 가능성(하지 않을 행동도 포함해서)'을 두려워한다.

키르케고르는 불안을 "미래의 행동 가능성에 대한 끌림과 반발"[34] 사이의 "모호한 관계"[35]로 바라본다. 불안은 "열망과 우려"[36] 사이의 긴장감이자 "두려운 것에 대한 욕망"[37]이다. 신학적으로 표현하면 인간은 죄로 인해 불안해지고 죄의 유혹을 받는다. 우리는 금단의 열매와 그것이 약속하는 모든 것을 열망하면서도 그 열매를 깨문 결과는 두려워한다. 세속적으로 표현하면 우리는 삶을 열망하는 동시에 두려워한다. 불확실한 경험의 영역인 우리 삶은 축복과 저주를 모두 품고 있기 때문이다. 우리는 알고, 탐구하고, 경험하고 싶은 호기심으로 인해 시간 앞으로 나아가지만, 아직 실현되지 않은 미래의 결과로 무엇을 얻고 무엇을 잃을지 모르기에 두려워한다. 이와 같은 긴장이 바로 불안이다.

이렇게 키르케고르는 서로 대립하는 긴장의 쌍으로 불안의 본질적 측면을 포착했다. 이 긴장은 불안에 결정적인 대상이 없다면, 즉 '아무 것도 아닌' 뭔가에 대한 불안이라면, 그 불안이 가리키는 미래도 없음을 보여준다.[38] 불안은 "불안이 무엇인가?"라고 묻고는 "다음날"이라고 대답하는 것처럼 미래의 불확실성에 대한 우리 내면의 반응이다.[39] 우리는 전지전능하지 않은 인간이므로 미래를 알지 못하고 알 수도 없다. 그런데도 우리는 어쩔 수 없이 우리 자신을 행동 가능성과 두려운 결과의 영역으로 밀어붙여야 하고 불확실한 미래를 탐색해나가야 하는데, 그 과정에서 우리가 어떤 것도 마음대로 정확히 규정하고 정의할 수 없음을 계속 떠올리게 된다. 이 같은 순환이 누적되면 우리는 절망해 삶의 의지를 잃고 죽음에 이르게 되므로, 결국 신 앞에 '홀로' 서는 '신앙의 도약'을 통해 이 실존적 한계를 극복해야 한다. 키르케고르는 더 극적으로 "불안은 조바심에 불과하다"라고도 표현했다.[40] 우리는 저마다 조금씩 노력하고 있지만, 무엇이 우리를 기다리는지 더 빨리 알고 싶어서 더 빨리 두려워진다. 우리는 살고 싶어 하면서도, 삶의 결과를 더 빨리 알아야겠다는 조바심에 더 빨리 두려워한다. 역설적이게도 우리는 살기를 바라는 동시에 살기를 두려워한다. 이것이 키르케고르가 불안에서 발견한 긴장이다. 우리 스스로 만들어낸 불안은 가능 태에서 현실태로, 현재에서 미래로, 모호한 욕망에서 구체적인 결과로 이동한다. 이는 불교 철학과도 맥락을 함께한다. '두카' 역시 현재가 미래의 상실 가능성과 미래의 사회적·도덕적 죄책감을 떠올릴 때 일어나는 감정이기 때문이다. 키르케고르는 심지어 "행운에 숨겨진 행복의 은밀한 구석에도 절망이라는 두려움이 머문다"고 경고했다.[41] '두카'와 의 또 다른 공통점이다.

키르케고르에게 인간은 물성과 영성의 기묘한 혼합체이며, 몸과 마음의 물리적인 것과 정신적인 것이 어우러져 "미래와 과거, 가능성과 불가피성, 유한성과 무한성"이 결합한 예술적 조합이다.[42] 세속적 경험의 복잡성과 그에 대한 어렴풋한 인식의 양극성은 "영성에 의해 통합"된다.[43] 이 통합 작용이 임시적이고, 미완성이며, 미실현된 자아와 불확실한 미래의 불안정한 관계 속에서 우리의 죄지을 가능성을 인식하게 한다. 만약 우리가 순전히 물리적이고 경험적인 피조물이라면 우리는 경험적 실재와 물리 법칙의 제약에만 갇혀 있을 것이다. 하지만 우리는 육체와 영혼의 혼합체로서 정신이 있어 자유롭고, 정신은 우리가 정해진 존재가 아니라는 괴롭고 무서운 인식을 통해 우리 자신을 육체의 세속적 영역에서 끌어올린다. 우리는 행동할 자유가 있는 존재일 뿐만 아니라, 우리에게 행동할 자유가 있음을 아는 존재다. 그러나 우리는 자유롭게 선택할 자유가 있으면서도 그 자유를 인식하지 못하는 피조물이 될 수도 있었다. 자연의 물리 법칙에만 전적으로 좌우되는 존재였다면 우리는 덕을 쌓거나 죄를 지을 수 있고, 선과 악을 선택할 수 있으며, 선과 악 모두를 우리 스스로 행할 수 있음을 상기해줄 정신의 자의식을 갖지 못했을 것이다. 우리의 자유는 '가능성' 그 자체다. 완성을 기다리는 정신적이고 영적인 실존의 한 측면이다. 불안은 우리 삶의 가능성을 확인시켜줌으로써 우리의 자유가 실현되는 방식이다. 우리는 한껏 불안한 채 유혹되고, 매료되고, 싸우고, 반발해 마침내 가장 바람직한 가능성을 행동으로 옮길 수 있는 존재들이다.

키르케고르가 자신의 지독한 고뇌와 체험으로 제시했듯이 불안은 우리가 무지에서 앎으로 나아갈 때 경험하는 것이다. 불안은 우리를 기다리고 있는 과업에 대한 예감이고, 우리 내면의 우리 삶에 대한 암시이며, 우리가 될 수 있고 돼야 하는 것을 향한 손짓이다. 그가 일기에 쓴 유명한 말처럼 "인생은 뒤를 향할 때만 이해되지만 앞을 향해 살아가야만" 한다. 산악인이 꽁꽁 얼어붙은 험준한 협곡을 가로질러야 할 때, 분명히 떨리고 두려워하면서도, 뒤돌아설 수 없음을 알고 단호히 앞으로 나아가듯이, 우리도 마찬가지로 앞날의 불안함과 두려움을 기꺼이 느낀 채로 첫걸음을 내디뎌 힘차게 나아가야 한다. 불안과 함께하는 삶의 여정은 점점 더 나은 존재가 되는 길이다. 이 여정이 무서워 한 발짝도 떼지 못하는 사람은 계속 제자리를 맴돌다가 급기야 신경증적 불안에 잠식당하게 된다.

우리가 자기창조의 길로 나아갈 때, 그 가능성을 실현할 우리의 영성적·정신적·도덕적 성장은 기존에 확립된 세상의 규범과 절차(가족적·관습적·종교적일 수 있는)를 향한 도전과 저항을 수반한다.[44] 우리의 자아는 저마다 고유하고 독특하기에, 실현의 결과도 고유하고 독특할 수밖에 없다. 세상이 권장하고 요구하는 길은 안전하지만, 우리 자신만의 영원한 창조의 길은 그렇지 않다. 살면서 우리는 끊임없이 가족

: 불안을 철학하다 :

적·관습적 갈등과 위기로 정신적·사회적 고립감을 맛보게 되는데, 이 때마다 우리의 자아는 이와 같은 환경에서 발현되는 불안감과 죄책감에 맞서면서 성장한다. 키르케고르는 이 세상에서 자기 자신이 되고자 하는 의지가 우리의 참된 소명이며, 우리는 이를 성취하기 위해 태어났다고 역설했다. 니체처럼 그도 인간을 예술가로 상상했다. 우리의 진화하는 자아는 우리가 빚어내는 예술 작품이다.[45] 이는 달리 말하면 기존 세상의 요구에 부응하고자 사회적 지위나 경제적 부를 추구하는 데 골몰하는 것은 자기창조의 실존적 과업에 해로울뿐더러 스스로 불안을 부추기는 태도임을 의미한다. 지금 여러분이 그런 사회적 요구를 충족해 이른바 성공했다는 삶을 살고 있는데도 불안하다면, 여러분이 실제로 성취한 게 무엇인지 깊이 들여다보고 의심해봐야 한다. 반대로 여러분이 그런 기준에 부합하지 못해서 불안하더라도, 그것이 돌이킬 수 없는 절망의 씨앗이 아님을 알아야 하며, 무엇이 진정으로 여러분 삶에 동기를 부여하고 여러분을 움직이게 하는지 곰곰이 생각해봐야 한다.

우리의 선택이 낡은 인생을 파괴한다. 우리를 기다리는 것은 미지의 실체인 우리의 새로운 자아와 새로운 삶이다. 자기창조는 예정된 실현을 기다리는 미리 정해진 자아가 없음을 의미한다. 우리의 자아는 천천히 상이 맺히는 폴라로이드(Polaroid) 카메라 필름처럼 점진적으로 형태를 갖춰나간다. 우리는 세상이 바라는 관습적인 사람이 되려고 노력하면서, 타인의 인생을 닮으려고 부단히 애쓰면서, 자기창조의 책임을 회피할 수 있다. 그렇게 거기에서 잠깐이나마 위안을 찾겠지만, 근본적으로 착각에 불과한 거짓 안도감이라서 불안은 그대로 누적된다. 그러면 결국 '절망'으로 이어지는데, 이는 의식적이든 무의식적이든 우리가 결코 바랐던 상태가 아니다. 정신적 병폐가 심화해 질병으로까지 치달은 상태, 키르케고르가 말한 "죽음에 이르는 병"인 것이다.46

키르케고르는 인간 개개인의 고유한 의식을 단순히 지각적이고 감각적인 인식, 즉 외부에 표출되는 현상적 의식이 아니라, 내면의 의지와 선택으로 영혼의 존재를 인식하는 예리한 의식이라고 생각했다. 삶의 가능성에 대한 인식 수준이 높아질수록 자아달성의 정도도 더 커진다. 선택과 행동의 주체로서 우리 자신을 더 잘 의식할수록 자기창조의 과업에 한 걸음 더 다가갈 수 있다.47 우리 내면의 첨예한 심리적 갈등은 자유의 상징인 불안을 포용하지 못해 계속 나아갈 수 없어서 발생한다. 불안이 우리 존재를 그냥 자연스럽게 흐르도록 해야 성장이 방해받지 않는다. 현실에서 끊임없이 겪는 갖가지 갈등, 관계의 위기, 결정 지연, 책임이 필요한 상황, 고립의 순간, 죽음에 관한 생각 등 우리 존재가 직면하게 되는 수많은 매듭은 지금 여기에서 인내심을 갖고 풀어야 하지 미래로 떠넘길 것들이 아니다. 곧 살펴겠지만 심리적 갈등에 따른 불안을 외면하지 말고 천천히 마음에서 흐르게끔 함으로써 풀어갈 수 있다는 키르케고르의 믿음은 불안을 '훈습'해야 한다는 정신분석학적 주장과 조화를 이룬다. 그렇게 하지 않으면 불안은 정말로 치명적인 신경증적 병리 현상으로 나타날 것이기 때문이다. 불안을

⦂ 불안을 철학하다 ⦂

유발한 우리의 선택, 결정, 행동 이면에 '숨겨진' 감정을 찾아내 서서히 해결해나가는 훈습 과정이 필요한 이유다. 우리 마음에도 '충분한 시간'을 줘야 한다.

불안은 우리가 자유와 독립을 추구하면서 뒤에 남겨둔 안전을 갈망할 때 나타나기도 한다. 돌아갈 곳이 있을 때, 잃을 것이 있을 때 우리는 불안하다. 당차게 집을 나서서 광활한 바다로 뛰어들었다가도 위험한 징조가 조금이라도 보이면 황급히 몸을 돌려 안전한 집으로 돌아가는 공허한 반란. 부모라면 다 알듯이 아이들은 사춘기가 되면 가족의 품에서 벗어나겠다고 또래 집단과 어울려 서로 이것저것 따라 하면서 자유와 일탈을 꿈꾼다. 그러다가 언제 그랬냐는 듯 얌전해지기도 하고 다시 반항적으로 바뀌기도 한다. 시간이 흐르고 이런 과정이 몇 번 반복된 끝에 마침내 아이는 독립한다. 자유를 향한 의지가 안전에 대한 갈망보다 커지는 순간이다. 이처럼 불안은 삶의 불협화음과도 함께한다. 우리는 자유를 바라면서도 자유를 두려워한다. 그래서 불안은 "두려운 것을 향한 욕망"이다.[48] 살면서 우리는 늘 이 불협화음을 경험한다. 우리는 결정되지 않은 결과가 불안해 가능성을 실현하고 싶다가도 부정하고 싶어 한다. 취업, 결혼, 이사, 이직, 사업, 투자 등 수없이 많은 '인생의 결정' 앞에서 우리는 '반드시' 불안할 수밖에 없다. 키르케고르는 건강한 불안과 신경증적 불안의 차이는 불안을 바라보는 태도에서 드러난다고 봤다. 정신이 건강한 사람은 내면의 갈등과 불안에도 불구하고 과감히 앞으로 나아가 자유를 실현하지만, 그렇지 못한 사람은 더 안전한 울타리로 숨어들면서 스스로 자유를 희생시킨다.

불안은 우리의 "기존 존재 양식을 파괴하라고 요구하는 가슴 아프고 무섭기도 한 가능성"이다.[49] 이런 이유로 죄책감은 불안의 피할 수 없는 동반자다. 심리치료에서도 우리의 불안감이 죄책감과 떼려야 뗄 수 없는 관계에 있는지 조사하면서 "무엇을 하거나 하지 않을 때 죄책감을 느끼는가?", 특히 "실패한 책임이 누구에게 있다고 생각하는가?"라고 질문하곤 한다. 이 질문에 대한 우리의 대답이 죄책감을 드러내기도 하고 깨우치게도 한다. 이 부분도 프로이트 정신분석과 관련이 있다. 우리는 자신의 사회적·도덕적 죄나 악행이 유죄로 판명되리라고 느낄 때 불안하다. 그때 우리는 욕망과 감정을 억누른다. 사랑하는 사람들에게 분노를 표출하는 게 위험하다고, 즉 '잘못'이라고 느꼈다면, 우리 내면에서 발생하는 분노의 감정은 불안을 유발한다. 욕망과 감정의 필요로 인해 우리는 불안해진다. 그런 욕망과 감정이 적절하고 도덕적으로 옳은지 자신도 모르게 계속해서 묻기 때문이다. 니체도 지적한 것처럼 너무 까탈스러운 도덕적 자기성찰은 불안감에 시달리는 '죄의식'을 낳는다. 이 죄의식 또한 기존 질서에 반한다는 생각에서 나온다. 자기창조에 몰두하는 사람은 죄책감과 불안감에 아랑곳하지 않고 오히려 그것을 향해 "헤엄쳐" 나아간다.[50] 헤엄친다고 했으니 수영에 비유해도 좋을 것 같다. 물살이 밀려올 때 물살을 거슬러서 헤엄쳐야 물속으로 빠지지 않는다. 게다가 바닥에 닿는 얕디얕은 곳에서는 헤엄칠 수 없다. 쉴 새 없이 물장구를 치고 힘껏 팔을 휘둘러야 헤엄이다. 우리는 계속 움직여야 한다. 그래야 어떻게든, 느리든 빠르든, 앞으로 나아갈 수 있다. 물살이 무섭다고 가만히 있으면 익사하고 마는 것이다.

내가 익히 경험했듯이 불안을 병리적 신경증이 될 때까지 방치하면 매우 곤란해진다. 우리의 소중한 자유를 되찾을 길은 요원해지고, 우리 자신을 온전히 인식하는 것은 물론 성숙한 자기실현도 이루기 힘들어진다.[51] 그때는 그야말로 치료에만 매달리게 된다. 우리는 키르케고르 시대의 "횃불, 함성, 심벌즈"에서 TV와 인터넷 소셜 미디어의 끝없는 알림 서비스로 대체된 이 똑같이 "비겁한 시대"에 눈과 귀를 닫음으로써 쓸데없는 불안을 무시할 수 있다.[52] 키르케고르는 시대의 환상을 거부하고 자기 자신의 실존에만 집중하는 "윤리적 개인"을 대놓고 높게 평가했다.[53] 환상을 위안 삼는 태도는 자신의 삶을 거짓으로 만들고 자신을 노예로 전락시킬 뿐이다.[54] 나아가 불안에 매몰되면 몸과 마음의 놀라운 결합을 이끌어낼 소중한 기회도 잃게 된다. 우리는 짐승도 아니고 천사도 아니다. 그러나 짐승과 천사는 짐승과 천사 외에는 그 무엇도 될 수 없지만, 인간인 우리는 우리가 어떤 삶을 사느냐에 따라 우리가 사랑하는 사람들에게 짐승도 될 수 있고 천사도 될 수 있다.

우리의 고유한 불안은 미래의 가능성에 대한 섣부른 이해, 현실보다 더 무서울지 모른다는 두려움에서 비롯된다. 이미 실현된 현실은 제한돼 있지만, 앞으로 가능한 미래는 그렇지 않다. 실현된 세계는 우리의 행동과 물리 법칙에 제한을 받으나, 아직 살아보지 않은, 그래서 가능한 미래 세계는 그 범위가 무한하다. 그곳에서 우리는 아름다움을 볼 수도 있고 두려움을 볼 수도 있다. 위협을 볼 수도 있고 약속을 볼 수도 있다. 그곳은 천국일 수도, 지옥일 수도 있다. 가능성이라는 관점에서 보면 그 모든 것들이 다 보인다. 우리가 더 많이 더 넓게 상상할수록 가능성의 공간은 더 커진다. 우리가 하게 될 선택과 행동에 대한 우리의 평가가 더 창의적일수록 우리가 느낄 불안도 더 커진다. 역설적이게도 우리는 우리 삶과 우리 자신을 더 창의적으로 형성해나갈수록 더 다양한 불안에 직면하게 된다. 그 불안을 오롯이 느끼고 받아들여야 한다. 자기창조에 유능한 사람들은 상상력이 풍부하기에 가능한 미래도 남들보다 더 많이 떠올려서 그만큼 불안도 더 많이 느낀다. 불안한 것도 능력이다. 불안은 가능성을 상상하고 좋은 결과를 내도록 도와주는 우리의 잠재력이다. 우리는 불안해하는 자신에게 더는 불안할 필요가 없다.

우리는 불확실한 가능성에 대해 불안을 경험할 때 비로소 현실의 두려움과 맞설 용기를 얻을 수 있다. 이와 같은 성장 여정은 "삶에서 절대적으로 요구되는 것은 없으며, 공포와 멸망과 절멸이 모든 사람과 이웃하고 있는" 우리의 인간 조건을 수용하라고 요구한다.[55] 우리는 삶에 "경종을 울려주는 모든 불안이 바로 다음 순간에 닥칠 수 있음"을 마음 깊이 새겨야 한다.[56] 인생의 "모든 범주 가운데 가장 어려운" 교훈인 이 '가능성'은 우리를 "웃게 하는 것뿐 아니라 무섭게 하는 것"을 이해할 수 있게 해준다.[57]

그러려면 그 어떤 논리와 개념적 상상력도 삶의 가능성을 제한하지

: 불안을 철학하다 :

않는다는 지식을 배워야 한다. 천사도 있겠지만 괴물도 있다. 용도 있다. 앞으로 나아가지 못하게 하는 경계도, 막아서는 장벽도 없다. 기쁨만 지속하는 구간도 없다. 환상이든 악몽이든 모두가 변덕스럽고 가볍고 덧없다. 이 지식을 제대로 배우려면 파고들고 싶은 깊이 만큼 높게 날아올라야 한다. 그곳에서 우리는 저 아래 모양과 형태를 갖추고 두려움으로 굳어진 불안을 볼 수 있다. 이 가능성의 공간에서 두려움을 휘감고 있는 둘레를 살펴보면 더 깊은 심연의 존재가 어렴풋이 보일 텐데, 여기까지가 우리 상상력의 한계라서 우리는 그곳에 더 나쁜 괴물이 숨어 있다고만 여겼었다. 우리는 이 가능성의 공간이 아닌 현실의 공간, 즉 경험적 삶에 안주함으로써 계속 적절한 처벌을 받아온 셈이다. 이제 우리는 가능성의 공간이 있음을 알았다. 비록 모든 것의 가능성이지만, 적어도 우리 삶에서 우리에게 유리한 쪽으로 실현될 가능성이 있다는 사실만으로도 충분히 감사할 일이다. 이 지식을 마음에 굳게 새긴 채 현실 세계를 살아간다면 모든 두려움에도 불구하고 우리가 이미 가능성의 공간을 알고 있기에 마냥 무시무시한 괴물만을 떠올리지는 않을 것이다. 그리고 살면서 가능성이 좋은 쪽으로든 나쁜 쪽으로든 실현되는 모습을 실제로 가까이에서 들여다보면, 어차피 현실은 결국 가능성의 하위 집합일 뿐임을 거듭 확인하게 될 것이다. 최악의 상상이 그대로 실현되는 일은 극히 드물다.[58]

유신론적 실존주의자로서 키르케고르는 헌신적이고 성실한 신앙이 우리를 불안으로부터 구원해준다고 믿었다. 인간의 능력으로는 도저히 심연을 이해할 수 없으므로 우리의 실존은 궁극적으로 신을 향한다. 그래서 불안은 신앙의 올바른 방향을 가리킨다. 오직 신앙만이 "불안이라는 죽음의 순간에서 벗어날 수 있게" 하기 때문이다.[59] 키르케고르는 인간 실존의 부조리에 대한 답을 교회의 관습이 아니라 "참된 그리스도인"으로서 고유한 개인의 신앙을 향한 헌신을 통해 찾아야 한다고 생각했고, 불안에 대한 인식이 신앙을 추구하는 신호라고 여겼다. 그러면 "불안은 자기 의지와 반대로 그 개인에게 봉사하는 종이 되고, 뜻밖에도 그가 가고자 하는 곳으로 데려다준다"는 사실을 알게 될 것이다.[60] 따라서 불안은 악마가 아닌 우리 내면의 영적인 힘이며, 우리 고유의 정신이 깃든 인간성을 상기해준다. 키르케고르는 우리 내면의 깊은 인내, 불굴의 용기, 확고한 믿음, 굳센 희망과 불안을 유발하는 경험과의 성공적인 대립이 성숙한 자아로 발전해나가는 힘의 원천이라고 역설했다. 《불안의 개념》에서 그는 "불안을 올바르게 배운 사람은 궁극을 배운 것"이라고 결론 내렸다.[61] 삶에서 불안의 중요성과 영적 구원과의 관계를 제대로 이해하면 우리는 이 세상의 죄책감을 초래하는 요구가 우리 자신이 돼야 하는 경이로운 실존적 책임에 비하면 아무것도 아님을 깨달을 수 있다. 키르케고르의 말대로 더 큰 두려움으로 더 작은 두려움을 몰아낼 때 용기가 생긴다면, 우리는 그러지 못했던 엄청난 비용을 충분히 인식했을 때 불안에 온전히 직면해야 할 당위성을 찾을 수 있을 것이다.[62]

키르케고르는 인간 개개인이 속한 역사적·문화적 위치 문제도 간과

: 불안을 철학하다 :

하지 않았는데, 불안은 각기 다른 사회 구조 안에서 저마다 다른 형태를 띤다고 생각했기 때문이다.[63] 각각의 개인은 "역사적 연계"로서 존재한다.[64] 그렇기에 불안의 정도와 양상은 "특정 문화적 상황"을 특징으로 하는 구체적인 환경에 따라 달라진다.[65] 어떤 사회는 자기형성에 대한 의무가 없어서 구성원들도 "미래와 그 어떤 의식적인 관계도 맺지 않고" 있기에 자신의 불안을 인식하지 못할 수 있다. 또 어떤 사회에서는 미래를 "운명적인 것"으로 간주할 수도 있다.[66] 종교적 측면에서 신앙과 영혼에 대해 자신들만의 개념을 갖춘 기독교도는 다양한 우주론과 형이상학과 규범적 감성을 지닌 유대교도나 힌두교도나 불교도와는 다른 방식으로 불안해한다. 서로 매우 다른 경험적 환경에서 살았던 19세기 중국인들과 20세기 미국인들도 불안의 양상이 달랐을 것이다. 물론 그렇더라도 본질에서 큰 차이는 없다. 환경이 아무리 개인을 조건 짓고 불안의 대상을 구체화하더라도 환경 자체가 전적으로 개인의 불안을 결정하지는 못한다. 키르케고르는 우리가 사는 환경의 특수성을 짚고 넘어가면서도 자기형성에 관한 실존적 책임은 누구에게나 있다고 못 박았다.

근원적 불안을 이해하는 것이 중요하다. 불안은 어떤 외부의 존재가 내부로 침투한 게 아니라, 철저히 우리 내부에서 발생해 외부로까지 영향을 미치기 때문이다.[67] 우리가 어디를 돌아보든 "불안은 가까이"에 있고 우리 마음속에 자리 잡고 있다.[68] 해야 할 일을 미루는 상황을 예로 들어보자. 미루는 순간 '뫼비우스 띠(Möbius strip)'를 걷게 된다. 눈

앞에 놓인 과제로 발생한 작은 불안을 피해 띠 뒤로 달아나도 금세 띠 위로 올라와 다시 불안과 마주치는데, 이 불안은 과제를 완수하지 못해 더 커진 불안이다. 뫼비우스 띠에서 도망칠 길은 없다. 그렇게 계속 회피만 하다가 키워버린 불안 앞에서 더는 안 되겠다고 정신을 차리는 순간 용기가 생긴다. 확실히 용기는 더 큰 두려움에 직면했을 때 나오는 것 같다. 그제야 비로소 띠 뒤로 가둬놓았던 불안, 사실은 전혀 갇혀 있지 않았던 처음의 불안을 몰아내고자 과제에 착수한다. 미루는 작가도 그렇다. 마감은 다가오는데 차일피일 미루다가, 텅 빈 페이지만 쳐다보고 있다가, 글을 써내지 못하면 편집자의 분노는 둘째 치고 '이 책을 읽을 독자 자체가 없겠구나' 하는 엄청난 불안감이 내면을 가득 채울 때, 마침내 작가는 글쓰기를 시작한다.

불안에 주의를 기울여야 한다는 키르케고르의 견해에서 가장 중요한 지점은 우리가 불안을 인지하고, 인정하고, 이야기함으로써 불안은 추방당해야 할 병리 현상이 아닌 우리 자신에게 보내는 자기형성의 유익한 메시지로 기꺼이 환영받을 수 있다는 것이다. 불안과 함께 지내고 불안의 도전에 함께 대응하는 것은 우리 자신과의 세속적 교감을 바로 세우는 일이기도 하다. 키르케고르는 니체가 어릴 때 죽었고 니체는 키르케고르를 나중에서야 알았지만, 키르케고르의 철학적 교의에는 이미 니체적인 언급이 꽤 있다(아마도 반대로 니체의 키르케고르적인 언급이었겠지만). 실제로 두 철학자는 유신론적 실존주의와 무신론적 실존주의라는 차이점 외에는 비슷한 점이 많다. 두 사람의 글은 문체도 비슷하다. 시적이고 잠언적이다. 키르케고르는 '신앙의 도약'을 설명하면서 믿음의 조상 '아브라함(Abraham)'을 사례로 들었고, 니체는 '위버멘쉬'를 말할 때 고대 페르시아의 현자 조로아스터(Zoroaster)에서 영감을 받은 '차라투스트라'를 등장시켰다. 두 철학자 모두 우리가 운명을 사랑해야 한다고 강조했으며, 불안을 우리 자아의 일부로 소유하고, 통합하고, 배치해야 한다고 역설했다. 불안을 있는 그대로 마주하라는 것이었다.

만약 우리가 아무리 해도 떨어지지 않는 불안을 끝까지 외면하려고 애쓰면 어떻게 될까? 키르케고르식으로 표현하면 진정한 절망감을 느끼게 될 것이다. 우리는 불안을 느끼면서도 불안이 싫고 무서워 그 정체가 무엇인지 전혀 관심을 두지 않았고, 이해하려고 시도조차 하지 않았다. 불안을 받아들였다면 우리는 참된 자신을 형성할 기회를 잡았을 테지만, 가차 없이 불안을 경멸해버림으로써 그 기회를 날렸다. 계속 시간이 흘러 우리는 여전히 불안을, 더 커진 불안을, 긴 세월 동안 이기지도 못하고 없애지도 못한 불안을 끝내 마음 기둥에 매단 채, 우리가 누구인지 지금까지 무엇을 위해 살아왔는지조차 모르는 상태로 남을 것이다. 그리고 얼마 남지 않는 삶조차 이제는 지겨워져서 이래도 상관없고 저래도 상관없는 하루하루를 보내게 될 것이다. 키르케고르가 불안을 결코 병리 현상으로 간주하지 않은 까닭은, 그러면 우리 자신을 병자로 보게 되기 때문이다. 우리 삶을 가능성과 기회가 아닌 불가능성과 위기로 이해하게 되기 때문이다. 불안을 단순히 "장애

라고 생각하는" 태도는 정말이지 너무나 "세속적인 어리석음"일 뿐이다.[69]

키르케고르와 니체는 심리학에도 조예가 깊었다. 차이라면 키르케고르는 '신앙'에 기반을 둔 심리학에, 니체는 '힘'에 기반을 둔 심리학에 관심이 있었으나, 두 사람 모두 정신분석학을 예상하면서 죄책감과 불안 사이에 개념적 관계를 찾으려고 노력했다. 솔직히 우리는 너무 자주 불안해하고, 불안할 때마다 넓은 의미에서 일종의 죄책감을 느낀다. 심지어 공감 능력으로 인해 우리가 아닌 다른 사람의 행동에도 죄책감을 느낀다. 죄책감은 벌어지지 않은 일, 하지 않은 일에 대한 감정이다. 실제로 그렇게 행동했다면 죄책감이 아니라 '죄'다. 그렇다면 생각해보자. 우리가 지금 마땅히 지켜야 할 어떤 질서, 사회적이거나 도덕적이거나 종교적인 질서에 반하는 행동을 해서 이미 죄를 지었는가? 그랬다면 벌을 받고 뉘우치면 된다. 아니면, 어떤 행동을 하거나 하지 않으면 받아야 할 정죄를 두려워하고 있는가? 아직 행동으로 옮기지 않은 일을 왜 두려워하는가? 게다가 그것을 누가 어떻게 판단하며 우리의 예상은 언제나 옳은가? 판단 기준은 무엇이고 평가 척도는 어디에서 나오는가? 그런 것을 만든 자들은 누구인가? 그들이 신이라도 되는가? 우리 머릿속 그 목소리, 우리를 꾸짖는 목소리, 듣기만 해도 움찔거려지는 목소리는 누구의 것인가?

이런 질문을 꼬리에 꼬리를 물고 던져보는 것이다. 이 질문을 생각하다 보면 우리 자신을 형성하는 믿음과 감정의 구조를 발견할 수 있다. 불안한 우리에게 키르케고르가 건네주는 가장 큰 선물은 우리 삶을 사는 일상 자체가 우리 인생에서 최고로 중요한 문제임을 확신하게 해준다는 것이다. 누가 우리를 불안하게 하는가? 우리를 괴롭히고 두렵게 만드는 존재는 다른 누군가가 아니라 우리 자신이다. 그래서 우리는 우리를 알아야 한다. 나도 나를 알아갈 테니 여러분도 여러분을 알아가자. 우리 자신이 되는 길에 자꾸 만나게 되는 불안, 일상에서 변함없이 우리를 기다리는 불안은 우리의 것이다. 자기형성 과제를 같이 하라고, 함께 힘을 모으라고, 우리 스스로 붙여준 조력자다.

回

'철학자의 신학자, 신학자의 철학자'라고 불리는 유신론적 실존주의 철학자이자 개신교(루터교) 신학자 폴 틸리히는 그의 대표작 《존재할 용기(The Courage to Be)》(한국어판은 '존재의 용기'이나 논점을 명확히 전달하지 못하는 제목이기에 따르지 않았다_옮긴이)에서 우리가 삶을 지속하고 실존을 인식하려면 저마다 '존재할' 고유한 용기가 필요하다고 주장했다. '전쟁을 벌일 용기'도 아니고 '산에 오를 용기'도 아니다. 우리는 온전히 '존재하기' 위해서 용기를 내야 한다. 우리 삶의 끝없는 도전인 불안을 긍정할 수 있다면 우리는 영웅이고 용감한 사람이다. 소크라테스(Socrates)는 '민주적' 용기를 보이는 과정에서 "죽음을 긍정함으로써 삶을 긍정할 수 있음을" 보여줬다.[70] 우리는 비존재에 대한 인식을 통해 존재를 인식한다. 우리는 죽음을 떠올려 삶을 반추한다. 우리는 죽음을 맞이하기 위해 애쓰지 않아도 살고자 하는 매일매일 계속해서 죽음의 가능성에 직면한다. 우리는 언제든 죽을 수 있다. 존재와 삶은 비존재와 죽음의 반대이므로 우리는 이를 인식할 때마다 불안해진다. 이런 실존적 불안은 병리 현상이 아니기에 약물로 치료할 수 없다. 틸리히는 실존적 불안이 우리 존재를 향한 일종의 암시임을 발견했다. 실존적 불안은 우리가 갖가지 유형의 불안을 왜 느끼는지, 왜 늘 그런 불안이 있는지, 왜 불안이 깨어 있는 시간의 영원한 동반자인지 암시해주며, 평범한 두려움이 극단적 두려움으로 치닫지 않게 완충해준다. 틸리히는 실존적 불안이 풍기는 '분위기'를 성공적으로 포착했는데, 이 불안은 구체적이고 가시적인 공포가 아니라 우리 존재 스스로 그 본성을 자각함에 따라 그 안에서 흐르는 으스스한 한기다. 이 불안을 느끼지 않으려면 코마(coma) 상태에 빠지거나 죽어야 한다.

틸리히가 이해한 실존적 불안은 이 세계의 것이 아닌데 항상 이 세계 안에 있는 어떤 미지의 영역을 가리킨다. 죽음은 분명히 이 세계에서 일어나는 현상이지만 이 세계에 속하지 않으므로 영원히 알 수 없는 미지의 영역이자 무(無)의 범주다. 따라서 죽음을 향한 불안은 "죽음 이후에 펼쳐지는 절대적인 미지의 세계와 비존재"에 대한 인식, 즉 "비존재에 대한 실존적 인식"이다.[71] 이 세계에 없는 비존재를 우리는 끊임없이 인식한다. 대상이 될 수 없는 '무'가 늘 우리 내면에 흔들리지 않는 그림자로 존재하며 온갖 감정과 기분을 좌우한다. 비존재를 우리 존재 일부로 인식하는 데서 생기는 불안이기에 '실존적'이다. 이 실존적 불안이 우리의 의식을 구성한다. 우리는 자신의 소멸하리라는 사실을 끝없이 인식하는 존재다. "유한한 존재로서 비존재를 떠올리며 자신의 유한성을 인식"할 때 우리는 불안하다.[72] 비존재의 위협을 두려워하는 유한한 존재의 불안은 제거될 수 없다. 우리의 삶은 과거와 현재와 미래가 모두 비존재를 향한 불안으로 둘러싸인 실존의 순간으로 이뤄진다. 불안의 대상이 있다면 피하든 없애든 어떻게든 극복해내겠지만, 비존재는 그야말로 '무'라서 대상이 될 수 없다. 그런 비존재로 인한 "적나라한 불안"이 우리 마음을 사로잡으면 감히 대응할 엄두조차 내지 못한다.[73] 삶의 명확한 이미지를 흐트러뜨리는 어둠, 은빛 구름 속에 숨은 검은빛, 심지어 안전하고 만족스럽고 즐거운 순간에도 문득문득 떠오르는 도저히 알 수 없는 갑갑함, 이것이 불안이다. 이 불안은 우리의 실존과 함께하기에 '존재할 용기'가 필요한 것이다. 우리는 용기를 내야 한다. 용기는 우리 삶을 긍정하는 것이며, 우리가 죽을 때까지 계속되는 비존재의 위협에도 아랑곳없이 끈질기게 사는 것이다. 우리가 반드시 죽으리라고 속삭이는 비존재 앞에서 그걸 누가 모르냐며 당당히 삶을 살아가는 것이다. 우리는 그저 이 '무'와 '죽음'을 살아있는 동안 동반자 삼아 행동하고 선택하면서 살면 된다. 이 정도 용기면 된다. 불안이 우리에게 한층 더 거창한 것을 바라는 게 아니다.

틸리히가 이해한 바에 따르면 우리 삶의 다양한 사건이나 재난은 불안을 직접 유발하지 않고 우리의 죽음과 비존재에 대한 "잠재적인 인식"을 자극한다.⁷⁴ 연체된 공과금, 갚아야 할 빚, 준비 덜 된 시험, 자신 없는 승진, 전화 안 받는 연인, 화난 친구에 대한 일상적이고 구체적인 두려움이 부지불식간에 우리의 의식까지 잠식해 대상 없는 비존재를 향한 불안을 악화시킨다. 위험이 명확하지 않은 상황에서도 우리가 지금 여기에 현존하고 늘 생각하는 존재라는 사실 자체가 우리 삶이 유한하다는 진실을 상기시킨다. 불안은 우리의 '유한성', 우리 힘과 능력의 한계와 우리 삶의 제한을 떠올리게 해준다. 우리 주변은 자연의 아름다움과 인간이 만들어낸 부(富)로 가득 차 있지만, 우리는 모두 예외 없이 유한한 존재들이다. 우리는 우리 삶이 우주의 연못에 잠시 이는 잔물결에 지나지 않음을 알고 있다. 무한한 우주가 무한한 무를 향해 나아가는 동안에도 우리는 여전히 유한할 것이다. 불안은 이 형태 없는 무한 사이에 매달린 인간 실존의 양상을 깨우쳐준다. 우리는 유한하게 사는 동안 무한에 참여한다.

존재하지 않는 상태, 즉 '비존재'에 대한 인식은 우리의 독특한 능력이다. 비록 '죽음'이 다양한 문화적 의미와 영향력을 가진 개념이긴 하나 비존재는 문자 그대로 '아무것도 아닌 것'이기 때문이다. 아무것도 아닌 비존재는 '무'이기에 우리는 기억할 수도 경험할 수도 없다. 그런데 비존재는 존재를 떠올리지 않으면 인식할 수 없다. 따라서 비존재에 대한 우리의 지식은 어떤 대상에 관한 추상적인 인식이 아니다. 그 비존재를 포함한 존재를 인식하는 것이다. 앞서 말했듯이 이 인식이 실존적 불안이다. 우리가 불안을 다루기 어려운 까닭은 대상이 될 수 없

: 불안을 철학하다 :

는 비존재를 자꾸 대상화하려고 해서다. 재차 강조하지만, 아무것도 아닌 무는 무슨 수를 써도 대상이 되지 않는다. 대상도 안 되고 알 수도 없어서 미지의 영역이다. 대상이 없는 비존재에 대한 불안은 목적도 없고 방향도 없이 발가벗겨진 "적나라한 불안"이다. "모든 두려움의 밑바탕이자 겁에 질린 자신의 존재를 보전하지 못한다는 생각"에서 스스로 일으키는 불안이다.[75] 제아무리 강인하고 뛰어난 사람이라도 이 불안은 없애지 못한다. 없애려고 몸부림칠수록 자기 꼴만 우스워진다. 그 몸부림이 자신의 존재를 부정하기 때문이다. 가뜩이나 "유한한 자기 긍정의 소멸"만 앞당길 뿐이다.[76] 이 근본적인 불안은 "실존 자체에 포함돼" 있다.[77] 우리 실존이 불안을 만들어내는 공장이다. 아무리 기를 쓰고 주위를 둘러봐도 우리는 이 불안을 찾지 못한다. 우리가 불안이다. 그러니 우리는 이 불안과 더불어 잘 살 궁리를 해야 한다.

  틸리히가 공식화한 불안의 분위기를 좀더 명확히 파악하기 위해 이런 광경을 머릿속에서 그려보자. 우리 자신을 1인칭 관찰자 시점을 통해 대상화해서 우리의 정신 영역에 몰래 웅크리고 앉아 있는 감시자라고 상상해보자. 우리는 이 감시자의 등을 쳐다보고 있다. 그리고 시선을 이동해 이 감시자의 얼굴을 보는데, 기괴하게도 얼굴에 아무것도 없다. 볼 수 있는 기관이 없어서 두리번거린다 한들 보이는 게 없다. 그래도 연신 고개를 열심히 돌려가며 뭔가를 찾는다. 혹시 들리는 게 있을까 싶어서 귀를 쫑긋하고 싶은데 귀도 없다. 냄새를 맡을 코도 없고 맛을 볼 혀도 없다. 피부도 촉각이 없어 느끼지 못한다. 오직 의식만 있다. 불안해한다. 왜 불안해하나 했더니 본체인 우리와 연결돼 있어서다. 아니, 잘 모르겠다. 이 감시자가 불안해서 본체가 불안한 것인지, 본체가 불안해서 감시자가 불안한 것인지 모르겠다. 확실한 사실은 감시자와 본체가 똑같이 느낀다는 것뿐이다. 이것이 우리의 불안이고 이것이 우리의 실존이다. 그런데도 우리는 견디기 힘든 두려움 속에서 계속 아무것도 아닌 비존재를 보려고 한다. 실체가 없는 무, 보이지 않는 무를 영원히 찾지도 못할 거면서 그 너머의 비극을 떠올리려고 한다. 살면서 죽음을 느끼려 하고, 종말을 목격하려 하고, 자신의 존재를 부정하는 존재를 경험하려고 한다. 경험할 수 없는 것을 경험할 수 있다는 두려움이 우리 정신 영역의 감시자에게 헛된 몸부림을 강요하고, 그렇게 감시자는 본체와 연결된 채 불안자로 탈바꿈한다. 우리의 실존이 없는 그림자를 굳이 드리워놓고는 그 그림자 안에 있으면 춥겠다고 불안해한다.

이 '비존재', '무'가 불안의 근원이다. 우리 일상은 끊임없이 운명처럼 비존재를 향한 두리번거림을 만들어낸다. 의식적으로든 무의식적으로든 사회적 상황에서 소외되고 있다고 느낄 때 우리는 내가 세상에 없던 적이 있었고 앞으로도 그럴 때가 있으리라는 사실을 떠올린다. 달리 말해 우리는 '나의 부재(비존재/무)'를 두려워한다. 친하게 지내는 사람들이 소셜 미디어로 공유한 사진 속에 내가 없을 때 우리는 묘한 상실감을 느낀다. 친하지 않거나 심지어 잘 알지 못하는 사람들이 올린, 내가 나오지 않는 사진을 보면서도 비슷한 감정을 느낀다. 나와 상관없

ː 불안을 철학하다 ː

는 일인데도 행복해 보이거나 멋져 보이면 박탈감이 든다. 그곳에 '없는 나'를 설정해 불필요한 감정을 이입하는 것이다. 연애할 때나 결혼 생활 중에도 연인이나 배우자의 삶에서 내가 없던 시절과 내가 없을 그 날을 상상하며 부정적인 감정에 매몰되곤 한다(나를 만나기 전에 찍은 행복해 보이는 사진을 보면 어떤 느낌이 드는지 생각해보자). 자녀가 있다면 아이들을 보면서도 내가 세상에 없게 될 날이 떠올라 기분이 씁쓸해진다. 아이들 관점에서도 자신이 부모의 삶에서 존재하지 않았던 적이 있음을 인지하는 시점이 오고, 그 순간 부모도 영원히 사는 존재가 아니라는 사실을 자각하게 된다. 우리는 이런 존재다. 자신의 가족, 연인, 친구, 타인의 삶에 내가 없든 내 삶에 그들이 없든 언제나 '없는 나'를 생각하면서 불안해한다. 이 불안이 우리 존재의 유한성을, 우리가 얼마나 연약하고 우연적이고 불안정한 존재인지를 상기해준다. 우리가 필멸의 존재인 한 이 실존적 불안은 절대로 없애지 못한다.

틸리히는 비존재가 존재를 위협(실제로는 존재가 비존재의 위협을 유도)하는 방향에 따라 불안을 세 가지 유형으로 분류했는데, '운명과 죽음'에 대한 불안, '공허함과 의미의 상실(무의미)'에 대한 불안, '죄책감과 정죄'에 대한 불안이 그것이다.[78] 모두 우리가 "피할 수 없는" 불안이다.[79] 이 불안은 우리가 실존하는 모든 순간에 퍼져 있다. 비존재는 쉬거나 숨지 않는다. 우리가 끊임없이 생각하기 때문이다. 비존재는 우리가 언제 어디에서 무엇을 하든 쉴 새 없이 우리 자신에게 질문을 퍼붓는다.

앞으로 내게 무슨 일이 일어날까? 나는 언제 어떻게 죽을까? 고통스럽게 죽을까? 얼마나 오랫동안 고통을 겪을까? 내 고통에 내가 사랑하는 사람들도 괴로워할까? 죽고 나면 내게 무슨 일이 벌어질까? 내가 남기고 간 것들은 무사할까? 내 가족과 친구들은 나 없이도 잘 살아갈까? 나는 지금 제대로 사는 걸까? 나는 좋은 사람일까? 나 때문에 누군가 상처를 받지는 않았을까? 내 인생을 낭비하고 있는 건 아닐까? 나는 왜 만족스럽지 않지? 어떻게 살면 좋은 삶일까? 언젠가 나도 보상을 받을 수 있을까? 내가 뭔가 잘못 결정해서 지금 이 모양인 걸까? 죽을 때까지 계속 이대로면 어떡하지?

이런 질문들이 뇌리에서 떠나지 않는다. 그러나 전부 우리가 살면서 쉽게 답할 수 있는 것들이 아니다. 특히 인간으로서 알 수 없는 질문, 아무런 약속도 해주지 못하는 대답은 전혀 위안이 되지 않는다. 우리 주변의 누가 사려 깊고 친절하게 답해준다 한들 어차피 그들도 우리와 똑같은 불안을 감추고 있을 뿐이다. 그들 역시 인간이기에 우리만큼 불확실한 삶을 두려워하고 있으며, 혹시라도 그들에게 엄청난 자신감이 엿보인다면 그냥 허세에 불과한 것이다. 모두가 같거나 비슷한 실존적 질문을 던지면서 산다. 늘 불안과 마주하고 지낸다. 어차피 우리는 저런 질문을 던지고도 계속 살아야 한다. 답은 없지만, 살아야 한다는, 계속 존재해야 한다는 자기긍정, 즉 '존재할 용기'을 요구받기 때문이다. 결국 비존재를 향한 우리의 불안은 비존재와의 대립에서 발견하게 되는 우리 "존재의 힘"이다.[80]

따라서 비존재는 우리 존재 일부이며 존재는 비존재 없이 살아갈 수 없음을 오롯이 인정하면 되레 불안을 삶의 기반으로 삼을 수 있다. 비존재가 "존재 자신을 역동적으로 긍정하도록 강요"하는 덕분이다.[81] 불안을 내치려고 하지 말자. 불안은 우리가 앞으로 나아갈 수 있도록 질문하게 해주고, 반결하게 해주고, 탐구하게 해주고, 확인하게 해주고, 증명하게 해주고, 확실히 행동하게 해줘서 우리가 선택한 길을 우리 스스로 확신하게끔 돕는다. 우리가 심란하고, 산만하고, 갑갑하고, 갈팡질팡 헤매는 것도, 그 과정에서 올바른 방향을 찾도록 해주는 불안의 선물이다. 저 높은 곳에서 우리를 내려다보는 신은 스스로 삶의 과제를 설정해 신체적·정신적 고통을 부여해가며 불안과 함께 열심히 살아가는 우리 모습에 흐뭇함을 넘어 깊은 감명을 받을 것이다.

불안에 관한 틸리히의 속 깊은 분석은 우리가 내면에서 죽음과 삶의 상실을 얼마나 당혹스럽고 무서운 비존재로 인식하는지 깨닫게 해준다. 우리는 죽음을 두려워하면서도 아닌 척 연기한다. 평상시처럼 술을 마시고, 바쁘게 TV 채널을 돌리고, 틈만 나면 '좋아요'나 '리트윗'을 확인하고, 무감각한 망각 속에서 일하다 지쳐 잠이 든다. 늘 뭔가를 걱정하면서도 실존적 불안이라고 여기지는 않는다. 성직자들이 아무리 '영혼의 불멸성'을 강조해도 귓등으로 듣는다. 하지만 틸리히는 이런 행동이 그저 비존재를 거부하려는 몸부림일 뿐 누구도 실존적 불안에서 벗어날 수는 없다고 지적했다. 왜냐하면 모든 사람은 이미 죽음이 "실존적으로 생물학적 소멸을 포함하는 자아의 완전한 상실"임을 익히 알고 있기 때문이다.[82] 겉으로는 언젠가 죽음의 순간이 오면 담담히 받아들이겠다고 큰소리치지만, 속으로는 '지금은 아니야'를 되뇌며 계속 죽음을 상기한다. 죽음의 순간이 지금은 아니라고 생각하는 것 자체가 죽음을 두려워한다는 방증이다. 죽음을 얼마든지 받아들일 수 있다면 그 순간이 오늘이든 내일이든 무슨 상관이 있을까?

우리는 어린 시절부터 일찌감치 죽음이라는 현상을 알았다. 생명에는 끝이 있음을 최초로 목격한 이래 우리는 이 직관적 지식을 살면서 거듭 확인했다. 세상 곳곳에 죽음이 있다. 우리는 TV에서 죽음을 본다. 우리는 가족과 친구의 죽음을 본다. 우리는 어떤 경로로든 암 환자의 고통, 심장마비의 경련, 도롯가에 누워 있는 낯선 이들의 시신을 본다. 우리는 누가 가르쳐주지 않아도 우리가 비슷한 운명에 처할 수 있음을 알고 두려워한다. 죽음은 이토록 확실한 현상이다. 그렇지만 아무도 언제 어떻게 죽을지는 모른다. 죽음 이후는 더더욱 모른다. 이보다 불확실한 확실함은 없다. 죽으리라는 사실만 알 뿐 그 외에는 아는 게 하나도 없다. 이것이 불안을 유발한다. 지금껏 살폈듯이 근본적으로 없는 상태, 비존재, 무에 대한 불안이다. 상실한 상태의 존재를 넘겨짚어서 스스로 발생시키는 불안이다. 그 상태가 뭔지도 모르면서 고통을 떠올린다. 그 상황에서의 우리 존재를 두려워한다. 그래서 불안은 불확실한 '나'의 본질에 대한 '나'의 반응이다. 이 두려움은 알지도 못하는 죽음의 세부 사항을 향해 있고, 이 불안은 그런 죽음의 세부 사항을 두려워하는 불확실한 '나'를 향해 있다. 우리는 죽음을 떠올리며

⫶ 불안을 철학하다 ⫶

우리가 경험하지 않은 온갖 나쁘고 아픈 상태를 예상해 두려워하고, 그렇게 두려워하는 나 자신을 불안해한다. 한마디로 우리는 두려울까 봐 두렵고, 불안할까 봐 불안한 것이다.

죽음, 우리는 이 삶의 종착점을 두려워할 수 있다. 모르기 때문이다. 우리는 우리 시신이 화장되거나 매장된 후에 무슨 일이 일어날지 불안하다. 혹여 일반적인 죽음이 아니라서 시신조차 발견되지 못하는 상황을 상상하면 더 불안하다. 죽는 순간 스위치가 꺼져서 아무것도 느끼지 못할 텐데도 불안하다. 그래서 우리는 죽음 자체가 아니라 무가 우리를 두렵게 한다는 사실을 깨닫는다. 우리가 두려워하는 것은 잠에서 깨어나지 못한 죽음 이후의 '알 수 없음'이며 '어둠'이다. 그렇지만 우리는 이 미지의 영역을 모르면서 막연히 감지한다. 존재성과 지속성이 특징인 우리 존재가 부정당하는 상황을 상상한다. 그러고는 그 대상이 우리에게 가할 위협에 대한 우리의 가능한 반응을 예상하는데, 이 예상되는 가능성에 대한 두려움이 우리의 불안이다.[83] 계속 말하고 있듯이 그 대상은 '없는 나(비존재/무)'다. 죽음 이후의 무를 떠올리며 두려워하는 우리 불안의 본질은 무엇일까? 죽는 순간까지 우유부단했던 덴마크 왕자 햄릿(Hamlet)도 이를 궁금해했다.

죽음은 잠드는 것, 잠이 들면 꿈도 꿀 테지

그것이 마음에 걸리는구나.

삶의 굴레에서 겨우 벗어났을 때

어떤 꿈이 찾아올지 생각하면 망설여질밖에.

(중략)

다만, 죽음 다음에 두려움이 있으니 문제다
한번 가면 누구도 돌아올 수 없는 미지의 나라
그것이 의지를 꺾는구나.[84]

  철저한 물질주의자들은 주저할 것도 없이 죽음은 그냥 '끝'이라고, 우리가 벌거벗고 세상에 나오기 전의 '공허' 상태로 돌아갈 뿐이라고 대답한다. 그러니 당연히 꿈을 꿀 일도 없다고 확신한다. 반면 종교적 신념을 가진 사람들은 영원한 행복이나 고통이 기다리는 내세가 있다고 말한다. 그렇지만 대다수 사람은 전혀 알 수 없는 존재 상태가 죽음 이후의 우리 운명이라고 걱정한다. 죽고 나면 무슨 일이 일어날지 모르는 데서 오는 불안이다. 햄릿이 느낀 불안과 똑같다. 그런데 사후의 존재 상태, 즉 비존재(무)와 관련한 두려움은 기본적으로 나쁜(잘못된) '불멸'을 상상하는 데서 생긴다. 다시 말해 죽음이 끝은 아니지만 안 좋은 것일까 봐 불안하다. 공허에서 온 것도 좋고 삶이라는 짧은 휴식 시간이 주어진 것도 좋은데, 다시 공허로 돌아가기는 싫다. 왠지 같은 공허가 아닌 것 같다. 굉장히 안 좋고 나쁠 것 같다. 뜨거운 지옥불도 싫고 고독한 암흑도 싫다. 그런 불멸은 바라지 않는다. 하지만 정말 그러면 어떡하지? 이 불안은 우리가 반복되는 일상에서 무의식 속에 아무리 교묘하게 숨어 있더라도 문득문득 고개를 들어 (없는 눈으로) 저

은하계 너머 어딘가 '나쁜 불멸'의 세계를 응시한다.[85]

일상의 불안 또한 결국 죽음과 비존재라는 거대한 미지의 영역으로 귀결한다는 틸리히의 통찰은 암시적이고 교훈적이다. 올바르게 대응하지 못하면 일상적인 상실감마저 큰 실존의 위기감으로 전환될 수 있다는 경각심을 일깨워준다. 사소하고 이유를 알 만한 불안감이라도 우리의 실존과 연결해 생각하면 궁극적으로는 한 곳을 향하고 있다. 우리 존재의 잠재적 무를 향한 인식이 불안이라는 개념은 왜 우리가 늘 불안할 수밖에 없는지 설명해준다. 불안은 우리 실존의 냉엄한 진실을 정확히 반영한다. 우리는 이 세상에서 아무리 성공하고 아무리 강해져도 불안하다. 세상의 지배자가 되더라도 우리는 불안하다. 우리는 모든 것을 잃게 될 것이기 때문이다.

틸리히는 무에 대한 두려움이 모든 두려움의 기저에 있으며 불안과 연결할 수 있는 모든 감정 역시 이 두려움의 변형이라고 분석했다. 우리가 아무 불안이나 하나 골라서 가장 밑바닥까지 추적해 내려가면 거기에 무엇이 있을까? 실제로 심리치료에서도 활용하는 질문이다. 스스로 꼬리에 꼬리를 물어가며 묻는 것이다. 현재 두려워하는 것들의 양상은 저마다 다를 테니 밑바닥에도 다른 것들이 있을까? 그렇지 않다. 모두 똑같다. 취업이 안 돼서 불안하든, 승진을 못 해서 불안하든, 배우자를 못 만나서 불안하든, 아이가 생기지 않아서 불안하든, 아이가 말을 안 들어 불안하든, 빚 갚기가 어려워서 불안하든, 사업이 잘 안 돼서 불안하든 한 계단 한 계단 아래로 내려가다 보면 가장 밑바닥에는 '죽음(무)'이 있다. 삶이 영원하면 불안을 느낄 이유가 없다. 남부럽잖은 부나 명예나 권력을 누리고 있는 사람들도 불안하긴 매한가지인데, 그들도 종국에는 죽기 때문이다. 모든 것을 다 가질 수 있어도 영원한 삶만큼은 가질 수 없다. 실존과 상관없어 보이는 불안도 사실상전부 실존의 위기와 관련이 있다.

틸리히의 바람처럼 우리가 진심으로 죽음과 비존재를 철학적으로받아들이려면 우리 실존에서 참일 수밖에 없는 몇 가지 공리, 즉 "삶은 유한하다", "죽음은 확정이며 돌이킬 수 없다", "죽음 앞에 모두가 평등하다", "세상은 죽음 너머에 무관심하다", "세상은 삶에 무관심하다", "세상은 계속 유지된다" 등을 온전히 인식하고 수용해야 한다. 우리가이 같은 공리를 우리 자신의 존재를 이해하는 데 통합하고 죽음을 당당히 바라보면, 역설적이게도 매일의 삶을 긍정할 용기가 생긴다. 물론우리가 하루하루 살아가기로, 존재하기로 다짐할 때도 죽음은 언제나그랬듯이 단 한 번도 쉬지 않고 우리를 향해 다가오겠지만, 더는 아무렇지 않다. '존재할 용기'를 확보했기 때문이다. 우리는 자신의 존재를자신의 개념으로 둘러싸야 한다. 아침마다 태양과 함께 떠오르는 불확실하고 불안한 하루를 맞이하면서 항상 자기 자신을 오늘의 영웅으로 추켜세워야 한다. 그런 하루를 또 기꺼이 헤쳐나갈 테니까.

이렇게 기운을 내고 잠시 쉬었다 와도 좋다. 또 한 사람의 실존주의철학자가 있는데 나와 함께 기다려줄 것이다. 죽음과 무에 이르는 '현존재'인 우리가 그것을 애써 외면해 '일상인'으로 타락할 것을 우려한

: 불안을 철학하다 :

철학자가 있다. 살아생전 논란도 많았고 사람들의 호불호도 강했던 또한 사람의 실존주의자, "언어는 존재의 집"임을 외친 철학자, 누구보다 극적으로 불안을 철학한 사람, 실존주의 전반과 이후 포스트모더니즘에도 지대한 영향을 미친 인물, 마르틴 하이데거를 만나볼 차례다.

回

하이데거가 불안을 다루고 있는 글을 읽다 보면 불안이 줄어들기는커녕 오히려 더 불안해질 수도 있다.[86] 왜냐하면 그의 문체가 상당히 냉철하고 단호한 데다, 인간 존재를 그려가면서 결코 타협하려고 들지 않기 때문이다. 나는 30년 전쯤 처음 하이데거를 접했는데, 이후로 어떤 때는 그가 쓴 원래 저작들보다 그에 관해 쓴 다른 책들에서 도움을 받기도 했다.[87] 그의 사상보다 그의 행적에 초점을 맞춘 비판 일색의 책도 많다. 하이데거는 나치(Nazi)에 가담한 이력으로 미운털이 단단히 박힌 철학자다. 그런 까닭으로 철학적 업적 전체를 부정당하기도 했다. 난해한 글쓰기 스타일도 한몫해서, 제대로 읽어내지도 못해놓고 헛소리라고 경멸한 학자들도 있었다. 나는 그의 글이 어려운 것도 인정하고, 그의 과거 행적이 비난받아 마땅하다는 의견에도 공감하지만, 그의 철학을 경시하는 관점에는 동의하지 않는다. 적어도 그는 우리의 주제인 '불안'에 관한 한 매우 독보적인 통찰력을 보여줬다. 특히 《존재와 시간(Sein und Zeit/Being and Time)》에서 그는 불안을 철학적으로 사유할 수 있는 감정의 정수이자 인간이 자기 자신의 참된 자유를 만끽하게 해주는 기분이라고까지 규정했다.

하이데거는 우리 실존에서 유일한 사실은 '시간'을 떼어놓고서 절대로 고려할 수 없는 '죽음(우리를 기다리는 확실성)', '무(죽음 이후 알 수 없는 상태)', '피투성(被投性/geworfenheit/thrownness/던져져 있음)'이다. 우리는 자의식이 생기고 자기 자신을 발견해나가면서 우리가 '이미' 이 사실들로 준비된 상태임을 깨닫는다. 이 사실들은 우리 삶을 의미화할 때 협상이 불가능한 제약으로 작용한다. 부정할 수도 없고, 부정되지도 않는다. 이 사실들 없이 우리 실존은 구성되지 않는다. 그렇기에 이왕이면 능동적으로 확실하게 수용하는 것만이 진정한 인간 존재가 될 유일한 길이다. 이 세 가지 실존의 '사실들'을 파악하고 인식하게 해주는 것이 다름 아닌 '불안'이다.

하이데거가 불안을 철학하면서 내세운 증거는 특별한 것들이 아니다. 불안은 우리의 '기분'이다. 늘 느끼고 평범하디 평범하고 지극히 '정상적인' 기분이다. 그 기분에 관심을 쏟고, 드러내고, 음미하라는 이야기다. 기분을 논리적 사고나 추론으로 여기는 사람은 없을 것이다. 기분은 '감정'이다. 그래서 느끼면 되는데, 계속 느끼다 보면 '인식'으로 연결된다. 우리의 기분은 우리 실존에서 중요한 것들과 실존의 본질을 찾게 해준다. 불안감, 우울감, 초조감, 불만감, 불쾌감 같은 기분은 우리 실존의 본질을 부분적으로, 그렇지만 아주 의미심장한 방식으로 숨기거나 드러낸다. 존재를 멀리서 바라보는 이성과 달리 우리 자신만이 느끼고 경험하는 지극히 사적인 기분은 실존의 맨살과 존재의 실제를 오롯이 이해하도록 인도해주는 황금길이다. 우리는 불안을 경험할 수 있어서 가장 확실한 자기인식도 할 수 있다. 우리는 불안을 느낄 수 있어서 '나'라는 존재가 수반하는 모든 감정을 이해할 수 있고 내 존재와 한결 더 가까워질 수 있다.[88] 하이데거는 불안을 우리 삶의 필수 요소로 격상시켰다. 불안과 마주하지 않고서 우리는 도저히 자아를 이해할 수 없으며, 환상과 착각이 없는 본연의 삶과도 진정한 관계를 맺을 수 없다.

하이데거는 인류가 수십 세기를 살아오는 동안 언어가 너무 오염돼서 기존 용어로는 제대로 철학을 할 수 없다고 여겼다. 그래서 수많은 용어를 아예 새로 만들어냈는데, 아마도 이 때문에 그의 철학이 더 어렵게 느껴지는 것 같다. '현존재(Dasein/Presense)'도 이런 맥락에서 그가 새로 정립한 개념이다. 하이데거가 보기에 그동안 철학은 '존재'를 탐구한다면서도 줄기차게 '존재자'만 파고들었다. '존재자'는 말 그대로 '있는 것'이고 '존재'는 존재자의 존재 근거, 즉 '있게 하는 방식'이다. "그것은 무엇인가?"는 '존재자'에 관한 질문이고, "그것은 왜(어떻게) 있는가?"는 '존재'에 관한 물음이다. 하이데거는 '있는 것'의 본질을 파고들어봤자 알아낼 게 없다고 생각했다. 정작 중요한 것은 '있음' 그 자체다. 우리는 왜 없지 않고 있는가? 인간을 포함한 세상 모든 사물은 '존재자'로서 '존재'한다. 그런데 인간을 제외한 모든 사물은 그냥 '있는 것'이며, 무생물은 고사하고 다른 동물마저도 자신이 왜 어떻게 있는지 인식하지 못한다. '있음(존재)'을 생각하고 물을 수 있는 '있는 것(존재자)'은 인간뿐이다. 이에 하이데거는 스스로 '있음'을 인식하는 유일한 존재자인 인간을 '현존재'라는 새로운 용어로 정의하면서, '존재'에 다가가려면 우리 '현존재'를 분석해 그 존재 방식을 살필 수밖에 없다고 생각했다. 현존재만이 자신의 존재를 탐구할 수 있기 때문이다.

하이데거에게 현존재는 '실존하도록', '던져진', '불안한' 개별적 존재자다. 그는 우리 삶의 구체적인 세부 사항과 분리된 '보편 이성'이 아닌 우리 자신의 '기분'에 주의를 기울여야 한다고 지적했다. 관습적으로 확립된 수동적 사고보다 우리가 이 세상에서 자신의 존재를 느끼고 관계하는 방식, 즉 '존재 방식'이 훨씬 더 중요하기 때문이다. 하이데거는 사회적으로 구성된 '일상인(Das Man/Everyman)'에서 탈피해야 한다고 촉구했다. 일상인은 '현존재'로서의 존재를 망각하고 사회적으로 순응하며 살아가는 일반적인 사람들을 말한다. 세상 속에서 평준화·균등화한 인간이다. 우리는 모두 다른 사람들과의 관계 속에서 살기에 이 세상과 이 관계를 편안한 집처럼 여긴다. 불안은 이 편안한 집이 세상을 살아가는 다른 동료 여행자들과의 상호 합의에 실패하거나 또 다른 낯선 여행자들의 이해관계와 충돌하면 얼마든지 모래 위 집이 될 수 있음을 깨달을 때 발생한다. 문제는 애당초 이 집이 편안할 수가 없다는 데 있다. 태어나서 우리는 생각보다 훨씬 일찍 불안을 경험하며, 기억에서 잊히기도 전에 연이어 다른 불안을 겪는다. 우리는 절대로 편안한 집에서 살지 못한다. 늘 불안과 동거해야 한다.

불안과 그에 따른 기분은 수많은 다른 존재자들과 관계를 맺는 과정에서 자신을 상실하는 비본래적 존재 방식을 취할 때 드러난다. 기존에 믿고 있었던 세상에 대한 친숙함 대신 다른 존재자들(현존재든 일상인이든)이 만든 세계의 순수한 우연성을 발견한다.[89] 달리 말해 본래적 존재 방식을 비본래적 존재 방식으로 보게 되는 것이다. 이때 불안은 우리, 우리 근본적인 존재, 우리 맨몸의 존재를 이 존재가 무엇이고 무엇이 될 수 있는지 탐구해야 했던 본래적 존재 방식으로 이끈다. 일상인으로서 우리는 다른 곳에서의 구원과 인도를 기다리며 참되지 못한 방식으로 살아간다. 우리는 세상을 우리보다 먼저 존재했던 사람들이 이기적이고 권력을 증식할 가치와 규범으로 만들어놓은 그대로 받아들이면서 우리의 실존적 책임을 회피한다. 이런 존재는 그저 껍데기일 뿐으로, 본질에 대한 깊은 깨달음을 얻지 못하고 피상적으로만 존재한다. '나'라는 존재의 본질과 '나'의 역할과 '나'의 가능성에는 관심을 두지 않은 채 거짓 만족감을 느끼며 호기심 없이 산다. 분명히 우리 존재의 내적 감정과 외부 세계와의 단절을 알아차리면서도 거기에 주의를 기울이지 않는다. 그렇게 우리는 자신의 고유성, 특수성, 가능성을 망각한다. '존재 망각'이다. 우리는 '실존'이 무엇인지 모르고 태어나, 살다가, 죽을 수 있다.[90] '불안'이 없다면 필연적으로 그럴 것이다.

하지만 다행스럽게도 불안이 우리를 '구출'함으로써 우리 실존에 들여다봐야 할 틈이 생긴다. 불안은 우리 자신을 세상에 수동적으로 영향을 받는 비본래적 존재 방식으로 놓아두지 않고, 우리 스스로 삶을 선택하고 행동해 의미와 가치를 만드는 본래적 존재 방식으로 인도한다. 다시 말해 우리는 '나'를 드러내는 특별하고 독특한 기분, 즉 '불안'을 통해 자신의 존재 방식을 되찾고자 시도하는데, 하이데거는 이를 '피투'와 대비되는 개념으로 '기투(企投/Entwurf/Projection)'라고 이름 붙였다. '현존재'가 '일상인'으로 전락해 살다가 '불안'에 힘입어 본래적 존재 방식으로 '기투'하는 것이 다름 아닌 '실존'이다.

이 설명을 머리로 이해하려고 하지 말고 가슴으로 느껴보려고 해보자. 하이데거가 이해한 '현존재'는 완전한 존재자가 아닌 '가능성'을 기반으로 불완전한 상태를 유지하면서 존재해야 하는 존재자다. 이것이 본래적 존재 방식이다. 문제는 본래적 존재 방식을 부정하려고 할 때 발생한다. 하이데거는 편안하고 친숙한 집이라고 믿어온 이 세상과 관계가 무너져내리는 기분을 '섬뜩함(Unheimlichkeit/Uncanniness)'이라는 용어로 표현했다. 여태까지 포근하게만 느껴졌던 세계가 무의미한 우연의 연속임을 깨달으면서 우리는 순간순간 섬뜩한 불안감을 느낀다. 존재자들 속에 파묻힌 나 자신을 보게 되는 것이다. 이 섬뜩함은 집 안을 거짓으로 채우고 있던 가구며, 액자며, 조각품을 치우게 해주고, 양탄자 밑에 숨겨진 온갖 쓰레기를 쓸어내도록 돕는다. 불안은 우리가 경험적 외관에 속아 이 세상에 수동적으로 몰두하는 비본래적 존재 방식을 멈추라는 경고다. 우리가 세상 속 다른 존재자들과 관계를 맺으면서 실존하는 '세계-내-존재(In-der-Welt-sein/Being-in-this-World)'로서의 '현존재'인 것은 맞지만, 이것이 세상에 안주하거나 매몰

될 수밖에 없음을 의미하지는 않는다. '이 세상에 있다'는 안일한 감각이 섬뜩한 불안 덕분에 '이 세상이 이렇게 있으면 안 된다'는 인식의 전환으로 이어진다. 이제 우리는 지금까지 발 뻗고 편하게 누워 있던 집에서 낯선 외부인이나 이방인이 된다. 내 삶이 세상사와 무관한 듯한 불안의 기분은 우리를 거대한 '존재의 공허' 앞에 세워 실존의 두 가지 핵심 측면, 즉 '죽음'과 '무'를 직시하게 한다. '죽음'은 우리 존재의 확실한 결말을 나타내고, '무'는 우리의 선택과 행동이 없는 삶은 아무런 목적도 의미도 가치도 없음을 가리킨다.

한편으로 우리 인간처럼 '현존재'가 아닌 '존재자'의 존재 방식은 무엇일까? 쉽게 말해 사물들은 어떻게 존재할까? 하이데거에 따르면 일반적인 사물의 존재 방식은 현존재인 우리에게 어떤 '쓰임(쓸모)'이 있느냐에 달렸다. 일테면 망치는 우리 '손안에 쥐어진 것(Zuhandenes/Ready-to-Hand)', 즉 '도구'일 때라야 의미를 확보한다. 우리가 그것을 사용하지 않으면 우리 현존재처럼 그냥 '던져진' 존재자일 뿐이다. 우리가 휘둘러야 '망치'고 우리가 앉아야 '의자'다. 우리와 사물의 관계는 이토록 명확하다. 우리의 경험적 상황에 맞게 도구로 사용해야 사물의 존재 방식이 정의된다. 우리는 '쓰임'으로 도구의 존재 방식을 이해하고 그것들이 유지되는 메커니즘을 알게 된다. 사물의 존재 목적과 방향은 우리의 쓰임이 있을 때 생겨난다. 우리 현존재도 마찬가지다. 실존으로 기투하지 않으면 그저 '던져진(피투된)' 존재자에 불과하다. 쓰임이 있을 때까지 아무런 의미나 가치도 없이 그냥 '있는' 사물일 뿐이다. 이 사실을 알게 해주는 게 '불안'이다. 불안이 의미 없는 삶, 죽음, 무를 떠올리게 한다. 그렇게 우리는 '세계-내-존재'의 참뜻을 깨닫고 자신만의 의미로 실존하는 '나'와 '나의 삶'을 새롭게 새겨나갈 수 있다.

현존재라면 누구나 본래적 존재 방식의 붕괴를 경험한다. 오히려 무척이나 고마운 경험이라서, 이때 우리는 편안하다고 착각했던 세상을 달리 보게 된다. 우리가 살던 그 집이 없음을 인식하면 편안함과 안도감은 순식간에 사라지고 우리는 섬뜩한 불안감을 느끼며 표류한다. 이 경험은 병원 응급실로 실려 가서 약물 처방을 받게 되는 이른바 급성 신경쇠약과 유사하다. 이전부터 조작된 갖가지 인위적 산물과 미리 정해진 의미들로 가득했던 세계가 무너져내리는 순간 비로소 우리는 진정한 실존적 고립과 두려움을 겪게 된다. 그리고 우리가 본래적 존재 방식이라고 믿었던 당연한 것들, 규정된 것들, 굳어진 것들로부터 한 걸음씩 물러남에 따라 그 '모든 것'이 얼마나 낯설고 불확실한 것들이었는지 알게 된다. 우리의 관습적 세계가 본래적 존재 방식이 아니었음을 깨달으면 순응과 적응의 심리적 메커니즘 때문에 미처 고개를 들지 못하고 있던 불안이 한꺼번에 용솟음치면서 극단적인 혼란을 초래할 수도 있다. 불확실성과 우연으로 획일화된 세상은 더는 의미를 도출해내지 못한다. 제목만 봐도 어려울 것 같고 읽으면 제목대로 될 것 같은 사르트르의 걸작 소설 《구토》에서 이 세계는 주인공 앙투안 로캉탱(Antoine Roquentin)이 공원 벤치 아래로 삐져나온 나무뿌리에서 벌거벗고 번들거리는 환영을 본 뒤 구역질을 느낄 때 '섬뜩함'으로 드러난다. 그 순간 로캉탱은 자신이 사는 알려진 세상이 영원히 규명될 수 없고, 자신 또한 어떤 의미도 부여받지 못한 채 영원히 허우적거리는 존재로 남을 수 있음을 날카롭게 인식한다.

이 상태에서 우리는 자신이 봐왔던 세상의 우연성을 자각함과 동시에 '나'와 관련한 모든 것들을 의심하게 된다. 나는 누구지? 내 이름이 나일까? 부모님이 지어주신 이름인데, 그래 얼마든지 다른 이름이 될 수도 있었겠지. 국적은? 나는 왜 이 나라 사람이 됐지? 부모님이 이 나라 분들이라서? 이곳으로 이민 와서? 어쨌든 나와는 상관없이 정해진 거야. 이 나라는 원래 있었나? 아니야, 먼 옛날에는 국가가 아니었어. 내 종교는? 다른 신을 믿도록 키워졌을 수도 있었지. 내가 지금 쓰는 말은? 내 생각을 표현하는 이 언어는? 이 말을 쓰도록 교육받은 결과겠지. 어떤 가정에서 태어나고 어떤 사회에서 자라느냐에 따라 달라졌을 거야. 그랬다면 다른 말로 생각하고, 말하고, 썼겠지. 친구들은? 우연한 만남으로 친해지게 된, 원래는 몰랐던 사람들이고. 내 아이들은? 우리 부부가 낳았어도 우리가 아니고 엄연히 다른 존재야. 독립적인 인간이라고. 신기해. 영원한 미스터리야. 얘네들도 그렇겠지. 부모님은? 그분들도 우연의 산물이야. 당신들의 의지와 무관하게 할아버지 할머니 때문에 태어나신 거잖아. 세상 누구나 다 이런 식이지. 자기 의지대로 태어나고 사는 사람은 없어. 역사적으로 위대했다는 이들도 다 똑같아. 모두가 그냥 세상에 던져졌던 사람들인 거야. 제아무리 위대한 철학자나 예술가라도 결국 인간일 뿐.

그렇다. 니체식으로 말하면 "인간적인 너무나 인간적인" 것들로 가득한 세상이다. 세상은 우연의 누적된 결과물이고 우연의 연속으로 계속 이어진다. 겉보기에 변하지 않을 것 같은 원칙, 이데올로기, 체계, 규범 등도 고정된 구조가 아니다. 선대 인간이 만든 것을 후대 인간이 고치고 다듬어가면서 유지하고 있는 것들일 뿐이다. 다 우리와 똑같은 사람이다. 똑같이 세상에 우연히 던져졌고, 던져지고 있고, 던져질 인간이다. 우리 세상과 우리 존재의 기반은 모래 위에 세워졌다. 우리는 모두 우연히 피와 뼈와 살을 부여받아 제한된 세월 동안 세상에 세 들어 살다가 가는 존재들이다. 이게 전부다.

그런데 생각이 여기에까지 미치면 굉장히 괴로워진다. 그렇다면 나는 뭐란 말인가? 나는 정말이지 누구일까? 내 진짜 이름은 무엇일까? 내 인생은 어떻게 될까? 대체 어떻게 살라는 거지? 아무렇게나 던져진 존재이니 아무렇게나 살라는 걸까? 진짜? 갑자기 우리는 오싹해지고 두려워져서 모든 게 다 잘될 거라고 위로해줄 누군가에게 손을 내민다. 자꾸만 돌아가고 싶어진다. 나는 굳이 왜 깨달았을까? 계속 몰랐더라면 아무 일도 없었을 텐데. 그렇게 우리는 편안하고 안락했던, 모든 것이 이미 갖춰져 있던 세상의 품으로 되돌아가려고 한다. 새로운 세상 따위 싫어, 두려워. 내가 왜 그 고생을 해야 하지? 나는 이미 그럭저럭 괜찮게 살고 있었는데. 저항하지 않고 잘 따라 살면 별 탈 없이 지낼 수 있는데. 그래, 그게 인생이야. 원래 그런 거라고. 내가 하던 일이 있어. 책임질 일도 있고. 나는 이미 이름이 있어. 아무러면 어때, 그게 내 이름이야. 국적, 종교, 사회 체제? 다 좋아, 어쩌란 말이야. 어디로 가서 무엇을 해야 하는지 이미 정해져 있어. 정의, 도덕, 원칙, 다 있어. 따르기만 하면 된다고. 알아, 가끔은 떠오르겠지. 의미 없고 가치 없게 느껴지겠지. 던져진 나 자신을 또 발견하겠지. 그래도 어쩔 수 없어.

그러나 과연 가끔일까? 불안하지 않을 수 있을까? 한 번의 각성이 단 한 번으로만 끝날까? 다시는 벌거벗고 번들거리는 나무뿌리가 안 보일까? 실존적 불안은 떨쳐낼 수 없다. 우리가 언젠가 죽으리라는 사실을 아는 한 불안은 언제나 우리와 함께한다. 물론 우리가 사는 이 세계는 영화 속 '매트릭스(Matrix)'가 아니다. 엄연히 실재하는 세상이다. 세상의 무의미함을 깨달았다고 갑자기 세계가 사라지는 것도 아니다. 되돌아갈 세상도 없다. 우리는 여전히 '세계-내-존재'로 이 세상에서 살아간다. 우리의 세계관 변화를 비유적으로 설명하는 것이다. 우리가 새로이 발견한 이 세상은 불안을 유발하는 모든 가능성을 상기시켜 그에 따른 '섬뜩함'과 '낯섦'으로 우리 내면에 압력을 가함으로써 그동안 우리가 떨쳐내지 못하고 있던 실존의 먼지를 털어내도록 해준다.

따라서 우리가 피하거나 내쫓고 싶어 하는 불안은 있는 그대로의 '나'를 인식하게 하는 소중한 매개체이자 우리 실존을 지탱할 유일한 닻이다. 세상에 던져진 우리는 어느 순간 우리 인간들이 겹겹이 쌓아 놓은 지식, 이해, 제도, 관습, 책임, 의무 등이 우리 존재를 덮어서 자기 자신을 이해하기 어렵게 만들었음을 알게 된다. 이 섬뜩한 경험으로 우리는 인위적인 옷 속에 감춰진 벌거벗은 실존을 깨닫는다. 우리는 우리가 누구인지 몰라서, 알기 두려워서, 불안하다. 단순한 발견의 문제가 아닌 어렵고 힘겨운 '구성(형성)'의 문제이기 때문이다. 이는 실존주의 전반에서 공유하고 있는 문제의식이다. 틸리히의 경우에도 '비존재'에 대한 불안을 온전히 수용해야 우리의 참된 실존을 구성할 수 있다고 강조했다. 불안을 포용하는 첫걸음은 우리 존재의 우연성과 유한성을 과감히 인정하는 것이다. 우리는 우연히 던져져 이 시간과 이 공간에서 이 방식으로 존재하고 있으며, 저마다 때가 되면 이 세상에서 추방될 것이다.

그리고 우연성은 현존재인 우리 인간의 정체성뿐 아니라 세상 모든 사물에도 확장해 적용할 수 있다. 앞서 잠깐 언급한 우리가 '망치'라고 부르는 물건의 정체는 무엇일까? 이름과 쓰임처럼 의미와 정체성도 오직 현존재가 구성한 연결망 내에서만 찾을 수 있다. 우리는 손잡이가 없는 쇳덩어리를 망치라고 부르지 않는다. 손잡이와 합쳐져 완벽한 형태를 갖추고 있어야 망치라는 이름으로 불릴 수 있다. 그런데 그것은 이름일 뿐 망치가 망치로서 정체성을 얻으려면 '못'이나 '돌'처럼 박거나 부술 대상이 필요하다. 게다가 망치는 스스로 창조되지 않았다. 인간이 우연히 만들었다. 망치 입장에서는 우연히 세상에 던져졌다. 모든 인공물은 인간에 의해 우연히 존재한다. 자연계에 존재하는 물질이라고 다를까? 현존재인 인간이 이름, 쓰임, 의미, 정체성을 부여하지 않으면 그냥 단순한 존재자일 뿐이다. 철저히 인간 중심의 관점이지만 지구상에서 인간만이 이름과 의미를 부여할 수 있기에 그것들의 존재

⋮ 불안을 철학하다 ⋮

를 구성하는 주체도 인간일 수밖에 없다. 심지어 현대 물리학의 양자 역학에서는 우리가 봐야만 존재하고 그 정체성도 우리의 측정에 달렸다고까지 말한다. 우리가 이해하는 순간 존재한다는 의미다. 형이상학을 충분히 공부하면 모든 존재자의 기본 요소는 물론 측정과 분석의 기본 단위조차도 우리가 이름 붙이고 정체성을 부여해왔음을 알 수 있다. 인간이 '수소(H)', '헬륨(He)', '탄소(C)' 같은 원소를 발견하고 명명하지 않았다면 이 자연 물질은 존재하지 않는 존재자로 남았을 것이다. 우리가 보고 아는 이 세계는 인간이 만든 세상이다. 윌리엄 제임스의 말대로 "인간이라는 뱀의 흔적은 모든 것에 걸쳐" 있다.[91] 우리가 이 세계에 남기고 갈 것도 결국은 이런 흔적이다. 불안은 우리가 이 같은 흔적에 특별히 이바지할 기회가 있음을 알려주고 독려한다.

근본적인 실존적 불안에 잠식된 '섬뜩함'과 '낯섦'을 경험할 때 그것을 제대로 승화하지 못하고 마약 같은 약물에 의존하면 내면이 심각하게 뒤틀려서 세상을 아름다움이나 추함의 극치로, 공포감을 천국이나 지옥으로 착각하는 지경에 이르기도 한다. LSD처럼 강력한 환각을 유발하는 향정신성 약물로 '나쁜 여행'을 거듭하면, 평상시에도 방향 감각을 잃거나, 동공이 확장해 앞이 잘 보이지 않거나, 메스꺼워 토하는 등 신체적 부작용은 물론이거니와 성격 변화, 과대망상, 우울증, 기억력·집중력 장애 같은 정신적 부작용에 시달릴 수 있다. 환각은 분명히 신비로운 현상이지만, 어디까지나 자기해체와 자기상실로 초현실적인 경험을 유도하는 것이기에 대안이 될 수 없다. 실제로 의사의 신중한 판단에 따라 치료 목적으로 쓰이기도 하나 환각제 투여 사건 사고에 휘말린 여러 정신과 의사들이 절감했듯이, 우리 부모님들의 무한한 사랑과 보살핌이 인도한 삶의 가치는 현실의 섬뜩함과 세상의 낯섦을 있는 그대로 직시하고 도망치지 말라는 것이다. 우리 삶은 그 어떤 여정보다 위대하다. 우리는 이 불확실한 세계에서 본래적 존재 방식을 찾아 다른 현존재들과 바람직한 관계를 맺을 수 있으며, 아직 일상인에서 탈피하지 못한 존재자들에게도 좋은 영향을 미쳐 모두가 더불어 한바탕 살다 가는 또 한 번의 선례를 남길 수 있다. 삶에 대한, 세상에 대한 깊은 고뇌와 근심은 현실이 아무리 이상한 방향으로 흘러가려고 해도 우리 자신이 제정신을 유지할 수 있도록 돕는다. 이 세계가 변함없이 옳고 안정적이라고 여기는 사람들에게만 불안은 절망으로 이끌어 죽음에 이르게 하는 무시무시한 질병으로 작용한다.

불안한 기분에 사로잡힐 때 우리는 기존의 관습적인 세계 밖에 서 있는 나 자신을 발견한다. 그리고 앞으로 어떤 존재가 될지 결정하기 전 그동안 채워지지 못한 역할에 얽매여 있던 나 대신 '아무것도 아닌' 나, 즉 '무'인 나와 마주한다. 세상이 부여해줄 한 자리를 차지하고자 안간힘을 썼던 우리 자아는 세파를 헤쳐나가기 위한 가면이었다. 그 가면을 벗고 드러난 진짜 자아는 순수함 그 자체로서 우리 선택에 따라 정의되기를 기다리고 있다. 우리는 더는 틀에 박힌 인간, 세상이 바라는 관습적인 현존재 '일상인'으로 나 자신을 한계 지을 수 없다. 우리는 그런 삶이 이 문명에서 우리가 성취해야 할 가장 높은 목표라고 확신했었다. 이제 우리는 외부인으로서 외로움을 느낀다. 고독하다. 그래도 곧 괜찮아질 것이다. 낯설어서 당황스럽지만 머지않아 방향을 찾을 것이다. 이전 세계에 잔류한 일상인이야말로 방향을 잃은 줄도 모르고 고통뿐인 자아실현만 바라는 망상에 빠진 좀비들이다.

지금 나 또한 나 자신의 유한성 안에서 제한된 삶을 살고 있다. 앞에는 죽음이라는 무가 있고 뒤에는 태어나기 전의 무가 있다. 내가 죽으면 나는 아무것도 되지 못할 것이다. 사는 동안만 무엇이든 될 수 있을 것이다. 극심한 불안과 그에 따른 섬뜩한 상태를 경험함으로써 나는 깨달았다. 나를 움직이게 하는 것도, 나를 구석에 웅크리게 하는 것도, 세상이 아닌 나 자신이다. 비록 내 삶의 끝에 죽음이 있더라도 한 번뿐인 삶을 사는 동안 온 정성을 다해 살아야 한다. 그렇지 않으면 나는 그야말로 아무것도 아닌 존재로 살다가 끝나기 때문이다. 아무것도 아니라는 것은 채워야 한다는 뜻이지 아무렇게나 살라는 의미가 아니다. 비로소 나는 세상을 새로이 붙잡고 세상을 그려나갈 책임이 있는 '세계-내-존재'로서의 내 참된 자아와 마주할 수 있었다. 우리는 세상을 거저 물려받지 않았다. 세상에서 해야 할 역할이 있다. 우리 선택으로 우리 앞길을 닦아나가야 한다.

하이데거가 말하는 '죽음'을 단순히 생물학적 현상이나 미래에 일어날 사건으로만 생각하면 큰 오산이다. 우리가 생물학적으로 살아 있느냐 죽었느냐는 하이데거의 논지에서 별로 중요하지 않다. 진정으로 '나 자신'이라고 부를 만한 실존적 존재가 있느냐 없느냐가 중요하다. 우리는 매 순간 끊임없이 염려하면서 '나 자신'을 만들어가는 존재들이며 '죽음'을 통해 '완결'된다. 즉, 현존재를 완성하는 사건이 죽음이다. 죽음은 그 자체로 현존재가 존재하는 방식이다. 왜냐하면 '나 자신'이라고 부를 존재는 '아직' 실현되지 않았고, 그렇다면 '나 자신'은 '아직' 없는 것이기에, 현존재는 언제나 '아직 아닌' 상태에서 '종말'로 존재하는 것이다. 따라서 죽음을 노골적으로 피하고 부정하는 "죽음 앞에서의 도피"는 자기 자신 앞에서의 도피이며 "퇴락(頹落/Verfallen/Falling)"이다.[92] 우리가 세상과의 모든 허구적 관계를 끊어내고 낯선 상태에서 홀로 죽음의 가능성 앞에 설 때, 우리는 우리의 존재 방식이 '무' 앞으로 나아가는 것임을 깨닫는다. 이때 우리는 죽음을 예리하게 이해할 수 있다. 우리가 죽음을 삶에 스며드는 가능성이자 존재 방식으로 받아들이면 언제나 '무'가 우리에게 들어와 있음을, 즉 언제든지 '나 자신'이 부정될 수 있음을 알게 되므로 삶의 중요한 이치에 이른다. 우리는 이 죽음을 기꺼이 받아들일 때 자유로워진다. 거짓 위로나 위안 없이도 언제든지 일어날 수 있는 일을 얼마든지 감수할 수 있게 된다. 모든 가능성이 늘 잠재적인 것이 된다. 우리는 일상에서 일어날 일과 일어나지 않을 일에 더는 개의치 않아도 된다. 그런 생각에 몰두할 까닭은 사라졌다. 우리는 우리가 현존재의 유한성으로 제한되고, 형성되고, 구성된다는 사실을 완전히 이해했다. 우리는 던져진 세상에서 우리 삶을 온전히 의미 있고 가치 있게 보냄으로써 삶을 완성할 뿐이다.

　불안은 우리가 누구인지, 어떤 존재인지, 어떤 자아가 될 수 있는지 알려주는 일종의 정보원이다. 우리의 '실존적' 양심은 관습적 도덕의 고지식한 감시자 역할을 하는 게 아닌 우리가 세속적 감정이나 죄책감과 비난에 대한 두려움 없이 삶을 살아가고 책임을 지도록 촉구한다. 이 실존적 양심, 불안의 목소리는 우리의 일상적인 실존에서 낯선 외부의 소리로 들린다. 우리의 참된 본성을 들여다보고 귀 기울여서 '나는 누구이며 무엇이 될 수 있는지 알아차리라는 부름이다. 그런데 우리가 세상 요구에 몰두한 나머지 이 부름을 듣지 못하거나, 못 들은 척하거나, 잘못 이해해서 '나쁜 약'에 빠져들 수도 있다. 그리고 많은 사람이 그렇듯 실존적 양심을 또 다른 사회적·문화적 현상으로 간주해 관습적이고 주류적이고 일상적인 윤리로 통합하려고 들 수도 있다.[93] 하지만 우리 개인의 양심을 객관적이고 형식화한 것으로, 이성의 원칙이나 종교적 신념이나 사회적 관습에 대한 의무로 여기는 태도는 실존적 양심의 부름을 단단히 오해하는 것이다. 개별적 현존재로서 우리는 각자의 한계를 명확히 인지해야 하며, 자신의 행동이 타인에게 영향을 미친다는 사실을, 어떤 행동은 수많은 다른 현존재의 실존에 위해를 가한다는 사실을 직시해야 한다.

이 세상의 다양한 견제와 우리 자신의 '방어 기제'는 초대받지 않고 우리를 엿보는 두렵고 불안한 기분을 어느 정도 억누르게 해준다. 그러나 우리 현존재는 손쉬운 방어를 허용하지 않고 불안이 우리 내면의 요새를 반복적으로 침범하도록 내버려둔다. 그때마다 우리는 어떻게든 피해를 복구하지만, 임시방편에 불과해 불안이 들어왔던 길을 그대로 노출하고 불안을 없애준다는 세상의 온갖 이상한 믿음과 원칙에 자신의 경험을 투사한다. 이렇게 "세계-내-집-없는-존재"가 된 우리 현존재는 "실존의 가능한 불가능성", 현존하지 못할 가능성으로 똑같이 죽음을 향한 무한 인식에 빠져든다.[94] 아무리 벗어나려고 해도 우리는 모든 가능성의 완전한 부정, 즉 '무'의 위협을 받음과 동시에 완벽하게 '무'와 직면할 수 있는 상태에서 살고 있다. 우리는 우리 삶의 완전한 불확실성과 완전한 확실성을 모두 알고 있는 존재다. 불확실성은 두려운 우연의 창조자이고, 확실성은 두려운 마지막 미지의 창조자다. 우리는 '지금'이 전부가 아님을 알고 있으며, 뒤로는 과거가 있고 앞으로는 미래가 있음도 알고 있다. 우리는 후회하는 기억과 두려운 기대를 동시에 갖고 있다. 우리는 불완전하고 불확실한 상태에서 탐구하고, 행동하고, 선택할 준비가 돼 있다. 우리는 불안할 준비가 돼 있다. 우리가 시간 속에서 존재하고, 우리에게 허용된 시간은 유한하며, 우리가 이 진실을 이미 알고 있다는 실존적 매개변수의 섬세한 삼중주는 우리가 언제나 불안할 것이라고 보장한다. 과거에 대한 기억과 미래를 향한 기대가 우리에게 그때그때 적절하다 싶은 자아와 인간성을 부여해주긴 하지만, 붓다가 지적했듯이 그것 또한 '명(命/fate)'과 '운(運/fortune)'의 불안에 스스로 굴복하는 셈이다.

　실존주의 철학을 담아낸 뛰어난 문학 작품들을 보면 고립되고, 이상하고, 정신적으로 아픈 인물들이 묘사되곤 하는데, 대표적으로 알베르 카뮈의 《이방인(L'Étranger/The Stranger)》과 리처드 라이트(Richard

Wright)의 《국외자(The Outsider)》가 그렇다. 두 소설의 주인공들은 세상의 부조리에 몇 번이고 맞서다가, 무의미한 자신의 존재에 의미를 주입할 유일한 방법은 결국 선택과 결정과 행동이며 그 결과에 직면하려는 의지임을 깨닫는다. 그렇지만 우리의 행동이 옳은지 세상에 신호를 보내 확인할 방법은 없다. 그저 우리와 똑같이 혼란스럽고 불확실한 사람들의 희망 섞인 공감만이 있을 뿐이다.

내가 어릴 적 부모님은 내 인생은 내 것이라고 하셨다. 내가 세상에서 할 일을 정하고, 내가 세상이 이해하도록 만들어야 한다고 말씀하셨다. 그런 부모님이 돌아가시자 이제 내게 공감해줄 사람은 아무도 없다고 느껴졌다. 내가 고아가 되니 세상은 이상해졌고, 갈 길을 잃은 나는 아무렇게나 방황하며 잔혹하고 용서를 모르는 풍경 속에서 표류했다. 정말 이상한 기분이었다. 섬뜩했다. 내가 이 세상 사람이 아닌 것 같았다. 하지만 나는 그렇게 살고 싶지 않았다. 그렇게 살 수밖에 없다고 느끼면서도 그렇게 살아야 한다고 생각하니 그게 더 무서워졌다. 그래서 나는 내가 '어디에' 있는 '누구'인지 알아내기 위해 떠올리기는 싫었지만 계속해서 부모님의 죽음과 고아가 된 나 자신을 되새기면서 내 정체성을 확보하려고 노력했다. 잘 되리라고 기대하지는 않았다. 어차피 임시방편일 뿐이라고 생각했다. 그런데 그때부터 또 다른 생각이 내 마음을 조금씩 차지하기 시작했다. 이 정체성이 전부가 아니다. 내 삶은 아직 진행 중이다. 구멍 뚫린 정체성은 다른 것들로 채워가면 된다.

하이데거는 우리 삶에서 끈질기게 따라붙은 낯섦과 섬뜩함을 상기해준다. 우리가 누구이고, 앞으로 무엇이 될 수 있는지 파악하려면 얼굴을 맞댈 수밖에 없는 불안 말이다. 실존주의 철학은 자유를 향한 열망이 불안과 결합해 우리의 의식을 구성한다는 관점을 공유한다. 세부 사항으로 접어들면 크고 작은 차이가 있지만, 적어도 불안을 바라보는 입장은 동일하다. 실존주의는 불안을 저 밑바닥까지 속속들이 파헤치고 들춰내 기어이 도마 위에 올렸으면서도 토막 내 버리라고 말하지 않는다. 오히려 우리의 오해로 생긴 오물을 씻어내고 가슴에 품으라고 권고한다. 모든 실존주의자가 마치 이어달리기를 하듯 연달아 똑같이 이야기한다. 불안과 함께 성장하라고. '나 자신'을 찾으라고. 실제로 불안이 없으면 우리는 한 치의 발전도 할 수 없다. 우리는 불안과 만나야 움직인다. 태곳적부터 그랬다. 불안해서 일했고, 불안해서 조심했고, 불안해서 용감했다. 우리는 불안에 전적으로 의존한다. 실존주의 철학이 이를 더욱 공고히 해준다. 우리는 불안해도 된다. 아니, 불안해야 한다.

불안은 감정이니만큼 당시 계속 발전하고 있던 정신분석 분야에도 당연히 중요한 주제로 떠올랐다. 크게는 심리학 범주에 속하나 정신분석학은 누가 뭐래도 아르투르 쇼펜하우어, 니체, 키르케고르를 위시한 실존주의 철학자들에게 큰 빚을 지고 있다. 정신분석학은 불안을 우리 마음의 내면적 갈등을 이야기해주는 지표로 이해한다. 우리가 성장하기 위해서는 반드시 이 갈등을 해결해야 한다. 해결하지 못하면 신경증이나 공포증 같은 정신적 기능 장애를 초래하고 만다.

트라우마와 불안

치료의 궁극적 임무는
환자가 바꿀 수 없는 것을
재확인하도록 돕는 데 있다.

어빈 얄롬

ANXIETY

지그문트 프로이트는 불안을 정신분석의 중심에 세웠다. 그의 정신분석은 불안에 대한 분석이라고 해도 과언이 아니다. 불안은 이해하기 쉽지 않은 감정이자 개념이다. 프로이트는 불안이 인간 정신에서 차지하는 위치를 파악하기 위해 그 개념을 여러 번 재정의했다. 불안이 초래하는 우울증, 공포증, 신경증 등의 여러 속성과 관계를 정리한 그의 노력은 그가 불안이라는 감정의 다양하고 복잡한 특징을 얼마나 깊이 (일부는 과하지만) 파고들었는지 보여준다.[1] 프로이트는 불안을 존재론적 특징으로 이해했다. 우리는 태어났기에 불안하다. 그리고 불안은 이 세계를 지배하기 위해 인간이 세운 문명에 대한 우리의 생리적·심리적·문화적 반응으로도 이해할 수 있다. 불안은 세상이 강요하는 까다로운 도덕 기준에 부응하지 못할 때 죄책감을 동반한다. 불안은 인간 정신의 구조에서 비롯되는데, 프로이트에 따르면 리비도(Libido/성충동), 리비도의 대상, 무의식, 추동(推動/drive), 좌절 등과 이드(Id/Es/

원초아), 자아(Ego/Ich), 초자아(Superego/Über-Ich) 사이의 복잡한 상호 작용과 관련이 있다. 인간 정신을 구성하는 이런 요소들이 인간 내면에서 서로 갈등하며 불안을 유발한다는 것이 프로이트 정신분석 이론의 기본 모델이었다. 프로이트에게 불안은 사회적 환경과의 상호 작용에서 나타나는 개인의 마음 문제였고, 그의 불안 개념도 어떻게든 '외부 세계'와 관련을 맺으려는 '내적 갈등'의 결과였다.

정신분석 관점에서 불안은 가장 근본적인 감정으로, 우리 내면의 가장 깊은 욕구를 충족시키지 못하는 세상에 대한 우리의 두려운 반응이다. 그래서 불안에 대한 분석은 대체로 존재의 비극적 관점을 반영한다. 세상은 우리에게 고통스럽고 무서운 상실을 거듭해서 안겨줄 것이다. 불안은 우리가 경험한 진짜 상실에서 아직 닥치지 않은 상상 속 다른 상실로 옮겨가며 우리 삶의 궤적을 표시해나간다. 과거의 트라우마가 계속 기억에서 튀어나와 현실처럼 재현돼 오래된 두려움을 누적한다. 불안이 '자기지식'의 원천으로 기능하는 까닭은 우리가 내적 갈등을 일으키는 요인을 감지할 때마다 우리 마음의 집에 온갖 것들이 다 살고 있음을 깨닫기 때문이다. 이 집 어딘가에는 우리의 죄책감을 유발하는 억압도 숨어 있다. 우리는 삶의 역사를 통해 겪은 상실이 얼마든지 반복될 수 있다고 느껴서 불안하다. 우리는 익숙하고 오래된 상실에 위협받으며 두려움에 찬 기대 속에서 삶을 살아간다. 그렇기에 세상이 우리에게 제공할 수 없는 안정을 얼마만큼 무시할 수 있느냐가 불안을 진화하는 우리 자아에 통합할 열쇠가 된다.

정신분석 체계 안에서 불안은 모든 정신적 병리 현상의 근본 원인이며, 타인과의 관계를 힘들어하는 마음의 근본적인 위기이기도 하다. 불안감이 심해질수록 관련된 정신 질환도 악화하고, 이에 비례해 정신분석 전문의의 과제도 더 많아진다. 마음에서 발동하는 억압을 완화하고, 내면의 갈등을 해결하고, 과거의 상실과 화해시키고, 자아를 잃지 않게끔 함으로써 불안을 조절하는 것이 정신 질환 치료의 핵심이다. 키르케고르가 그랬듯 삶을 계속 살아내면서 불안을 다스리는 것이 프로이트에게도 심리적 성숙을 나타내는 긍정적인 신호였다. 두 사람 모두 근본적인 내적 갈등이나 걸림돌은 '훈습' 과정을 통해 완화해야 한다고 주장했다. 키르케고르를 비롯한 실존주의 철학자들에게 해결되지 못한 불안이 참된 존재가 되지 못한 자아를 남긴다면, 프로이트와 정신분석학자들에게 해결되지 못한 불안은 과거에 사로잡힌 갈등과 상처투성이의 자아, 즉 신경증적인 자아를 남긴다. 정신분석 관점에서 우리의 불안은 일종의 유령이 우리 정신과 더불어 사는 것이다. 우리는 과거의 상실을 떠올리게 하는 상상의 그림자와 두려움에 반응해 일상적인 사건마다 과장된 의미를 부여한다. 그런 우리는 현재를 사는 게 아니다. 여전히 과거에 살고, 아이로 살고, 영원한 유년기를 사는 것이다.

따라서 정신분석 치료로 불안을 해결하려면 우선 심리 상태를 '어른'으로 만들어놓아야 한다. 나는 지금 어른이고, 상실은 과거의 것이고, 다른 사람들도 다 마찬가지라는 사실을 받아들여야 한다. 지난 상실과 그때의 두려움을 찌꺼기 하나 없이 모두 인정하지 않으면 똑같은 트라우마를 반복한다. 불안을 훈습하면 우리 삶을 고고학적·계보학적으로 들여다본 뒤 이를 통해 확보한 자기지식으로 자기화해를 이끌어낼 수 있다. 특히 '화해'라는 개념이 중요하다. 우리 마음에서 계속 만들어내는 불안을 제거하기란 애당초 불가능한 데다 애써 없애려고 하면 더 커지기 때문이다. 그래서 정신분석학은 어린 시절의 위안, 환상, 우정, 돌봄, 안정으로 회귀할 수 있다는 희망을 품지 말고 앞을 향해 나아가라고 촉구한다. 우리는 원래부터 혼자였고, 혼자가 아닌 적이 없었다. 타인이 내 옆에 있다고 내가 될 수는 없다. 우리는 이 사실을 받아들이고 그 결과도 받아들여야 한다.

또 정신분석학은 원초적인 유년기의 감정에 빠져드는 대신 부모의 사랑과 보살핌은 인생에서 한 번뿐임을 인정하는 어른의 생각을 요구한다. 아무리 아쉬워도 우리는 다시는 아이가 될 수 없다. 아울러 정신분석학은 세상을 그냥 있는 그대로 받아들이라고 말한다. 우리는 이미 태어났기에 태어남을 피할 수 없다. 우리의 출생은 과거의 사건이다. 게다가 우리는 문자 그대로든 비유적이든 부모님을 잃을 수밖에 없다. 부모님의 사랑이 우리 삶에서 어떤 의미를 있든, 지금 깨닫든 나중에 깨닫든, 우리는 반드시 부모님과 영원히 이별한다. 우리는 그 시절로 결코 돌아가지 못한다. 아무리 좋은 인연으로 사랑하는 배우자를 만나 함께 살아도 그 시절은 공유하려야 할 수가 없다. 더욱이 나머지 삶 대부분을 같은 시간 같은 공간에서 보낸다고 하더라도 결국 각자의

⋮ 불안을 철학하다 ⋮

삶을 사는 것일 뿐이다. 부모, 연인, 친구, 자녀 모두가 마찬가지다. 우리는 혼자다. 우리는 언제나 혼자다. 이 같은 진실에 애꿎게 방어 기제를 발동해서 끝까지 부인하고 계속 불안해하면 우리는 신경증에 빠지게 된다. 정신분석학은 불안을 우리 마음이 갈등에 시달리고 스스로 억압당하고 있다는 중요한 신호로 여긴다.

回

시간이 흐름에 따라 프로이트가 분석한 불안 개념에 세 번의 이론적 발전이 있었다. 맨 처음에는 불안을 이른바 리비도의 '독성(毒性/toxic)'에 의한 것으로 이해했다. 그다음에는 내부적이고 자기주도적인 억압을 초래하는 것으로 바라봤고, 마지막으로는 임박한 위험의 신호로서 자아에 버림받아 무력해지는, '기억 때문에 익숙한' 트라우마가 곧 닥쳐오리라고 경고했다.

불안을 이론화한 첫 번째 단계에서 프로이트는 불안을 단순히 뇌의 생리적 현상으로 취급했다. 두 번째 단계에서는 충동적인 이드와 현실적인 자아 그리고 도덕적인 초자아 사이의 무의식적인 내적 갈등 때문으로 여겼다. 세 번째 단계에 이르러서는 불안을 트라우마의 근거가 되는 신호로 판단해 인간 정신 자체가 상실을 절찬 상영 중인 일종의 '극장'이라고 생각했다. 이제 프로이트에게 "자아는 불안의 자리"였다.[2] 불안은 이드와 초자아 사이에서 흔들리지 않으려는 자아의 몸부림이 남긴 자리였다.

프로이트 정신분석의 첫 번째 불안 이론인 '독성 이론'은 불안을 생
리적 실패 또는 외부적 억압에 의한 리비도의 변형으로 봤다. 한마디
로 리비도가 정상적인 성적 행위로 표출되지 못하면 불안으로 바뀐다
는 것이다. 이때 불안은 리비도 에너지를 억제해 생성된 긴장과 좌절
을 반영한다.[3] 이 단계에서 프로이트는 불안이 마땅히 배출돼야 할 본
질적인 긴장을 배출하지 못하는 데서 생긴다고 이해했다. 성적 무력감
은 리비도를 배출해 안도감을 찾지 못하게 만드는 요인이다. 전형적인
피해자는 신혼 첫날 밤 어쩔 줄 몰라 당황한 새신랑이고, 금욕을 실천
해야 하는 의로운 성직자이고, 피임이 금지돼 주기법에 따라 아내의 가
임기를 피해서 부부관계를 해야 하는 가톨릭교도 남편이다. 이들의 리
비도 에너지는 제대로 배출되지 못해 독이 된 술 같은 불안으로 변한
다. 새신랑이 성관계를 제대로 수행할 수 없게 된 것은 섹스에 대한 불
안이 아닌 경험 부족으로 인한 뇌의 생리적 실패에 따른 불안이고, 성
직자의 불안은 섹스하지 못해서 생기는 불안이라기보다 그의 신앙이
요구한 순결 서약 때문이며, 가톨릭교도 남편이 날짜가 정해진 부부관
계로 불안감을 느끼는 것도 외부적 종교 규범이 원인이다. 이런 이유로
프로이트는 불안이 외부 세계의 억압으로 발생한다고 보면서 이를 '현
실적 불안(realistic anxiety)'이라고 불렀다.

그랬는데 연구를 거듭하면서 이 구조가 변했다. 두 번째 이론은 불
안이 내부적 갈등의 결과로 생기며 자아의 방어 기제를 발동시키는

: 불안을 철학하다 :

신호라고 설명했다. 프로이트의 이 두 번째 단계에서도 억압이 있다. 자아가 이드의 도덕적으로 금지된 욕망이나 감정을 제대로 억지하거나 전환하거나 충족시키지 못하면, 초자아가 자아를 억압하고 자아의 방어 기제가 작동해 불안이 유발된다. 이때의 억압은 철저히 내부적인데, 마음의 한 부분이 다른 부분, 즉 한 정신적 구성 요소가 다른 정신적 구성 요소의 표출된 욕구에 억압으로 반응할 때 불안이 생기는 것이다. 하지만 이 불안 역시 우리 마음속 갈등이기는 하나 사회적 세계와 연관된 현실적 제약과 도덕적 요구에 대한 반응이다. 문명 세계의 사는 대가로 받게 되는 억압에 의한 불안이다. 가족 및 사회 구조를 지탱하는 기본 규범인 성도덕은 엄밀히 말하면 인간 개인의 욕망에 반하는 것으로, 이를 지킬 때나 지키지 못할 때나 늘 억압으로 작용하고 좌절감과 죄책감을 초래한다.[4] 불안은 우리가 마음속에 억압된 감정, 욕망, 성욕을 품고 있다는 신호다. 정신분석학의 과제는 이런 억압을 전부 끄집어내 세밀히 평가하고 완화할 방법을 찾아서 불안을 극복하는 데 도움을 주는 것이었다. 여기에서 중요한 지점은 우리가 억압된 욕망을 그대로 표출하고 행동하기만을 바라지는 않는다는 사실이다. 그저 동물이 되고 싶은 사람은 없다. 이 욕망의 존재를 인정하되 바람직한 관계를 맺고 싶을 뿐이다. 프로이트 이론에서 사소하게 다룰 만한 단계는 없다. 정신분석 과정은 그리 단순하지 않다.[5]

불안에 관한 프로이트의 첫 번째 이론에서 불안은 외부적 억압으로 내면의 리비도가 변형된 것이었다. 두 번째 이론에서는 자아가 죄책감을 불러일으키는 이드의 욕망을 관리하지 못해서 초자아가 그런 자아를 또다시 억압하는 내부적 갈등의 결과로 불안을 바라봤다. 그런데 이때의 불안은 첫 번째 이론에서 불안을 초래하는 외부를 향한 순응과 대조적인 내부적 억압으로 생성됐다. 이렇게 불안의 정신분석학적 관점은 사회에서 개인으로 이동하게 된다. 사실은 세상이 나를 감시하고 억압하는 게 아니라 내 마음이 그렇게 느끼는 것이었다. 다시 말해 내 불안이 마치 세상이 나를 억압하는 듯 느끼게 유도했다. 불안이 억압을 만들어냈지 그 반대가 아니었다. 프로이트는 신경증이 불안의 원인이 아니라 불안이 신경증을 유발한다는 의미에서 이 불안을 '신경증적 불안(neurotic anxiety)'이라고 규정했다. 그리고 내부적 갈등이 원인인 불안 가운데 초자아의 도덕적 기준과 자아의 행동 사이에서 비롯되는 불안을 '도덕적 불안(moral anxiety)'이라고 따로 분류했다. 우리는 욕망을 가지면서도 그 욕망이 부도덕하거나 위험하다고 여김으로써 죄책감을 느낀다. 우리는 금단의 열매를 먹고 싶어 하는 동시에 두려워한다. 이때 우리는 불안해진다. 이 역시 키르케고르가 떠오르는 대목이다.

프로이트에 따르면 도덕적인 초자아가 자아를 공격하거나 현실적인 자아가 충동적인 이드의 욕망에 저항할 때 방어 기제가 발동하고 그것이 우울증과 공포증 같은 정신적 기능 장애를 낳는다. 가족 구성원을 향한 근친상간적 성욕이나 언제라도 애정을 거둬들일 수 있는 부모, 친구, 연인에 대한 분노처럼 본능적이고 위협적인 내면의 요구가 신경증

⠿ 불안을 철학하다 ⠿

적 불안의 근원이다. 우리는 자신의 욕망이나 분노 같은 감정을 문제가 있다고 여겨서 표현하기를 두려워한다. 자신도 모르게 그런 감정을 숨기고 억누르고 제한하려고 마음속에서 부단히 싸운다. 스스로 억압한 그 욕망이 때로는 신비롭고 초현실적인 꿈으로 표현된다. 그러나 우리가 그런 두려움을 세상의 어떤 요소로 투사하면 우리는 눈에 보이는 공포증이나 신경증을 얻게 된다. 일테면 광장공포증, 즉 열린 공간을 두려워하는 사람은 자신의 금지된 욕망(프로이트식으로는 어머니를 향한 아들의 음란한 성욕)으로 인한 불안을 열린 공간에 투사한다. 이렇게 가시적·외부적·구체적으로 표출된 두려움은 그 열린 공간을 피하면 되기에 일시적이나마 극복할 수 있다. 외부에 투사하지 못하고 마음속에 담고만 있으면 통제 불가능해진다. 프로이트는 우리 마음을 통제할 수 없는 것으로 봤다. 따라서 오히려 신경증을 억압된 욕망이 표출된 형태로 보고, 그러면 치료하기가 더 수월하다고 생각했다.[6] 특정 종류의 불안을 피하려는 데서 나타나는 갖가지 병리적 증상은 신경증으로부터 얻는 '이득'일 수도 있다. 비이성적 감정으로 고통받는 사람의 내부 배경 지식(경험/기억)을 끌어내면 이성적으로 이해할 수 있다는 생각은 '신호 불안(signal anxiety)' 개념으로 이어졌고 프로이트 정신분석학의 이론적 혁신을 이뤄냈다.

프로이트가 태어나 활동했던 19세기 후반 오스트리아 빈(Wien)과 다른 유럽 지역들의 당시 시대 분위기, 성과 관련한 사회적·종교적 규범과 규율을 고려할 때 억압된 성 충동이 불안을 유발한다는 프로이트의 개념은 충분히 파격적이고 계몽적이라고 할 수 있다. 그렇다면 현재 우리가 사는 지금 21세기, 온갖 성적인 광고와 개방적인 성 문화로 가득한 오늘날 문명에서는 어떨까? 다들 아무 문제가 없을까? 딱히 그런 것 같지 않다. 되레 더 부족해졌다. 우리 사회는 성적인 측면에서 과잉에 따른 욕망의 형벌보다 결핍에 따른 형벌이 더 큰 문제로 대두하고 있다.

표면적으로만 보면 우리 사회는 성에 둘러싸여 살아간다고 해도 무방할 정도로 이상적이고 잠재적인 로맨틱한 파트너들과 완벽하게 관능적인 미인들의 이미지로 이미 포화 상태다. 온라인은 그야말로 '섹시함' 천지다. 소셜 미디어는 남녀를 불문하고 자신의 섹시미를 부각하는 사진과 영상으로 가득하다. 그러나 우리는 매일 성적인 결핍, 불안, 좌절을 맛본다. 우리 대부분은 성적으로 충분히 만족하면서 살지 못한다. 우리 대부분은 그렇게 섹시하지도 않고 성적 활동도 왕성하지 않다. 우리의 섹스 목록은 비참할 정도로 짧다. 통계에 따르면 남녀 차이도 그리 크지 않은데, 그래도 물론 예나 지금이나 여성이 더 많은 제약과 박해와 감시를 받고 있다. 어쨌든 그렇게나 많은 사람이 다이어트를 하고, 운동도 하고, 인스타그램(Instagram)에 게시물이나 릴스를 올리면서 적지 않은 시간을 자신의 몸에 투자하는 상황인데, 왜 우리는 더 잦은 섹스, 더 나은 섹스, 더 짜릿하고 황홀한 섹스를 하지 못하고 있는 걸까? '인셀(Incel/Involuntary Celibate/비자발적 독신)'이라는 현대적 현상은 성적 매력과 능력을 공개적으로 자랑스럽게 여기는 시대상과 어울리지 않게 연결되면서 여성 혐오와 성적 열패감을 불러일으킨 극심한 불안으로 뒷받침된다. 이와 같은 불안은 '인셀'에 대응해 나온 '펨셀(Femcel)'의 남성 혐오와도 그대로 이어지는데, 양쪽 모두 성적 무력감을 '혐오'로 표출하는 것이다. 남들은 섹스 잘만 하는 것 같은데 왜 나는 못 하지? 사진 보면 벗고서 나 좀 봐달라고 하는데 나는 왜 저 사람과 섹스할 수 없지? 왜 내가 만나는 사람은 죄다 나를 거부하지? 남들하고는 할 텐데 왜 나하고는 안 하지? 저 여자 몸매만 좋지 병 있을 거야. 저 남자 근육만 있지 작을 거야. 이렇게 혐오로 바뀐 불안이 계속 쌓여가는 시대다.

성적 욕망과 환상이 팽배한 이런 사회에서 일부일처제는 왜곡되고 뒤틀린 제도처럼 보인다. 특히 우리가 경험하지도 못할 성적 쾌락을 위해 신체를 가꾸는 데 많은 시간을 할애한다는 점을 고려하면 더욱 그렇다. 문화적 역할에 맞춘 성적 과시와 열등감과 질투 놀음은 우리의 성적 결핍에 상당한 영향을 미친다. 우리는 성적 활동이 저조해서 불안해질 뿐 아니라, 우리 문화에서 끊임없이 강요되는 성적인 이상에 부합하지 못해서도 불안해질 수 있다. 우리는 적절한 사람들과 충분히 많이 섹스하지 못한다. 여성의 경우 이 같은 성적 불안은 섹시해야 하지만 순결해야 한다는 가부장적 논리의 인지 부조화에도 맞서야 한다. 온라인 공간을 가득 메우는 포르노그래피는 계속해서 우리의 성적 취향이 너무 부족하다고 속삭인다. 우리 개인의 성생활은 그에 비하면 너무나도 단조롭고 무미건조하게 느껴진다. 물론 우리는 배우자나 연인과 원하는 만큼 섹스하면서도 여전히 성적으로 불만족스러울 수 있는데, 이는 성적 실패의 새로운 측면으로 이해될 것이다. 우리가 사는 오늘날의 환경은 프로이트가 생각했던 사안과 정반대의 이유로 불안을 초래할 수도 있다.

프로이트 정신분석의 세 번째 불안 이론에서 가장 깊고 원초적인 불안은 우리가 태어난 그 순간부터 발생한다. 출생은 가장 충격이 크고 가장 극적인 사건이며, 이때 우리는 가장 안전한 은신처로부터 분리된다. 태어남은 훗날 경험하게 될 트라우마의 원형이자 본보기다. 이 그림자가 살면서 우리가 경험하는 불안에 드리워져 "미래에 일어날지 모를 동일한 사건에 대응하기 위해" 이전 사건을 재현한다. 이 불안은 일종의 '신호적인 정신 상태'로, 우리 정신 속 극장에서 "과거 사건을 되풀이해 상영"함으로써 과거의 상실을 떠올리게 하고 미래를 그리도록 만든다.[7] 즉, 불안은 과거를 기억하는 신호다. 우리가 어릴 적 느꼈던 완전한 무력감, 정신에 숨어 있던 원초적 트라우마 상황이 반복되는 때를 감지하고 예상한다. 오직 인간만이 가진 정신 상태다. 태어났을 때 자궁 밖 환경에서 인간 만큼 무기력한 동물은 없기 때문이다.

프로이트는 출생이나 모성애 상실처럼 삶의 초기에 경험하는 원초적 트라우마 상황에 대한 반응으로서의 불안과 이 원초적 불안이 재현되는 데서 생기는 불안을 구분했다. '반응 불안(reaction anxiety)'으로 부르는 전자의 경우 아직 성장하지 못한 아이는 실제 또는 감지된 위험 앞에서 압도당한다고 느끼는데, 이 위험은 아이가 기대하는 도움

　　　　　　　　　　 ː 불안을 철학하다 ː

이 충족됨으로써 사라진다. 어린 시절 대개 이런 도움은 마법처럼 안개 속에서 나타나 모든 것을 해결해주는 어머니가 있기에 가능하다. 후자의 불안은 과거 무력했던 위험한 상황에서 우리를 보호해준 대상을 잃을까 봐 두려워하는 마음에서 일어난다. 각각 달라지는 삶의 단계는 (각기 다른 정신분석학적 처방에 걸맞게) 발달 단계마다 다른 두려움을 초래하지만, 구원자로 여기는 대상은 원초적 불안을 느낄 때와 같다. 처음 어머니와 헤어질 때 우리는 출생의 트라우마를 되살리고, 초자아의 분노에 괴로워하며 사랑과 보살핌을 잃을까 봐 두려워할 때 우리는 어머니를 잃을까 봐 두려워하던 마음을 되살린다. 이드, 자아, 초자아 사이의 갈등이 유발하는 죄책감으로 인한 불안, 사회적 비난과 사회적 지위 상실에 대한 불안도 마찬가지로 어머니를 잃을까 봐 두려워하던 원초적 불안을 되살린다. 또는 프로이트가 설정한 '구강기—항문기—남근기—잠복기—생식기'의 욕구 발달 단계 가운데 남근기 때 나타나는 '거세 불안(castration anxiety)'을 되살리기도 한다.

신경증적 불안은 두 가지 뚜렷한 단계로 나타난다. 우선 불안은 엄청난 트라우마를 남기는 상황에서 우리 정신을 압도하고, 그다음에는 그 트라우마 상황의 재발을 예상한 강박증, 우울증, 공포증 같은 방어기제로 나타난다. 가장 원초적인 트라우마 상황은 우리가 태어날 때 경험하며, 이후 중대한 상실(리비도 대상의 상실이나 리비도 대상에게 받았던 사랑의 상실)이 일어날 때 그 상황이 우리 정신에서 재현된다. 프로이트는 리비도 "대상을 찾았다는 것은 실제로 이전 대상을 다시 찾은 것"

이라고 표현하기를 좋아했다.[8] 로맨틱한 파트너나 직업적 만족을 찾았을 때 우리는 이전의 쾌락, 즉 본래 대상에 대한 리비도의 이전 애착을 재현한 것이다. 같은 맥락에서 "모든 상실도 재현"된다. 우리 정신은 원초적 트라우마를 버전만 달리해 재상영하는 극장이기 때문이다. 이 트라우마는 삶의 구석구석에서 튀어나와 원초적 불안을 촉진함으로써 과거 소중한 대상을 잃을 때와 같은 상실 가능성을 계속해서 불러일으킨다.

이 상실의 트라우마가 욕구 발달 단계마다 재현되면서 불안으로 나타나 우리 정신을 괴롭히기도 한다. 편안한 안식처였던 어머니 자궁으로부터의 상실, 따스했던 어머니 젖가슴으로부터의 상실, 든든했던 부모님 사랑으로부터의 상실 등 온갖 상실감이 세상을 헤쳐나가는 동안 우리 마음에서 재창조되고 재구성된다. 이는 일상적인 상실이 끊임없이 우리의 비존재(무)를 상기시킨다는 틸리히의 통찰과도 연결된다. 우리 정신은 아무리 일상적이고 세속적이고 사소한 상실이라도 너무 쉽게 원초적 트라우마와 동기화하기 때문에 살면서 불안을 느낄 수밖에 없다. 프로이트의 최종 불안 이론에서 우리의 정신생활은 태어난 그 순간의 원초적 불안 경험이 이후 불안 경험의 본보기 역할을 하면서 형성된다. 최후의 죽음이 아닌 최초의 출생, 분리, 단절이 불안의 근본적 원인이다. 그렇지만 마찬가지로 '무'에 대한 불안이다. 우리 삶의 역사적 사건으로 나타나 이미 지나간 것에 대한 두려움이다. 이 두려움은 과거의 시간 층으로 각각 덮여 있다. 트라우마 상황은 직접적이고 구체적으로 기억되지 않고 무의식 속 불안의 흔적으로만 기억된다.

이 잠복해 있는 뭔가를 우리는 캄캄하고 알 수 없는 불안으로 인식한다. 사는 동안 우리 정신의 극장에서 상영되는 불안 에피소드가 이 어두운 미지의 위험, 특히 출생의 트라우마를 떠올리게 한다. 프로이트에 따르면 우리가 경험하는 모든 불안은 과거의 도발이다. 얼핏 미래에 일어날 일을 불안해하는 것 같아도 결국에는 과거의 트라우마 상황이 무의식에서 재현돼 불안한 것이다. 그리고 모든 불안에 책임이 있는 '진짜' 트라우마는 출생을 비롯한 인생 초반기에 생긴다. 훗날 무섭고 기억에 각인되는 사건을 경험할 때마다 이 트라우마가 계속 스스로 복제해 숨어들고 다음 사건의 위험을 경고할 '신호'로서 대기한다. 프로이트가 '무력감(helplessness)'의 영향을 강조한 이유도 이 때문인데, 불안이 이 감정에 대한 원초적인 반응인 데다 나중에 비슷한 상황에 직면했을 때 도움을 요청하는 등 행동을 촉구하는 것도 불안 덕분에 가능하기 때문이다.

프로이트의 몇 가지 문장을 인용해 살피면 불안 이론 최종 단계에서 그가 불안을 무엇으로 규정했는지 명확히 정리할 수 있다. 우선 우리의 가장 원초적인 불안은 "모성의 돌봄을 제공해줄 대상의 상실"이다.[9] 이는 어머니를 잃는 두려움, "사랑하는 사람을 잃어 상실감을 느끼는 것"에 대한 두려움이다.[10] 우리가 과거에 사랑하는 사람의 사랑을 잃어 어떤 끔찍한 감정을 느꼈다면, 이후 우리의 마음은 또 누군가를 잃으면 그때 그 감정을 다시 느끼게 될까 봐 불안해진다. 각각의 상실은 무의식에서 계속 맨 처음 상실을 상기시킨다. 우리가 사는 내내 "사랑의 상실은 매번 새롭고 더 오래 견뎌야 하는 위험이자 불안의 계기"로 다가온다.[11] 분명히 양상은 다르지만 하나같이 자신만의 특권적 '대상'이던 어머니를 상실한 원초적인 트라우마 상황과 무의식으로 순식간에 연결된다. 모든 실제 상실과 앞으로의 상실 가능성은 원초적 상실의 그림자로 나타난다. 가족이나 친구들에게 버림받는 상상이든, 실직에 대한 두려움이든, 직장생활의 보람을 위협하는 직장 상사에 대한 분노든 뭐든 간에 불안은 원초적 상실의 그림자다. 나아가 프로이트의 존재론적 세계관에서 이미 우리가 잃어버린 모성애는 다시 찾을 수 있는 것이 아니다. 우리는 그에 대한 욕망을 충족하지 못하고 앞으로도 그럴 것이다.

이를 다른 관점에서 보면 그만큼 부모가 자녀에게 주는 사랑의 양과 질이 아이가 훗날 겪게 될 불안의 정도에 막대한 영향을 미친다고 할 수 있다. 어른일 때의 불안은 어린 시절 어떤 형태로든 부모로부터 상실을 경험한 결과다. 부모가 사랑을 유보하거나 조건부로 줄수록 아이는 더 불안해진다(물론 부모와의 사별은 내 경우에서처럼 최악의 상실이다). 부모가 아이를 충분히 사랑해주면, 달리 말해 아이가 부모에게 상실감을 느끼지 않아도 되는 환경을 제공하면, 아이는 커서도 극단적인 불안에 빠지지는 않을 것이다. 부모의 불안이 아이를 더 사랑하지 못한 원인으로 작용할 수도 있다. 불안한 부모는 자신의 불안에 얽매여 있기에 아이를 더 주의 깊게 살필 여유가 부족하다. 더욱이 부모가 발산하는 불안 신호도 자녀를 불안하게 만든다. 우리 인생 초반기에 크고 작은 상실을 겪으면 그만큼 불안의 경험치로 쌓여서, 이후 재발할지 모를 상실에 대한 뿌리 깊은 두려움으로 남게 된다. 우리가 부모로서 자녀를 바라볼 때도 이 점을 유념할 필요가 있다. 우정도 마찬가지이고 연애도 마찬가지다. 경험한 상실의 크기에 비례해 불안도 커진다. 전화나 문자에 응답하지 않은 친구나 연인이 불안을 유발하는 까닭은 우정과 사랑의 실패에 부여하는 삶의 의미가 사소하지 않아서다. 한때 겪었고 앞으로도 또다시 겪을 수 있는 끔찍한 상실을 떠올리게 만들어서다.

프로이트는 불안을 다양한 각도에서 분석하고 고찰해 최종적으로 이론화하면서 불안의 근원은 우리 삶이 시작된 출생의 순간에 있으며, 살면서 겪게 되는 일상적인 사건으로 재활성화한다고 결론 지었다. 출생의 트라우마는 이후의 상실과 더불어 늘 정신에서 예견되기에 우리는 늘 불안할 운명에 처해 있다. 이는 우리 인생의 필연적인 특징이다. 우리 삶에서 '경험'하거나 '발견'하는 모든 감정은 '재경험'이고 '재발견'이다. 그 옛날 상실했던 리비도 대상의 재상실이다. 우리의 욕구는 발달 단계마다 주요 상실로 특징 지어졌고, 세상은 이 순환을 이어가므로, 우리는 과거의 경험적 두려움을 예상해 그에 반응하면서 불안하게 살아갈 수밖에 없다.

프로이트의 '분리 불안(separation anxiety)'도 불안 이론 최종 단계에서 나온 개념인데, 확실히 내게는 큰 의미로 다가왔다. 나는 일찍이 부모님을 잃었다. 두 분은 차례로 나를 떠나셨고, 영영 돌아오시지 않았다. 나는 부모님과 '분리'됐다. 세상이 이처럼 견고한 버팀목도 뽑아버릴 수 있다면 안심할 수 있는 것은 어디에도 없었다. 나는 세상의 두려움을 미리 알게 될 운명이었다. 기차를 놓치거나, 시험에서 떨어지거나, 여자친구와 헤어지거나, 그 어떤 사소한 상실에도 나는 그때의 무서운 상실을 떠올릴 터였다. 나는 상실이 반복되는 세상을 해석하기는커녕 이해하지도 못했다.

내 삶의 초기 역사는 내가 상실에 더 어둡고 무거운 의미를 부여하도록 만들었다. 지금은 전부 이해하지만, 그 시절 나는 친구들이 전화하면 부리나케 받았고 친구들이 뭘 하자고 하면 무조건 했다. 그들은 내게 그렇게 하지 않았는데도 말이다. 나는 친구들을 잃을까 봐 늘 노심초사했다. 삶의 동반자를 잃을지도 모른다는 생각에 너무 두려웠다. 사랑받지 못할까 봐 몹시 불안했다. 질투심도 걷잡을 수 없이 커져만 갔다. 나보다 다른 친구에게 친구들의 관심이 쏠리거나 내가 사귀던 여자친구가 내 친구 중 누군가에게 조금이라도 친절히 대하면 엄청난 질투감과 분노가 밀려오면서 구역질이 나고 몸이 마비되기도 했다. 인도계 미국인이라는 내 정체성도 나를 불안하게 했다. 어머니가 돌아가시고 고향을 떠나 미국으로 건너왔을 때 나는 익숙했던 모든 것을, 그때까지의 내 삶 전체를 상실했다. 그리고 이후의 상실은 늘 이전의 상실을 상기시켰고, 그동안 켜켜이 쌓인 상실 전부를 끝내 들춰내곤 했다.

回

　프로이트 정신분석의 불안에 관한 현상학적 경험 분석 이론은 우리를 둘러싼 사회적·문화적 세계 내에서 우리 마음이 취해야 할 방향을 재고하도록 돕는다. 우리는 사회와 문화와 주변 사람들이 우리 삶과 우리 선택을 비난할까 봐 얼마만큼 염려하는가? 우리는 부모님 품을 떠나 어른이 됐을 때 그 상실을 얼마만큼 잘 받아들였는가? 우리는 개인적·사회적 관계에서 얼마만큼 안도감을 느끼는가? 우리는 친구나 연인에게 부모님만큼의 사랑을, 반드시 떨어질 시험을 요구하는가? 키르케고르의 불안과 죄책감의 관계가 떠오른다. 우리는 불안한 걸까, 아니면 죄책감을 느끼는 걸까? 이 둘은 우리에게 어떤 차이일까? 우리가 뭔가를 충족하지 못하거나 지키지 못하면 죄가 될까?

　프로이트 정신분석은 불안을 우리 내면의 정신적 갈등 중심에 두고, 우리 본능을 억압하는 문화와 문명의 역할을 인정하면서, 신경증과 관련해 리비도 에너지 배출의 중요성을 강조한다. 불안을 개인의 은밀한 성욕과 연결했다는 이유로 엄숙주의자들로부터 호된 비난을 받기도 했지만, 본래부터 은밀한 인간 심리의 밑바닥까지 파고 들어가 '무의식'을 발견해낸 것은 가히 혁명적인 성과라고 할 수 있다. 프로이트의 불안 이론은 이른바 '사회적 불안(social anxiety)'을 이해하는 데도 유용하다. 우리는 타인의 비난을 견디기 힘들어하고 사회적 관계에서 자신의 욕망을 표출하거나 치부를 드러내면 주변 사람들을 잃을까 봐 두려

위한다. 우리가 타인과의 갈등에서 느끼는 불안감은 복합적인 관계에서 어느 것 하나라도 끊어지면 다 끊어진다는 두려움과 연결된다. 커밍아웃을 두려워하는 동성애자 남성과 여성은 사회적 비난도 비난이지만 가족과 친구를 잃을까 봐 두려워한다. 상실을 예상하는 데서 오는 불안인데, 지금껏 살폈듯이 그 상실이 과거의 상실 트라우마를 소환한다면 더 극심한 불안이 초래될 수 있다. 가족, 친구, 연인은 물론 심지어 초자아가 간섭한다면 직장 동료의 입바른 소리에도 엄청난 불안을 느끼게 된다.

다른 이야기이긴 하나 일부 항우울제에는 성욕을 감퇴시키는(정신분석 용어로 표현하면 '리비도를 감소시키는') 성분이 있다. 이 성분으로 성욕이 중화되면 성적인 집착에 따른 불안이나 성적 매력을 심어줘야 한다는 사회적 불안 등에서 벗어날 수 있다. 그렇다면 성욕에 따른 불안을 억제하는 게 우울증에 효과가 있다는 뜻이 된다. 성욕을 조절할 수 있다면 리비도 에너지로 인한 불안도 통제할 수 있다는 의미가 된다. 실제 처방이 그러니 현재로서는 사실이라고밖에 말할 수 없을 것이다.

다시 돌아와서, 프로이트는 우리 삶의 형태와 우리 문명과 우리 세계 사이의 관계를 들여다본 뒤 모든 불안의 근거가 되는 개인의 자아와 사회가 허심탄회하게 만나도록 이끌었다. 실존주의 철학자들은 사회를 '비진정성'의 도피처로, 불안을 '자유'의 특징으로 바라봤다. 이어서 살펴볼 유물론적 비판 철학은 우리의 자유를 거부하는 사회가 불안의 온상이라고 주장한다. 우리의 불안은 자유의 산물이 아니라 사회가 구성한 울타리에서 살아가기에 느끼는 감정이고, 우리의 진짜 개성과 우리가 선택해야 할 삶은 사회의 목적을 달성하기 위한 수단으로 전락했다는 것이다. 이 생각은 잘못된 민주주의를 비판한 니체의 관점과도 중요한 교집합을 이룬다. 우리가 느끼는 불안은 이 운명의 주인도 아니고 설계자도 아닌 우리가 이 낯선 땅에서 권력을 가진 다른 이들에 의해 통제되고 측정되고 휘둘리기 때문에 발생하는 것이다.

따라서 불안을 극복하려면 우리 스스로 구성한 세상에서 살아야 하며, 그렇기에 사회적·정치적 비판과 행동이 우선 과제가 돼야 한다. 점잖은 이론만 갖고서는 이 불안에서 절대로 벗어날 수 없다. 행동으로 보여줘야 한다. 이것이 이들의 생각이었다.

불안 사회

우리의 필요와 욕망은
광고와 언론이 만든 것이다.
헤르베르트 마르쿠제

ANXIETY

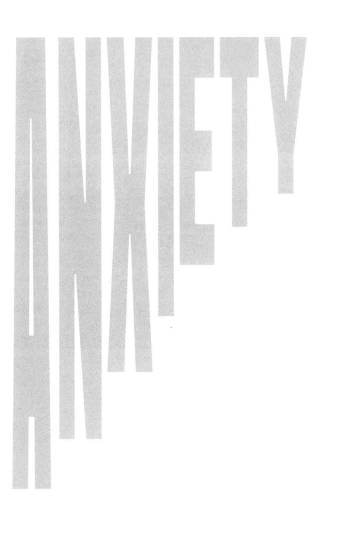

우리는 이 세상의 줄 세우기와 타인의 행동들이 우리를 불안하게 만든 다고 의심할 수 있다. 인류의 역사와 환경이 우리 의식을 끈질기게 형 성했고, 반대로도 끝없이 그 의식을 재투영해 그런 구조를 유지해왔기 때문이다. 그렇기에 우리가 지금까지 살핀 근본적인 불안, 즉 실존적 불안과 정신분석적 불안도 우리 삶의 물리적 환경과 사회적·문화적 질서에 반영해 더 구체적인 유형과 징후를 찾아봐야 한다. 우리를 괴 롭히는 결과론적인 불안은 우리가 속한 사회의 문화적 형태와 우리 이 전 사회가 구축해놓은 사회적·경제적 역사에 따라 달라질 것이다.

자유의 땅이자 용기 있는 사람들의 고향이었던 미국은 오늘날 전 세계에서 경제적으로 가장 불평등한 나라, 가장 많은 약물을 복용하 고 재정적 두려움과 불안이 만연한 나라가 됐다. 다른 국가들도 정치 (전쟁/독재), 사회(내분/인종·소수자 박해), 지리(환경 오염/기후 변화) 등 갖 가지 영역에서 또 다른 양상의 두려움과 불안으로 몸살을 앓고 있다.

18세기 유럽의 불안은 문화적·심리적으로 다른 시간과 공간인 19세기 미국이나 20세기 아시아의 불안과 달랐다. 현재 우리가 사는 21세기도 서로 다른 사회적·정치적·경제적·도덕적 상황에 따라 각자가 고유한 방식으로 불안을 느낄 것이다. 모든 시대, 모든 시기, 모든 세대는 다양한 영역에서 저마다 고유한 두려움과 불안을 생산하고 후대에 전이한다. 그 모든 것은 우리 부모, 교사, 친구, 동료들이 전달한다. TV나 자동차 라디오에서 흘러나오는 목소리, 파티에서 쏟아지는 말, 광고와 간판의 메시지, 아이들이 반쯤 열린 문을 통해 듣는 대화로 불안은 널리 퍼져나간다.

각각의 시대와 문화는 자신만의 죽음과 무를 만들어낸다. 자신만의 방식으로 우리를 집에서 몰아내 소외감과 실존적 고립을 맛보게 한다. 어느 시간과 공간의 인간이든 언제나 기존의 도덕적·정신적 집에서 외롭게 쫓겨난다. 니콜라우스 코페르니쿠스(Nicolaus Copernicus)의 '지동설'은 진리라고 믿어 의심치 않았던 천상의 정박지로부터의 추방, 안전하게 의지해왔던 우주론으로부터의 소외였다. 니체가 폭로한 '신의 죽음'은 영적 위안과 안도로부터의 소외, 신의 부재로 초래된 불안과의 조우, 텔로스(목적인)와 도덕적 질서의 상실이었다. 프로이트의 '사고 혁명'은 우리 자신을 알고 있던 존재와 몰랐던 존재로 분열시켰다.

인류 역사에서 이 같은 혁명적 전환은 사회적·문화적 변화는 물론 과학·기술 혁명을 수반함으로써 시대마다 특유의 불확실성을 가져왔고, 연이은 불안의 시대에 맞춘 열정적이고 진지한 통찰을 이끌어냈다. 특히 산업 혁명이 낳은 급진적 변환과 약탈적인 제국주의가 싸놓은 극심한 불평등은 현대로까지 이어져 불안을 기하급수적으로 증가시켰다. 그런데도 인간 문명은 오래된 불안의 파편들을 방치한 채 발전만을 추구하면서 급기야 우리 삶의 터전인 지구마저 망가뜨리고 있다. 이제 우리는 실존과 트라우마를 넘어 기후 변화까지 불안해야 하는 지경에 이르렀다. 나아가 미래가 더 불확실해진 세상에서 과연 우리가 후손을 남겨야 하는지, 원초적인 생물학적 기능을 수행해야 하는지에 대한 불안마저 팽배하면서 저출생 문제도 심각하게 대두하고 있다. 이는 우리 이전의 인류는 직면하지 않았던 완전히 다른 차원의 도덕적 문제다. 그들은 우리와 같은 구조의 세계에서 살지 않았기에 오늘날 우리의 이런 불안은 상상조차 할 수 없었다.

　새로운 천년의 첫 20년이 흐르는 동안에도 직장과 가정에서 페미니즘적 이상에 힘입은 여성들의 존재로 느끼는 '남성적 불안', 인종적으로 계몽된 세계에서 이른바 정치적 올바름(Political Correctness/PC)의 요구로 사회 정의의 실현과 유형적·무형적 배상 책임에 직면한 '백인적 불안', 동서양의 권위주의 포퓰리즘 국가들이 정권 유지 명분을 쌓는 데 이용하는 '경제적 불안' 등이 새로운 문제로 떠올랐다. 이런 불안은 우리가 복잡한 경제 및 금융 시스템이 유도하는 급격하고 불안정한 정치적·기술적 변화에 직면해 느끼는 소외감과 미래에 대한 불확실성에 토대를 두고 있다. 이 현대적 불안은 배제와 소멸에 대한 두려움, 오래전부터 확립된 권력 관계와 삶의 형태를 알 수 없는 뭔가로 대체할 때 경험할지 모를 도덕적·정신적 죽음에 대한 두려움에서 촉발했다. 변화의 결과를 모른다는 것은 또 다른 무를 의미하기에 불안하다. 오래 살던 고향을 자의든 타의든 떠나와서 새로운 사회에 적응해야 하는 사람들, 가족과 친구의 상실을 딛고 하루하루 어리둥절하게 살아가는 이민자들은 높은 비율로 불안, 우울증, 알코올 의존증을 겪는다. 우리도 마찬가지다. 우리는 본질적인 의미에서 모두 이민자다. 익숙했던 것과 끊임없이 이별해야 하고, 방향 감각을 잃은 채 새로 길을 찾아 헤매야 한다. 낡고 망가진 집은 안전하지 못하지만, 알 수 없는 바깥세상도 두렵긴 매한가지다. 우리는 이 문제를 해결하기 위해 발버둥친다.

불안의 역사적·사회적 상황에 대한 형식적인 고개 끄덕임은 폴 틸리히 같은 실존주의자들이 그랬듯 불안은 '정상적' 상태가 붕괴할 때 꽃을 피우기 시작한다는 사실을 암시한다. 아울러 부모의 보호막이 상실되면 원초적 불안이 재발한다는 프로이트의 개념과도 맥락을 같이 한다. 틸리히의 말처럼 우리의 실존적 불안은 "의미와 권력과 믿음과 질서의 기존 구조가 붕괴할 때" 새로운 복식과 표식을 갖추게 되며, 붕괴의 결과로 나타나는 또 다른 조건들과 영합해 다시금 구체적인 형태의 불안을 증폭한다.[1] 틸리히는 "경제적 기반 상실"의 위협을 경험한 "고도의 경쟁적인 사회", 대공황 시기의 미국을 사례로 들었다.[2] 이 끔찍했던 시대는 단순히 경제적 피해만 초래한 것이 아니었다. 가족과 사회 집단이 무너짐에 따라 개인의 존엄성도 함께 무너져내리면서 감당하기 힘든 정신적 피해도 속출했다. 2020년~2022년 코로나19 사태를 겪은 사람이라면 이것이 어떤 의미인지 알 것이다.

'정상적' 상태에 의문을 제기해 재구성한 결과는 물론 우리의 '새로운 정상(New Normal)'이다. 처음에는 새로운 표준이 된 규범적 기준과 새롭게 성립된 유동적인 사회·정치 체계가 혼란스럽겠지만, 이제 우리는 주어진 삶의 역할이 아닌 우리 스스로 삶의 방식을 선택해나가는, 즉 실존주의 철학에서 익숙한 개념인 실존적 불안을 오롯이 품는 삶을 살 수 있다. 기존 사회가 계속 유지하려는 계급화와 경제적 이동성 기회를 무시하고 인생의 다양한 가치와 의미를 추구하다 보면 질서에 반하고 있다는 자괴감이나 죄책감이 들곤 한다. 우리는 끊임없이 타인과 자신을 비교함으로써 삶의 "기쁨을 훔쳐가는 도둑"을 불러들인다.[4] 경제적 지위를 잃으면 모든 것을 잃는다는 강박 때문에 자꾸만 돈에 집착한다.

이런 관점이 세계관을 지배하면 불안은 진정성이나 자유와의 만남처럼 보이지 않을 것이다. 인생을 잘못 살아온 죗값, 성공하지 못한 사람에게 내려진 비참함으로 느껴질 것이다. 실제로 이렇게 받아들인 불안은 오히려 자유의 상실, 가능성의 상실, 세상이 닦아놓은 길에서 이탈하지 말라는 경고처럼 여겨질 것이다. 실존주의 철학에서 자유의 특징이라고 정의한 불안은 눈앞에서 점점 희미해진다. 아니잖아, 불안이 되레 자유를 빼앗아가잖아. 이렇게 나를 옥죄잖아. 불안해서 아무 것도 못 하겠는데 뭐가 자유야. 불안하니까 시야도 좁아져서 뭘 제대로 볼 수가 없어. 그래, 내가 아직 세상을 잘 몰라서 그래. 세상을 더 경험하지 못한 탓이야. 이렇듯 불안에 잠식당한 사람은 더욱 두려워하고 조심스러워하게 되는데, 이는 명백히 자유와 정반대다. 키르케고르가 그처럼 강조한 '가능성'을 반대로 발현해 세상을 더 작게 만들어서 스스로 고통을 준다. 더욱이 불안에 빠진 사람들이 통제력 상실로 두려워한다는 점을 고려하면 제한 없는 선택과 행동의 자유가 전혀 바람직해 보이지 않는다.

그러나 이 같은 불안이 우리를 진정한 "자유로부터 도피"하게 만든다.[5] 우리는 권위주의의 독배를 선택하고야 만다. 역사가 여실히 증명해준다. 불안에 지배당한 결과는 나치즘, 파시즘, 전체주의적 공산주의, 독재와 다름없는 가짜 민주주의다. 권력자들이 유포한 공포 소설과 선전물에 속아 나도 모르게 불안에 입술을 떨며 손톱을 물어뜯고, 메스꺼워 구역질하면서도 곰팡내 나는 헛간이나마 지키고자 하는 지경에 이른다. 이런 반응은 실존주의 철학에서 자유의 특징으로 이해한 불안이 누구나 그렇게 경험되는 것은 아님을 보여준다. 하지만 한편으로는 우리가 불안한 인간으로서 자유를 갈망하면서도 왜 그처럼 자유를 애써 멀리하려고 하는지, 왜 그토록 자신의 삶을 통제하려고 하는지 이해하는 데 도움이 된다. 우리는 우리 자신, 우리가 먹는 음식, 우리가 하는 행동, 우리가 느끼는 기분, 우리가 사는 사회적 공간,

우리가 지키는 약속을 통제하고자 부단히 노력한다.

불안을 이해할 때 인류의 역사, 문화, 물질성 등을 고려하면 많은 질문이 제기될 수 있다. 불안이 인간의 기본적인 감정이고 인간 의식의 주된 요소라면 왜 이전까지는 철학적 논제로 크게 주목받지 못하다가 19세기에 이르러서야 명시적으로 개념화됐을까? 20세기 들어 정신 질환, 특히 불안 장애가 증가한 까닭은 무엇일까? 과학과 기술의 발달과 맞물려 그동안에는 제대로 밝혀지지 않아서, 잘 몰라서 쉬쉬하고 있었던 걸까? 지금은 많이 밝혀졌으니, 그래서 불안 장애 진단도 그렇게 많아진 걸까? 대형 제약회사가 만든 약이 좋아서 효율적으로 처방할 수 있는 걸까, 아니면 더 많은 약을 팔기 위해 더 많은 진단을 유도하는 걸까? 후대에 불안이라고 이름을 붙여서 그렇지 옛날에는 그냥 수많은 감정 중 하나로 여겼던 것은 아닐까? 우리 시대가 너무 물질성을 강조해서 불안을 예전에는 없던 심각한 문제로 부각한 것은 아닐까? 괜스레 이름을 붙이고 억지로 의미를 부여해서 새로운 고통을 만들어낸 뒤 이겨내야 한다고 세뇌하는 것은 아닐까?

현대적 맥락에서 불안은 우리의 계급, 지위, 경제적 불안정 등을 떼어놓고서는 논의를 이어나갈 수 없다. 실직이나 소득 감소, 궁극적으로 빈곤의 늪에 빠질지 모른다는 막연한 두려움은 오늘날 중산층 소시민이 겪고 있는 불안의 두드러진 모습이다. 현대 사회가 이룩한 유일한 업적은 '존재의 거대한 고리'를 '사회적·경제적 계급과 지위의 거대한 위계'로 대체한 일이다. 우리는 사회와 문화가 규정하고 요구하는 끝없는 노동, 끝없는 물질적 축적, 상위 계급을 향한 끝없는 욕망을 저버리면 무슨 일이 일어날지 안다. 계급 하락은 새로운 죽음이며 현대적 불안의 원초적 발현지다. 부모 세대의 가난이 트라우마로 남아 두 번 다시 가난을 대물림하지 않겠다는 일념으로 자녀에게 끊임없이 "공부해라", "시험 잘 봐라", "좋은 직장 들어가라" 잔소리하면서, 그런 토대를 만들어주기 위해 돈 벌 궁리만 하는 부모를 떠올려보자. 이와 같은 환경에서 자란 아이는 뭔가를 결정할 때 엄청난 압박감을 받는다. 세상에서 도태하면 사회적·문화적 죽음이 기다리고 있기 때문이다. 대물림되는 게 가난뿐이라고 생각한다면 오산이다. 부모의 불안도 대물림된다. 아이들은 부모가 경제적 불운에 불안해하는 모습을 끊임없이 반복해서 보고 자란다. 돈과 지위만을 강조하는 사회에서 살아가는 부모가 이 영향에서 자유롭기란 사실상 불가능하며, 늘 과로와 경제적 스트레스에 시달리는 부모가 자녀에게 불안을 전이하지 않을 확률도 사실상 제로에 가깝다.

사회 전체 분위기가 이렇다면 더욱 그렇다. 모두가 불안한 사회일 수밖에 없다. 남들이 불안하면 우리도 불안하고, 우리가 불안하면 남들도 불안하다. 불안한 부모와 함께하는 아이는 불안할 운명을 안고 태어났다. 초연결 사회인 지금은 더 말할 것도 없다. 보기 싫어도 보이고 듣기 싫어도 들리는 세상에서 우리 자아에만 불안을 떠맡기는 것은, 우리 개인의 문제로만 불안을 바라보는 것은 스스로 너무 가혹한 짐을 지우는 셈이다. 우리는 그 어느 때보다 엄격한 세상의 감시 속에서 정체성을 통제받고 있다. 게다가 우리의 미래조차 인간과 AI의 지금으로서는 알 수 없는 조합에 의해 통제될 예정이다. 코로나19 때처럼 인간이 길들였다고 착각한 세계가 언제든지 우리를 물어뜯을 수 있음을 이제 알지만, 아마도 세상은 계속 이렇게 흘러가기를 멈추려고 하지 않을 것이다.

우리는 부모님이 세상의 물리적 힘에 웅크리고 위축되는 모습을 지켜보면서 어른으로 성장했다. 거듭되는 장면과 장면이 모두 앞으로 우리가 받게 될 경고였다. 이제 우리는 진심으로 궁금해졌다. 이런 세상은 왜 존재할까? 사회와 문화가 권장하고 요구하는 방식이 불평등과 기후 변화와 정신 질환을 낳는다면, 이런 세상이 왜 필요할까? 우리 문명이 내려준 포상이 빚, 과로, 스트레스, 쉬지 못하는 휴가, 가족과 친구와 함께할 시간 박탈, 해고로 위협하는 회사, 타인과의 비교라면, 왜 이런 세상을 갈아치울 수 없을까? 그저 축 처진 어깨로 집에 돌아와 허탈한 마음과 상처받은 영혼을 쉬게 해줄 수 있으니 그뿐일까? 가난해지지 않기 위해 힘겹게 하루를 마친 뒤 소파에 앉아 마시는 맥주가 이렇게나 시원하고 곯아떨어지는 잠이 이렇게나 꿀맛 같다는 사실을 알았으니 된 걸까?

우리를 구원해준다던 과학과 기술은 우리의 불안을 완화하는 데 거의 도움이 되지 않았다. 현대의 기술 혁신은 사회 및 정치 조직의 낡은 형태를 없애는 데는 성공했으나 오래된 권력과 불평등 구조를 바로잡는 데는 실패했고, 그 대신 기후 변화, 전염병, 정치적 기능 장애로 우리를 몰아넣었다. 20세기를 거쳐 21세기 현재까지 과학은 우리에게 꿈보다 악몽인 경우가 더 많았다. 과학은 그냥 자기 할 일을 할 뿐이겠지만, 문명의 발전은 푸르렀던 지구를 살아갈 수 없는 행성으로 만들었고, 편리함에 마비된 우리로서는 궁극적으로 모두를 죽게 할 이 독배를 놓을 능력과 의지가 없다.

의학은 오래도록 인간을 괴롭혀온 고통에서 해방해주겠다고 약속하지만, 모두가 그 혜택을 누리기에는 너무 비싸다. 2020~2022년 코로나19 범유행은 인간 문명이 세상을 더 안전하게 바꿔놓지 못했음을 여실히 드러냈다. 세상의 방향성이 어느 쪽을 향하는지만 재확인할 수 있었다. 코로나19 백신은 분명한 의학적 성과이자 현대 과학과 기술의 증거였으나 그 순수성은 경제 논리를 벗어나지 못했으며, 무엇을 내세우든 전세계를 재앙에 빠뜨린 이 희대의 전염병은 결국 인간이 초래한 것이었다. 더욱이 공중 보건 대응 과정에서 미국이 보여준 정치적 기능 장애는 인간이 자연을 일부 통제할 수 있어도 인간 본성은 결코 통제할 수 없음을 세계만방에 고백한 셈이었다.

인류의 구원을 기대한 현대 과학 기술의 냉소적 결과는 새로운 '불안의 시대'를 열었다. 냉전 시대 당시 광적인 기술 경쟁을 목격한 사람이라면 누구나 경험했듯이 과학과 기술의 진보에 대한 두려움은 새로운 게 아니다. 표현만 새로워질 뿐이다. 우리는 우리 시대 한가운데 숨어 있는 훨씬 더 거대한 괴물, 때로는 인간적인 괴물, 자연과 인공의 힘을 이용해 파괴를 자행할 수 있는 그들의 능력을 알게 됐다. 우리는 이

: 불안을 철학하다 :

름도 얼굴도 없는 소수가 소유하고 통제하는 광대한 산업과 금융 괴물의 촉수가 점점 더 늘어나고 있음을 알게 됐다. 우리는 우리가 방식을 바꾸지 않으면 멸망으로 운명지어질 세상에서 우리 아이들이 자라고 있음을 알게 됐다.

갖가지 변형된 형태의 두려움들은 우리의 몸과 마음에서 적당한 표현을 찾는 순간순간에도 언제나 인류의 정신 속에 숨어 있었다. 오늘날 우리는 불안에 대해 훨씬 더 많이 이야기하고, 훨씬 더 많이 공유하고, 훨씬 더 많이 자각한다. 그동안 우리는 오래 묵은 두려움 대부분에 이름을 붙였고, 그런 와중에서도 또 다른 두려움이 생겨나는 모습을 지켜봤다. 무엇이든 기술화하고 금융화하는 문화는 기어이 우리를 '일상인'으로 전락시키면서 끊임없이 우리 사회의 '무'를 보여준다. 노숙자, 병자, 정신 질환자, 범죄자, 소외 계층 모두가 그들이 보여주는 '무'다. 우리는 태어난 날부터 이들을 사회 '폐기물'로 바라보도록 강요받았고, 세상의 요구와 명령을 따르지 않으면 어떤 운명이 기다리고 있을지 생각하도록 세뇌당했다. 우리가 겪게 될 재앙은 늘 길거리에 전시돼 있다. 가난한 자들, 구걸하는 자들, 병든 자들, 버림받은 자들이 모두 세상의 본보기로서 창살 없는 감옥에 갇혀 있다. 우리는 안다. 그들이 돈을 벌었다면, 세상이 말하는 정상적인 가족이나 인종으로 태어났다면, 이런 운명의 구렁텅이에 빠지지 않았으리라는 것을. 우리 사회는 계급적 줄 세우기를 고집함으로써, 개인의 자유를 개인의 운명에 맡김으로써, 그 자유를 제한하는 사회적·경제적 구조를 공고히 함으로써,

우리를 "추악하고, 잔인하고, 짧은" 삶으로 내몬다.[6] 우리의 가장 현실적이고 구체적인 두려움은 경제적 궁핍이다. 거기에서 우리 시대의 모든 재앙, 가난, 질병, 소외, 핍박 모두가 쏟아져나옴을 알기 때문이다. 그것이 우리의 가장 큰 두려움이다. 가장 큰 불안이다. 코로나19 기간 그 불안은 가시적인 두려움으로 구체화했고, 그 후유증으로 지금 그 두려움은 현실이 됐다. 우리는 자유를 잃어가고 있다. 억압받고, 상처받고, 소외당한다고 느끼고 있다. 이런 시대에서 불안을 도덕적이고 실존적인 불안이라고 말할 수 있을까? 진정한 자유를 되찾으려는 우리 정신의 특징이라고 말할 수 있을까? 과연 그럴 수 있을까? 일찍이 유물론적 소외론이 이 같은 질문을 던진 바 있다.

프랑크푸르트(Frankfurt) 학파의 비판 이론가이자 사회주의 철학자 헤르베르트 마르쿠제는 실존주의, 특히 불안과 무의미를 실존의 본질이라고 규정한 사르트르의 《존재와 무》를 신랄하게 비판했다. 마르쿠제가 보기에 불안은 현대 자본주의 세계와 계급 사회가 낳은 소외의 결과일 뿐이었다. 그는 실존주의가 "인간 실존의 특정 역사적 조건을 존재론적이고 형이상학적 특징으로 가정했다"고 일축했다.[7] 인류가 세속적이고 불경한 힘으로 만들어낸 인간 존재의 특징을 취해 마치 그것이 인간 실존의 변할 수 없는 특징인 양 주장했다는 것이었다. 마르쿠제에 따르면 인간이 만든 것과 인간에게 주어진 것을 혼동하는 이런 철학적 오류는 인간 스스로 초래한 고통을 외면하고 정치적 해결 방법을 부정함으로써 불안을 현실 세계에서 다룰 수 없는 형이상학적 대상으로 떼어놓는다.[8] 그렇다면 실존주의는 근본적인 해방 철학이 아니라 궁극적인 내부 눈속임에 지나지 않는다.

마르쿠제는 사르트르가 제시한 실존주의를 "인간에게 모든 유토피아적인 꿈과 노력을 버리고 현실의 확고한 기반 위에 자기 자신을 올려놓으라고 가르치는 도덕"이라고 주장했다.[9] 마르쿠제에게 실존주의는 호기심만 많고 책임감은 없는 숙명론이었다. 세상의 부조리를 있는 그대로 받아들이란다. 세상 자체의 존재론적 특징은 없고, 그저 인간의 선택과 행동이 초래한 우연적이고 무의미한 역사의 흐름이란다. 헛소리. 마르쿠제는 우리의 실존 탐구가 물질세계의 불편함을 조용히 받아들이는 게 아닌 철저한 조사와 정치적 비판과 행동을 위한 자극이돼야 한다고 생각했다. 마르쿠제가 주장한 비판의 힘을 이해하기 위해 이런 상황을 떠올려보자. 불안해하는 중산층 소시민들에게 그 불안이 '존재론적'인 것이라고 설명한다고 상상해보자. 얻어맞지 않으면 다행 아닐까? 이들의 불안은 대출금, 대학 등록금, 생활비, 의료비 등 돈 나갈 데는 많은데 경제적 여건이 받쳐주지 못해서 겪는 불안이다. 생계 걱정, 입시 걱정, 취업 걱정, 실직 걱정, 노후 걱정이다. 무한 경쟁 사회에서의 생존 불안이다. 이런 불안이 존재론적이고 실존적이라는 설명은 이들을 안심시키지 못할 것이다. 코로나19가 세상을 휩쓸었을 때

봤고 지금도 보고 있다. 지정학적 경쟁이 더 심해지고 있는 상황에서 정치력도 곤두박질치고 있다. 길거리에서 죽는 사람들, 보험이 없어 진료를 거부당하는 사람들, 집에서 쫓겨나는 청소년들, 매춘부로 전락하는 젊은 여성들, 마약에 찌든 사람들, 절도, 강도, 간병 살인, 동반 자살…. 이런 세상에서 실존주의자들의 조언은 우스울 따름이다. 그런 것 다 필요 없으니 우리에게 돈을 달라. 안정을 달라. 우리는 원한다. 요구한다. 욕망한다.

불안은 치유할 수 없으니 오히려 자기발견의 황금길로 받아들여야 한다는 주장을 마르쿠제는 세상에 고분고분히 순종하고 정치적·도덕적으로 잠자코 있으라는 의미라고 해석했다. 자신들의 권력을 유지하고자 적당히 정치적·사회적 제도를 안배해 사회적 불안을 통제해온 자들에게는 시민들이 불안 속에서 살기를 인정하고 아무런 행동도 취하지 않는 태도가 무척이나 좋을 것이다. 그렇지만 우리가 절대로 혼자 살 수 없는 사회적 동물이라서 사회와 사회 세력의 일원이 될 수밖에 없는 한 어떻게 내 불안이 나만의 것이 될 수 있을까? 나를 둘러싼 세상이 바뀌지 않아도 나 혼자만 불안하지 않을 수 있을까? 사람들 대부분이 막다른 골목에서 일하고 있는데 나 혼자 가만히 있으면서 불안과 마주한다면 이른바 부르주아 자유주의 특권을 누릴 수 있을까? 상식적으로 생각해봐도 혼자 고민하고 명상하기보다 다 같이 힘을 모아 정치적 행동에 나서는 것이 옳아 보인다.

그래서 마르쿠제는 "인간의 절대적 자유에 대한 이 선언"에 격렬히 반대했다. "인간 자유의 영역과 내용 그리고 그 선택의 범위"는 "특정 사회적·역사적 상황으로 결정"된다고 봤기 때문이다.[10] 마르쿠제에게 실존주의가 말한 인간의 "자유는 제한돼 있고, 그 선택은 실존주의 용어로 해석하면 단순한 조롱처럼 보일 만큼" 작았다.[11] 달리 말해 실존주의가 선택할 수 있다고 한 자유는 해고당한 노동자가 다른 고용주를 찾거나, 다른 계약을 협상하거나, 다른 일자리를 찾기 위해 다른 지역으로 이사할 수 있는 자유 정도밖에 되지 않는다고 여겼다. 그런 자유는 지치고 소외당하고 불안해하는 자신을 발견하게 된 노동자들에게는 잔인한 농담처럼 들릴 것이다. 이에 마르쿠제는 우리를 둘러싼 사회 구조와 역사적 순간에 우리 선택을 드러내는 것이 자유라고 정의하면서, 우리는 언제든지 그런 자유를 쟁취할 자격이 있다고 규정했다. 눈에 보이지 않는 선택은 선택이 아니었다. 사상과 이론은 선택을 지적하고 지지할 수 있지만, 진정으로 우리에게 필요한 것은 우리 능력과 역량을 발휘해 사회를 바꿀 현실적 선택이었다.

마르쿠제에 따르면 현대 세계에서는 우리의 해방적이라 불리는 사고 체계조차도 불안을 구성하고 유지한다. 일테면 '자유지상주의'는 개인의 이익과 관련한 모든 영역에서 선택의 자유를 절대시하는데, 심지어 공공재와 그 가치에 대해 사회적 합의를 이루고 싶을 때조차 개인의 권리와 필요에 전부 귀를 기울여야 하므로 결국 아무런 결론도 도출하지 못한다. 정부의 통제로부터 시민이 자유롭고 해방될 수 있다는 정치철학은 너무 많은 선택권을 보장함으로써 오히려 불안을 조장한다. 공제액, 본인부담금, 공급업체 수수료 등 복잡한 약관 항목을 일일이 검토해서 보험을 골아야 하는 요즘 현실은 우스꽝스러운 자기선택권의 일면을 보여줄 뿐이다. 아프면 묻고 따질 필요도 없이 든든한 사회보장을 믿고 병원에 가면 좋은데, 그 전에 어디가 아프고 어떤 의료 서비스를 받아야 하고 얼마만큼의 비용을 낼지 선택해야 하며, 그 결정도 불안해하면서 해야 한다. 이것이 정말로 자유로운 세상일까?

그리고 이쯤에서 우리는 그동안 수많은 진단명이 부여된 정신적 기능 장애가 마찬가지로 수많은 처방전에 따른 수많은 약물을 통해 제대로 치료되고 있는지, 나아가 개인에 대한 치료가 자연스레 사회적·문화적 불안도 치유하거나 완화하고 있는지 물을 수 있다. 정신과가 늘고 약물 처방이 보편화하면 그 많은 불안 치료제는 마치 우리의 오랜 친구인 알코올이나 담배와 비슷해 보일 것이다. 정신과 의사이자 우울증 전문가 피터 크레이머(Peter Kramer)가 주장한 것처럼 프로작 같은 약은 그저 "성형 약리학(cosmetic pharmacology)"의 한 가지 형태일 뿐일까?[12] 세상 모습에 어울리게 우리의 마음을 고쳐주는 것일까? 어쩌면 우리의 불안은 우리가 속한 사회적·문화적 세계의 미적 요구에 맞게 세우고 다듬어야 하는 납작코나 들창코 같은 것일까? 마르쿠제라면 우리가 자본주의 아래에서 소외당하고 표류하기 때문에 약물을 복용한다고 한탄할 것이다. 그러면서 진짜 필요한 것은 약을 먹는 게 아니라 사회 구조, 즉 사회의 가치와 관점을 바꾸는 일이며, 그러기 위해서는 담론과 행동을 통해 입법을 이끌어내야 한다고 주장할 것이다.

그가 《일차원적 인간(One-Dimensional Man)》에서 지적했듯이 "병자와 약자와 노인들에게 보살핌을 제공할 수 있다면" 우리는 "불안의 가능한 감소와 두려움으로부터의 가능한 자유"를 정량화할 수 있을 것이다.[13] 그러나 권력자들은 정신 질환의 사회적 해결책으로 담론이나 행동보다 약물을 선호할 게 뻔하다. 약을 먹는 시민은 유순한 진정 상태에서 TV 채널이나 인터넷 브라우저 탭을 바꾸는 데 만족할 수 있기 때문이다.

回

19세기 마르크스주의 이론은 산업 혁명 이후 지속해서 눈에 띄게 증가한 자본주의 산업 사회의 병폐 가운데 '소외'가 가장 극심한 심리적 고통이라고 진단했다. 카를 마르크스는 《1844년 경제학-철학 수고(Ökonomisch-philosophische Manuskripte aus dem Jahre 1844/ Economic and Philosophic Manuscripts of 1844)》에서 '노동 소외'을 심각하게 지적했는데, 자본주의 체제는 노동자의 노동력에 대해서만 권리를 인정하고 노동자가 생산한 상품의 잉여가치에 대해서는 인정하지 않기에 노동자는 자신들이 만든 상품으로부터 소외당한다. 그리고 공장 시스템이 모든 노동 방식과 노동 시간을 통제하므로 노동자들은 노동으로부터도 소외당한다. 마르크스는 "노동은 부자들을 위해서는 멋진 것을 만들어내지만, 가난한 사람들에게는 불행만을 만들어낸다"고 말했다.[14] 왜냐하면 "노동자에게 자신들의 노동 생산물은 외부의 낯선 것"에 지나지 않기 때문이다.[15] 노동자는 생산 수단이나 생산물 그 어느 것도 소유하지 못한다. 공장도, 기계도, 상품도 노동자 것이 아니다. 심지어 노동력도 노동자 것이 아니다. 노동자는 정해진 노동 수칙에 따라 상품을 생산할 뿐 상품과 무관하며, 자신들의 노동에도 가격을 매길 수 없다. 물론 지금은 마르크스가 격분해 펜을 들던 19세기 산업 시대가 아니고, 그동안 노동 여건과 처우도 꽤 개선되긴 했지만, 본질을 들여다보면 구조적으로 크게 달라진 것은 없다. 임금 평등은 여전히 실현되지 못하고 있으며, 노동조합도 갈수록 힘을 잃어가고 있다. 노동 불안정은 그 어느 때보다도 심각하다. 게다가 사회 기능 유지를 위해 '절대로 멈출 수 없는' 보건, 의료, 돌봄, 물류, 운송 등의 '필수' 노동을 생각해보자. 여전히 노동 소외 상황에서 벗어나지 못하고 있다. 코로나19 때 필수 노동자들이 어떻게 일했나? 죽지 않았으니 다행일까? 과로로 생명을 잃은 사람도 많았다.

블루칼라든 화이트칼라든, 숙련공이든 비숙련공이든, 노동자에게 이처럼 무력한 상태가 계속된다는 것은 "노동자가 더 많이 헌신할수록 물질세계가 더 강력해진다"는 뜻이다.[16] "물질세계"가 "더 강력해진다"는 것은 노동자의 비인간화를 수반한다는 의미다. 소외되는 것이다. 이와 같은 노동 소외로 인해 노동자가 만든 상품은 노동과 "동떨어져" 존재하고 "외부의 낯선 것"으로서 노동자와 대립한다.[17] 일, 노동, 노동의 산물에서 소외되면 우리는 자기 자신, 동료 인간, 자연으로부터도 소외된다. 물질세계가 자유롭고 의식적인 정신세계를 갉아먹기 때문이다. 역설적이게도 우리가 더 열심히 아무 생각 없이 일하면 일할수록 우리는 이 세계를 스스로 더 낯설게 만들고, 자신에게서 자아를 몰아내 자기 자신을 "세계-내-집-없는-존재"로 전락시킨다.

하이데거의 '섬뜩함'과 마르크스의 '소외'가 여기에서 공명한다. 인류가 노동과 상업의 세계를 조직한 방식 때문에 세상은 우리에게 낯선 것이 됐다. 이렇게 구성된 세계가 특히 더 섬뜩한 까닭은 구석구석 곳곳에 우리가 쏟아부은 창의력과 노동력으로 나온 온갖 물건들이 장식돼 있어서다. 마르크스주의의 소외 개념에서는 하이데거의 '일상인'조차 소외당하고 있는 상태인데, 이들 또한 우물 안 개구리, 즉 더 큰 권력을 가진 자들이 정해놓은 울타리 안에서 살아가기 때문이다. 물질세계가 우리 존재를 증명한다고 생각해 그 계약서에 서명한다면, 결코 우리 것으로 인식하지 못하는 대상에다가 서명하는 셈이다.

마르크스의 분석은 우리가 살아가는 섬뜩한 세상을 두 가지 관점에서 이해할 수 있게 해준다. 첫째, 물질세계는 우리가 만들어낸 물건들로 가득하지만, 그 구조는 외부의 낯설고 적대적인 힘에 물들어 있다. 이 힘에서 소외된 사람들은 개인적·대인적·실존적 고립으로 고통받으면서 저마다 고유한 불안에 시달리는데, 이 불안은 의식적이든 무의식적이든 사회적 공간 내에 자신이 갇혀 있음을 깨닫는 순간 생긴다. 우리는 강력하고 악의적인 세상의 약탈에 속수무책으로 당하는데도 저항하지 못하는 분리되고, 고독하고, 무력한 자신을 발견한다. 오늘날 우리 삶을 지배하는 금융과 기술의 무자비한 힘은 우리가 어찌해볼 도리가 없는 현대 세계의 거대한 축이다. 이 축을 통해 마주하는 세상은 늘 낯설다. 자꾸 변한다. 우리는 표면적으로만 그 작동 방식을 이해할 뿐 본연의 모습은 알 수가 없다. 물어도 소용없다. 합법적인 절차와 사회적 합의를 거치는 듯하면서도 모든 게 독점적이라 호기심 어린 눈길로 아무리 쳐다봐도 알려주지 않는다.

둘째, 우리는 삶 자체로부터도 소외된다. 우리의 과중한 일은 우리가 가족, 친구, 연인과 관계를 돈독히 해나갈 시간을 거의 주지 않는다. 그들 역시 마찬가지다. 살아내느라 바쁘다. 그렇게 우리는 동료 인간 존재와 우리 자신으로부터 소외된다. 현대 생활의 가장 큰 특징은 '풍요 속 빈곤'이다. 도시는 사람들로 넘치는데 사람들 각각은 고립감을 느낀다. 섹스할 시간이 없고, 휴가 가서 멋진 풍경을 감상하고 맛있는 음식을 맛볼 여유가 없다. 친구와 '커피 한 잔'을 하려 해도, 연인과 '좋은 시간'을 보내려 해도 오래전에 미리 약속부터 잡아야 한다. 우리는 너무 정신없이 산다. 어디로 무엇을 위해 가는지도 모른 채 낯설고 이상한 것투성이인 데다 우리에게 전혀 관심과 애정도 없는 세상 속에서 허우적거린다. 이 세상이 우리의 신체적·정신적 웰빙을 가로막는 원흉이다. 우리는 일하고 또 일하고, 계속 일만 하다가, 삶에서 웅장하게 퇴장해야 할 시점에 이르러서야 사랑하는 사람들과 더 많은 시간을 보내지 못했다고, 어차피 이리 죽을 걸 무슨 영화를 누리겠다고 인생을 그리 살았나 탄식한 뒤, 죽는다.

: 불안을 철학하다 :

이처럼 노동 소외는 자신과 타인은 물론 삶과 세상에서 소외되는 결과를 초래한다. 소외는 어떤 느낌일까? 불안한 느낌이다. 소외는 불안이기 때문이다. "인간이 다른 인간으로부터 소외될 때" 우리는 타인을 낯선 사람으로, 그들의 행동을 이해할 수 없는 이상한 것으로 인식한다.[18] 동료 인간들에게 접근하지 못하니 섣불리 비교하면서 스스로 소외감만 더 키운다. 몸으로부터의 소외, 자연으로부터의 소외는 이런 느낌을 더 악화시킨다. 우리 자아를 수용하고 지탱하는 몸, 우리 생각을 품는 정신과 단절된 느낌을 받는다. 소외된 인간은 세상의 물질적 재화를 끊임없이 쌓아두고 쓰면서 공허함을 달래려고 시도한다. 하지만 붓다의 말처럼 소비는 인간의 근본적인 소외를 해결하는 데 전혀 도움이 되지 않는다. 물질적 재화를 아무리 축적하고 소비해봐야 세상 물건들은 사라지지 않는 데다, 결국 죽어서 가져가지 못할 것들이기에 불안만 가중할 따름이다.

우리 자신과 사회로부터의 소외는 심각한 질병이다. 소외는 근원적인 낯섦이며, 자신에게서, 자연에서, 일에서, 일의 산물에서, 우리 삶의 가장 직접적이고 중요한 환경에서 물리적으로 분리되는 것이다. 소외는 정신적인 분리이기도 하다. 가족, 친구, 연인, 동료와 더불어 살던 이 집에서 우리 자신을 이방인으로 여기게 만든다. 우리는 보고, 듣고, 만지고, 맛보고, 냄새 맡을 수 있는 물리적이 경험적인 현실에서 살지만, 그것이 전부가 아니다. 우리는 '섬뜩함'에도 둘러싸여 살아간다. 권력자들이 만들고 유지하는 인위적인 섬뜩함에 우리의 인식도 새로운 불

안이다. 이 소외와 분리는 우리에게 전혀 신성하지 않은 '새로운 우상'
을 믿고 의지하라 명한다. 국가와 시장을 비롯한 잡스러운 이데올로기
에 순종하고 충성하면 안정과 번영을 약속하겠노라 으스댄다.

回

앞서 우리가 진지하게 살폈듯이 사르트르, 니체, 키르케고르, 틸리
히 같은 실존주의 철학자들도 현실을 직시했고, 따라서 사회적·역사
적 상황에 따른 우리의 결단력을 강조했다. 비록 이들은 모두 죽고 없
지만, 만약 지금 시대에 살았다면 현대의 새로운 불안을 좌시하지 않
았을 것이다. 세계 곳곳에서 꿈틀거리는 파시즘, 재앙으로 변한 기후
변화와 환경 붕괴, 걷잡을 수 없는 경제적 불평등은 소셜 미디어의 돈
벌이 콘텐츠로까지 만들어질 정도로 불안을 심화하고 있다.

이 새로운 불안은 우리의 실존 문제와 관련이 없을까? 그렇지 않다.
우리의 원초적 불안에 또 다른 형태를 부여해 이전과 다른 양상의 두
려운 신호가 되는 방식으로 우리의 실존적 불안과 연결된다. 과거에는
소수만 정보를 쥐고 있어서 우리에게 확신이 부족했다면, 지금은 범람
하는 수준을 넘어 데이터 알고리듬으로 조작되고 은폐되고 선별된 정
보에 거의 강제적으로 노출돼 있어서 더욱 확신할 수 없게 됐다. 인터
넷에서 뭐라도 보거나 검색했다 싶으면 곧바로 상품 판매자들의 먹잇
감이 된다. 디지털 플랫폼은 공짜가 아니다. 우리는 대가를 치러야 한

: 불안을 철학하다 :

다. 소셜 미디어를 끊고 디지털 '디톡스(detox)'나 '클렌징(cleansing)'을 시도해본 사람이라면 경험했겠지만, 기술이라는 구세주와 더 많은 시간을 보낼수록 구원받기가 더 어려워진다. 끊임없이 남이 부럽고, 내 삶이 불만족스럽고, 내 선택이 후회스럽고, 내 처지가 못마땅하다고 여기는 자기 자신만을 발견할 뿐이다. 온라인에서 보내는 오랜 시간은 우리에게 현실에 대한 권태감과 불안감에 인지 부조화까지 안긴다. 타인에 의해 강화된 인지 부조화는 우리가 무엇인가 결정할 때마다 곧 혀를 차고 후회하게 만든다.

이런 세상에서 불안과 더불어 산다는 것은 불안을 그저 받아들이는 것보다 훨씬 더 어려운 일이다. 불안 관리가 우리 사회의 과업이 돼야 할 이유가 여기에 있다. 사회를 조직하는 방식에 근본적인 수정이 필요하며, 이를 위해서는 정치인과 정책 입안자들의 적극적인 열의와 활동이 있어야 한다. 시민의 불안 해소를 자신의 사명으로 여기는 사람들로 정부와 의회를 구성하는 것도 중요하다. 그러려면 우리가 잘 뽑아야 한다. 우리의 선택이 사회의 결과로 나타난다.

그렇더라도 우리 자신의 마음가짐이 더 중요하다. 우리는 제대로 성찰하는 법을 배워야 하고, 우리의 두려움과 불안을 더 깊이 들여다봐서 그 안에 무엇이 더 도사리고 있는지 살펴야 한다. 우리는 한 사람의 시민으로서 사회를 바꾸는 데 이바지할 수 있지만, 우리 삶을 다 걸어도 될 사회는 존재할 수 없으며 그런 사회를 만드는 게 가능하지도 않다. 우리는 결국 혼자다. 내 삶을 내가 살아야 한다. 우리는 불확실성과 의구심과 부분적인 지식 속에서 계속 살아야 한다. 더욱이 유물론적 불안 개념이 실존주의의 죽음과 무와 충돌하는 것도 아니다. 마르쿠제의 실존주의 비판은 분명히 의미 있는 통찰이나, 경제적 불안도 결국에는 어김없이 죽음과 무로 귀결된다. 소득 상실을 두려워하는 까닭은 재정적 갑옷의 보호 없이는 험난한 세상을 살아갈 수 없다는 두려움 때문이다. '경제적 현실'을 명분으로 철학적 우려를 일축하곤 하는데 어리석은 생각이다. 모두가 남부럽잖게 생계를 유지할 정도로 돈을 벌 수 있고 좋은 주택과 의료 서비스를 받는다면 불안할 이유가 없을까? 그렇지 않다. 호화 저택에 살면서 회당 250달러의 정신과 상담을 받을 수 있는 건강 보험이 있고 자녀를 아이비리그에 보내는 사람들조차 불안해한다. 이보다 더한 억만장자라도 불안하지 않은 사람은 없다.

붓다가 이미 깨달았듯이 세상 모든 부귀영화를 다 누린다 한들 우리는 실존적 불안에서 벗어나지 못한다. 다만 사회를 더 바람직하게 바꾸면 우리와 우리 아이들이 삶의 가치와 의미를 찾는 데 덜 방해받을 수 있고, 그럼으로써 절망에 빠지는 일 없이 불안과 사이좋게 삶을 함께할 수 있다. 우리 자신의 성찰과 수용, 정치와 행정의 노력, 사회 구성원의 철저한 감시 등을 절묘하게 섞으면 불안과 더불어 살아가는 유익한 방법을 찾을 수 있을 것이다.

⠇ 불안을 철학하다 ⠇

불안과 더불어 산다는 것

두려움은 희망 없이 있을 수 없고,
희망은 두려움 없이 있을 수 없다.
바뤼흐 스피노자

ANXIETY

불안은 우리 인생이 두려운 상황의 연속임을 보여준다. 우리는 격렬한 폭풍우에 휩싸여 바다에서 표류한다. 간신히 버텨내고 파도에 이끌려 외딴 섬에 도착하는데, 그곳에는 사나운 맹수들이 어슬렁거린다. 용기를 내서 제압해보려고 하지만, 피에 굶주린 해적들로 가득 찬 거대한 배가 다가온다. 우리는 두려움을 느끼다가 안도하고, 또 두려움을 느끼다가 다시 안도한다. 이 거듭되는 상황 속에서 우리는 앞으로도 계속 두려우리라는 사실을 확신한다.

이것이 우리 삶의 기본적인 양상이다. 불안은 언제나 변함없고 절대로 피할 수 없는 인생의 동반자다. 이 진실을 깨달은 우리는 불안을 안고 살아가는 방법을 배우려 한다. 우리는 불안과 더불어 살아가야 한다. 실제로 현대 심리치료법인 '인지행동치료(CBT)'와 '수용전념치료(ACT)' 모두 여기에서 출발한다. 수용전념치료는 인지행동치료의 한 갈래다. 앞서 언급한 인지행동치료가 인식을 바꿔 감정을 조절하고 올바른 행동을 유도하는 데 초점을 맞춘다면, 수용전념치료는 감정을 그대로 수용하고 가치 있는 행동에 전념하도록 이끈다. 과거나 미래가 아닌 현재 순간에 집중해 자신이 추구하는 삶의 가치를 찾는다.

불안과 더불어 살아가려면 두려움에 자신을 능동적으로 노출해 몸과 마음에 자연스레 배어들도록 하는 훈습 과정이 필요하다. 일단 불안이 불가피하다는 사실을 오롯이 받아들인다. 그러면 이기지 못할 불안과 싸우는 데 시간을 허비하지 않고 다른 중요한 가치에 관심을 돌릴 수 있다. 파도가 덮쳐오면 그냥 맞는 것이다. 계속 맞다 보면 무뎌진다. 친숙해진다. 친숙함은 그 자체로 좋은 해독제다. 실존적 불안을 '첫 번째 화살'로, 불안에 대한 불안을 '두 번째 화살'이라고 표현할 수 있지만, 굳이 분류할 필요 없이 전부 그냥 불안이라고 여겨도 무방하다.

우리가 항상 불안하리라는 진실을 온전히 이해하면 동료 인간에 대한 연민과 공감도 허용하게 된다. 연민과 공감은 사람과 사람을 연결하는 감정이기에 굉장히 중요하다. 특히 특정 삶에 영향을 받지 않는 불안은 연민과 공감이 더 필요하다. 실존적 영역에서는 아무리 부자이고 힘 있는 사람이라도 우리와 똑같이 고통을 겪는다. 삶의 물리적 세부 사항이야 그들의 부와 권력으로 충분히 조정할 수 있겠으나, 인간이라면 누구나 직면해야 할 죽음과 무, 즉 사랑하는 사람을 잃는 고통, 자신과 자녀의 운명에 대한 두려움, 그릇된 선택과 결정에 대한 우려에서 벗어나지는 못한다. 우리보다 더 운이 좋았던 이들은 그 운이 언제 끝날지 모른다는 불안에도 시달린다. 우리보다 삶의 상황이 훨씬 나은 사람들에 대해서도 연민과 공감이 필요한 이유는 그럼 마음가짐이 우리가 불안과 더불어 살아가는 데도 커다란 도움이 되기 때문이다. 이 타심은 궁극적으로 우리에게 이익이 된다.

불안을 공기처럼 받아들이고 인정하면서 살면 우리 자신이 누구이고 무엇이 될 수 있는지 이해하는 데 한 걸음 더 다가설 수 있다. 불안을 기꺼이 품기로 한다면 우리는 불안이 인생의 중요한 결정과 내게 꼭 필요한 가치를 구할 때 어떤 부분에서 두려운 변곡점으로 작용하는지 알 수 있다. 정신분석학에서 알려주듯이 불안은 나 자신을 하나로 묶어야 하는 많은 부분에서 내게 보내는 메시지다. 때때로 우리는 갈등하는 우리 자아가 하는 말을 잘 들어서 해결해야 한다. 불안이 따라오는데도 어떤 일을 확신 있게 고집한다면 자신의 정신적 위계에서 그 일의 가치와 중요성 우위에 둔다는 것이다.

불안도 일종의 지식이라고 생각하면 우리의 실천과 성취에 도움이 된다. 뭔가 결정해야 하거나 행동해야 할 때, 도덕적 판단이 필요하든 지적인 판단이 필요하든 모든 차원에서 불안은 우리가 부족한 부분을 개선하거나 더 좋게 만들도록 해줄 수 있다. 불안의 양상도 우리와 함께 변하므로 그때그때 달라진 불안에 비추어 우리 자신과 우리 가치 목록에 일어난 변화를 추적해야 한다. 불안에 한 가지 모습만 있는 게 아니다. 각각의 불안은 마치 퍼즐처럼 우리를 종합적으로 보완한다. 불안은 시간, 공간, 상황, 의미에 따라 다르게 작용하는 맞춤형 패키지일 수도 있다. 우리 자신을 성찰한다는 것은 우리 각자의 불안을 개별적으로 고유하게 알아가고 언제 어떻게 변화하는지 깨우쳐가는 일상적 수행이다.

이 같은 수행 중 하나로 우리는 불안의 문화적·이데올로기적 촉발 요인을 인지해야 한다. '행복한 삶'을 정형화하는 갖가지 광고들, 가족과 사회와 문화에 대한 죄책감을 유발하는 같잖은 훈계들, 우리 존재에 가하는 친절함을 가장한 폭력에서 벗어나야 한다. 가뜩이나 우리에게 주어진 삶은 제한돼 있는데, 그래서 그 시간을 우리 가족과 도덕과 삶의 가치에 소중하고 섬세하게 안배해야 하는데, 하루하루 엄청난 문화적 압박이 우리 마음을 뒤숭숭하게 만든다. 우리 삶이 소비를 위한 것일까? 돈을 안 쓰면 잘못되고 불행한 삶일까? 어느새 소비가 이데올로기화돼서 인생의 평가 기준으로 자리 잡았다. 예술적으로 보정된 음식 사진은 우리더러 그것을 먹어야 한다고 압박한다. 도저히 현실에서 나올 수 없는 각도로 찍힌 풍경 사진은 우리더러 그곳을 봐야 한다고 압박한다. 나 말고 모두가, 매일, 그 요리를 먹고 그 명소를 찾는 것 같다. 완벽한 일상, 완벽한 여가, 완벽한 휴가가 바로 앞에 펼쳐져 있다. 보고만 있는 내가 인생 헛살고 있는 못난이다. 소셜 미디어에 올라오는 사진과 영상은 분명히 말하고 있다. 부럽지? 너도 해봐! 그것들을 보며 우리는 내 삶이 한참 못 미친다는 자괴감에 사로잡힌다. 머리로는 저까짓 게 뭔데 하면서도 가슴에서는 스멀스멀 퀴퀴한 연기가 피어오른다.

그리고 이내 질투심인지, 시기심인지, 열등감인지, 불쾌감인지, 죄책감인지 모를 불안으로 가득 찬다. 확실히 내 삶은 저런 것들과 비교해 최고가 아닌 것 같다. 아니, 별 볼 일 없다. 나는 만족스럽지가 않다. 내 여가는 형편없다. 내 휴식은 비루하다. 내 아이들은 추레하다. 나는 무능하다. 그래, 내가 미안하다. 내 잘못이다. 이런 불안이 마음을 가득 채우면서 실존적 실패가 예견된다. 언제부터인가 우리 삶은 일정 수준 이상의 디지털 승인을 받아야 하는 것이 됐다. 외면하기가 어렵다. 사회와 문화가 만들어낸 신화라고 무시하려다가도 자신도 모르게 그에 반응해 불안해진다. 나는 나인데, 내 삶인데, 나를 위해 마련했다는 규범적 기준에 따라 살아야 하고, 그래야 '행복한 삶'이란다. '필수', '최고', '죽기 전에 맛봐야 할 것들', '죽기 전에 가봐야 할 곳들'을 놓치지 않으면 이런 삶과 모든 행복이 우리 것이란다. 그러니 우리는 이런 광고나 안내가 성심성의껏 알려주는 지침에 따라야 한다. 그렇지 않으면 금세 도태해서 실패로 점철된 삶을 꾸역꾸역 살다가 죽는 것이다.[1]

다소 과장되게 표현했지만, 우리는 반드시 우리 실존의 파노라마에서 좋은 부분, 올바른 부분, 의미 있는 부분, 가치 있는 부분을 잘 골라내야 한다. 진짜 죄책감은 저런 삶이 아닌 '올바른 삶'을 살지 않을 때 느끼는 것임을 끊임없이 되새겨야 한다. 남들의 돈벌이 수단과 과시 수단에 현혹돼 인생을 낭비해서는 안 된다. 우리 삶이 죽는 순간 완성된다는 사실을 잊지 말자. 잠깐의 성공에, 단발적인 짜릿함에 인생을 걸어서는 곤란하다. 아무리 잘나가도 마지막에 고꾸라지면 고꾸라진 상태로 삶이 완성되는 것이다. 우리에게는 아직 재능이 있고, 우리에게는 아직 시간이 있다. 모든 것이 가능하다. 모든 것이 우리 것이 될 수 있다. 우리가 올바른 방식으로 산다면 말이다.

그리고 인생의 만병통치약이라면서 우리를 억압하는 문화와 이데올로기에 논리적으로 반박할 방법을 찾을 필요도 없다. 그 역시 시간 낭비다. 일일이 대응하기에는 너무 많고, 대응하다가 되레 물들 확률이 더 높다. 그냥 그렇구나 하고 넘어가면 그만이다. 너무 강직하면 부러진다. 광고와 안내는 그런 사람을 더 선호한다. 앞서 니체의 말처럼 스스로 너무 까탈스럽게 도덕적 자기성찰을 요구하면 오히려 불안감에 시달리는 '죄의식'이 유발된다. 유연하게 살되 바람이 잦아들면 똑바로 서는 것이다. 마치 풀처럼.

문화적으로 확립된 규범 중에는 실제로 행복에 이르도록 보장해주는 것도 있다. 올바른 교육, 올바른 직업, 올바른 재산 축적, 올바른 사랑, 올바른 결혼, 올바른 양육, 올바른 성공처럼 사회의 올바른 기준을 충족하면 행복해질 수 있다. 그런데 이런 규범적 길에서 다소 이탈해도 곧장 불안해진다. 올바르게 가고는 있으나 약간 모자라도 불안은 어김없이 우리와 함께하고 있음을 드러낸다. 게다가 우리가 기대했던 것보다 규범적 가중치가 작다고 느낄 때, 다시 말해 분명히 목표를 달성했으나 그에 비례해서 행복한 것 같지 않을 때 우리는 또 불안하다. 그 이유는 욕망에 끝이 없는 인간의 본성 때문이기도 하고, 한편으로는 문화적 규범에서 제시한 올바름에도 사실상 끝이 없기 때문이다. 이때 우리는 '아노미(anomie)', 즉 사회적 규범조차 무의미하고 무질서하다는 역설에 빠지면서 실존적 불안을 고조시킨다. 불안과 마찬가지로 이를 해소할 뾰족한 해결책은 없다. 세상이 원래 그 모양임을 인정하고 우리 나름의 기준을 세운 "인생 해결책"에 만족해야 한다.[2] 중국 전국시대 도가 철학자 장자(莊子)는 비합리적이지만 통찰력 있는 철학적 우화를 통해 세상의 아이러니와 적절한 거리를 두면서 살라고 권고했다. 세상이란 본래 그런 것이다. 보물인지 함정인지 상관 말고 초연하게 살 필요가 있다. 우리의 인간다움은 우리가 누구인지에 대한 감각과 우리가 누구일 수 있는지에 대한 감각 사이에 걸쳐 있다. 인간이라서 위대해질 수도 있고 인간이라서 부족해질 수도 있다. 인간이 규범을 만들었으니 완벽할 리도 없다. 삶이라는 여정에는 근본적으로 이정표가 없다. 가다가 길을 잃는 게 당연하니 당황하지 말고 다른 길을 찾으면 된다. 다만 한 가지 확실한 길이 있는데, 우리 각자가 직접 자신의 발걸음으로 만든 길은 틀림이 없다. 따라서 우리 삶은 '다원주의'로 접근하는 게 옳다. 개인이나 집단은 저마다 추구하는 가치와 의미가 서로 다르다. 어떤 쪽이 맞고 어떤 쪽이 틀렸다고 할 수 없다. 문화적·사회적으로 요구되는 목표를 달성하고 제시된 길대로 따라가더라도 누구는 만족하지만 누구는 불만족할 수 있다. 성공이, 재물이, 힘이 우리를 불안에서 완벽하게 보호해주지는 못한다. 그저 불안을 더 유리하게 경험할 수 있는 지점을 제공할 뿐이다. 성공한 사람의 불안이나 실패한 사람의 불안이나, 불안은 그냥 불안이다.

우리가 '삶의 문제' 또는 좀더 현실적으로 '생활 스트레스'라고 부르는 것들도 무시하지 못할 실존적 불안의 표현이다. 우리는 중대한 일이든 사소한 일이든 삶의 사건이 일어날 때마다 실존적 불안에 직면한다 (사실 실존주의적 감성에서 '사소한' 결정이란 존재하지 않으며 존재할 수도 없다). 대학 선택, 전공, 취업, 결혼, 이혼, 이사, 이민, 이직, 진료, 예방 접종 모든 결정이 불안으로의 초대장이다. 그것 말고 다른 선택지가 있는 모든 결정은 불안을 초래한다. "최종 결정을 받아들이도록 강요받는" 일이기 때문이다.[3] 두 가지 이상 똑같이 중요한 가치 중 하나를 선택해야 하고 그 선택을 돌이킬 수 없다면 불안은 더욱 심해진다. 곧 딜레마와 마주하게 될 인생의 비극적 감각이다. 특히 도덕적 딜레마일 때 더 어려운 선택이 되는데, 정답이 있어야 하는 퍼즐처럼 다가와서 얼른 계산을 끝내라고 종용한다. 하지만 불행히도 답은 없다. 우리는 뭔가 잘못된 결과를 얻게 되리라는 불안과 함께 비극적인 모퉁이로 끌려간다.[4] 갈림길이 제일 두려운 법이다. 어느 쪽으로 가든 미지의 영역에 대한 두려움, 인지 부조화의 괴로움, 예정된 후회가 기다리고 있다.

우리 삶에서 두려울 가능성으로 유혹하는 딜레마는 끝없이 공급된다. 죽을 때까지 당황하고 두려워하는 '뷔리당의 당나귀(Buridan's Ass)'처럼 우리는 결정되지 않은 두려움 속에 선택의 양극 사이를 불안하게 서성인다.[5] 아르헨티나 작가 호르헤 루이스 보르헤스(Jorge Luis Borges)가 묘사한 "두 갈래로 갈라지는 오솔길들의 정원"은 제한된 시간과 선택의 미로 앞에 놓여 있는 우리 삶이다.[6] 앞으로 나아갈 때마다 두 갈래 길이 계속 나오는 삶에서 지도 없이는, 누가 이끌어주지 않고서는 못 가겠다고 느낄 때 우리는 자유의 마비를 경험한다. 미래는 이와 같은 길만이 기다리고 있기에 우리의 불안은 절대로 끝나지 않는다. 심지어 임종을 목전에 둔 상황에서도 우리나 우리 가족은 여전히 결정을 내려야 한다. 이 약을 먹어야 할까, 저 약을 먹어야 할까? 연명치료를 계속해야 할까, 중단해야 할까? 삶의 질일까, 삶의 양일까? 죽을 사람을 위해 돈을 써야 할까, 산 사람을 위해 남겨야 할까? 유언장에는 누구 이름을 올려야 할까? 섭섭했던 일들을 말할까, 하지 말까?

불안이 '삶의 문제'에서 중심적 역할을 한다는 사실은 틸리히가 제시한 불안의 세 가지 유형과도 맥락이 같다.7 삶의 의미와 책임을 스스로 재평가하는 데서 발생하는 이른바 '중년의 위기'를 생각해보자. 여기까지가 내가 할 수 있는 전부일까? 내 인생을 충분히 살아왔나? 나는 올바르게 살아온 걸까? 살면서 그토록 많은 결정을 내렸는데 지금 나는 왜 이럴까? 그때 나는 왜 다른 선택을 하지 않았을까? 시간이 반이나 흐른 상황에서 나는 어떻게 살아야 할까? 남은 시간 나는 무엇을 위해 살아야 하나? 중년의 위기는 지금껏 살아온 삶과 살아오지 않은 삶지 않은 삶 그리고 살아야 할 삶을 향한 불안이다. 이때의 결심이 불안을 해결할 처방이 될 것이다. 우리는 지금보다 더 자주 자기 자신을 돌아보고 앞으로의 삶을 떠올려야 한다. 카네기 홀에서 공연하기 위해 기타를 배우는 게 아니라 기타 연주 자체를 배워야 한다. 기타 연주를 배우는 데 끝이란 없다. 끝을 목표로 삼아서는 안 된다. 우리는 언제까지고 목표나 종착점 없이 행위 본연의 가치에 집중하면서 현재를 살아가는 '아텔릭(atelic/미완의)' 활동을 해야 한다. 해결 기간이 우리 일생을 초과하는 더 큰 대의에 헌신해야 한다. 더 넓은 세상과의 교류로 창의력을 꽃피워야 한다. 우리는 가족과 친구를 진심으로 대하고, 그들과 함께 보내는 시간을 소중히 여기며, 그런 삶을 사는 동안 극대화해야 할 '최고의 실존적 선'으로 인식해야 한다. 아무리 두렵더라도 우리 자신이 사랑하는 사람들에게 어떻게 살고 어떻게 죽어야 하는지를 보여주는 모범이 돼야 한다.[8]

　인생이 목적지가 정해진 여정이라면 우리는 '도착'에 대한 불안, '잘못된 목적지'에 대한 불안, '완료하지 못한 여정'에 대한 불안, '잘못된 갈림길을 선택해 길을 잃는 것'에 대한 불안으로 괴로울 것이다. 그렇지만 '앞으로의 여정'만 있다면 우리는 불확실함을 오롯이 인지한 채 굽이굽이 언제든지 험난한 길이 나올 수 있음을 알고 진득하게 나아갈 수 있다. 성실한 계획과 꿈에 그린 버킷리스트가 마냥 좋은 것만은 아니다. 인생의 실패에 대한 표식이 될 수도 있기 때문이다. 계획대로 되지 않으면 우울감과 자괴감에 빠지고, 계획대로 되더라도 다음 계획의 압박감과 회의감으로 불안해진다. 버킷리스트도 마찬가지다. 채워야 한다는 강박감과 채우지 못한 초조감이 금세 불안으로 바뀌게 된다.[9]

　나 자신이 그대로인 상태에서 불안을 치유할 수 있을까? 없다. 우리는 신체적·개념적·정서적 구조로 이뤄진 복합적인 존재다. 우리 몸과 정신과 감정은 서로 연결돼 있다. 불안이 다른 것으로 바뀌면 나 자신도 바뀐다. 우리는 자신의 "성격에 양식을 부여하는" 형태로 불안을 소유하기 때문이다.[10] 불안이 좋은 쪽으로 바뀌면 우리의 모든 결심과 모든 행동이 활력으로 가득 찬다. 불안이 나쁜 쪽으로 바뀌면 그 반대다. 정신과 약물을 복용한 사람들 가운데는 좋은 쪽으로든 나쁜 쪽으로든 성격이 바뀌어서 주변 사람들에게 완전히 다른 사람으로 느껴지는 경우가 있고, 때로는 자기 자신을 못 알아보기도 하는데, 이런 혼합된 효과를 약물의 부작용으로 보는 시각도 있다.[11] 내게는 다행히 불안이 좋은 쪽으로 작용했다. 불안은 내가 철학과 등산을 사랑하게 해줬고, 소중한 딸이 태어난 이후 아내와 평생 동반자가 되기로 약속하는 데도 불안의 힘이 컸다. 나는 나조차 몰라볼 정도로 새사람이 돼서 내 삶을 완전히 재정비할 수 있었다. 불안은 세상에서 우리 자신을 유일하고 고유한 존재로 만들어줄 수 있다. 그야말로 독특한 '세계-내-존재'가 되는 것이다.

그러나 불안이 우리 실존의 일부이고, 죽을 때까지 품고 갈 수밖에 없다면, 그냥 그때그때 감기약 먹듯이 약물을 사용해 고통을 잠재우면 되지 않느냐고 반문할지도 모르겠다. 나는 이렇게 답하고 싶다. 감기에 걸려도 절대로 약을 먹지 않는 사람들이 많이 있는데, 그들이 그러는 이유와 같다고. 불안이나 다른 여러 정신적 기능 장애도 자주 약물 처방을 받다 보면 감기와 똑같은 증상이 생긴다. 다름 아닌 '내성

(耐性/tolerance)'이다. 사실상 모든 약은 결국 내성에 맞닥뜨린다. 여기에서 내성은 앞서 말한 친숙함이 아니다. 약효가 떨어져 듣지 않는다는 의미다. 또는 약이 아니면 견디지 못하게 된다는 뜻이다. 이에 더해 가장 빈번히 회자하는 반약물 주장은 약물 복용 시 불안이 유발되는 모든 상황에 무감각해진다는 것이다. 이때는 '내성(內省/introspection/자기반성)'도 사라진다. 불안하지 않으니 뭘 생각하고 반성할 필요도 없다. 극단적으로 사이코패스(psychopath)처럼 되지는 않겠지만, 무엇이든 인위적인 것은 궁극적으로 바람직하지 못하다.

그럼에도 불구하고 중증 불안 장애로 고통받는 사람에게조차 불안을 그냥 견뎌내라는 이야기는 불쾌하기 짝이 없는 헛소리처럼 들릴 것이다. 약물 처방이 아니면 안 될 정도로 극심한 불안 장애와 공황 발작을 경험하고 있는 사람들은 불안에 훨씬 민감하다. 나는 병리적 불안을 겪는 이들의 극심한 고통을 하찮게 여길 생각이 추호도 없다. 불안을 낭만화하거나 불안을 노래하는 시인이 돼서 그 고통스러운 질병을 서정적으로 묘사하고 싶지도 않다. 이 책의 첫 부분에서 언급했듯이 일상적인 범주의 불안에 시달리는 우리 같은 사람들에게 말하는 것이다. 하지만 마찬가지로 뒤이어 언급했듯이 항불안제 약물조차도 근원적인 실존적 불안은 개선하지 못한다. 이 불안은 아무도 피할 수 없기에 삶의 여정에서 계속 맞닥뜨리게 될 두려움을 철학적으로 이해할 필요가 있는 것이다. 나아가 이렇게 불안을 철학하면 우리는 강인해질 수 있다. 실제 심리치료에서도 약물 처방을 최후의 보루로 훈습을 통한 인지행동이나 수용전념에 초점을 맞춘다는 이야기는 이미 했다. 불안은 근본적으로 가장 인간적이고 보편적인 감정이다. 우리와 함께 살아 숨 쉬는 정신이다. 우리는 불안을 받아들이고 더불어 살아가면서 불안을 통해 우리 자신이 변화함으로써 불안을 치유해야 한다.

물론 불안 증상이 일상생활을 해칠 정도로 심각하면 정신과 약물이 필요할 수 있다. 환각성 약물을 이용해 지금껏 살펴본 심리적 문제를 자세히 들여다볼 수도 있을 것이다. 그러나 나는 약물로 불안을 완전히 치료했다는 말은 들어본 적이 없다. 다만 약물이 불안을 더 잘 견딜 수 있게 해서 높은 성취까지는 아니더라도 '기능적으로' 도움이 된 사례는 종종 접했다. 항불안제를 복용한 사람이 무력감에 빠지지 않고 개인적·직업적 일을 원활히 수행할 수 있는 경우에는 효과적이라고 할 수 있다. 가족과 사회에 재통합되는 데 도움이 됐으니 기능적으로 유의미하다.

그런데 약물의 이런 '기능성'마저 혼란스러운 세상에서 방향을 찾아 앞으로 나아가려는 사람들에게 실존적 불안일랑 잊고 얼른 일터로 돌아가 열심히 일하자는 이데올로기에 이용될 수 있다. 하지만 약을 먹는 사람들에게 불안이 없는 것은 아니다. 이들도 자기 자신과 사랑하는 사람들의 죽음을 두려워하고, 알 수 없는 미래를 불안해한다. 자신이 실존한다는 사실, 시간이 흐른다는 사실, 삶이 유한하다는 사실로 인해 발생하는 괴로움의 총량은 변하지 않는다. 게다가 인간이 만든 인위적 세계가 주는 고통도 있다. 불안은 기계 부품처럼 어느 한 부분만 고치거나 교체할 수 있는 대상이 아니다. 병리적 할당량이 따로 있고 실존적 할당량이 따로 있는 게 아니다. 우리는 왜 약물을 이용한 신경생리학적 치료가 불안 자체를 치유할 수 없는지에 대한 철학적 성찰이 여전히 필요하다. 설령 우리의 생물학적 사고 구조가 바뀐다고 해도 생각의 의미는 사라지지 않는다. 그렇기에 우리는 살면서 계속 불안을 철학해야 하는 것이다.

당연히 정신과 약물에도 비용이 든다. 물질적 비용뿐 아니라 정신적 대가도 치러야 한다. 당황스럽거나 때로는 심각한 수준의 부작용, 약물 의존증, 금단 현상, 신약에 대한 무분별한 신뢰, 효과가 사라졌을 때의 좌절감 등에 시달려야 한다. 더욱이 장기 효과에 대해서는 아직도 밝혀진 바가 없다.[12] 정신과 약물을 복용하는 것 자체가 불안을 초래한다고 봐도 무방할 정도다. 효과가 있을까? 왜 기분이 나아지지 않지? 이 약이 아닌가? 약이 듣지 않으면 어떡하지? 약을 끊으면 평범한 사람으로 돌아갈 수 있을까? 약 먹는다는 사실을 알려야 하나, 함구해야 하나? 약을 먹는다고 하면 나약한 사람이라고 여길까? 우리는 삶의 단계마다 경험하는 불안의 양상이 다르기에 그에 대한 대응도 달라져야 한다. 청소년기에는 앞으로 살아갈 삶에 대한 불안이 있고, 중년기와 노년기에는 지금까지 살아온 세월에 대한 반성과 아직 남은 인생을 향한 두려움이 있다. 달라지는 불안을 체험하면서 삶의 변화도 경험하는 것이다. 한창 좌충우돌할 시기에 이른바 '빠른 완화'가 무척 매력적으로 보일 수 있겠지만, 미국의 청소년 정신건강 통계에서 알 수 있듯 좋은 선택이 아니다.

오늘날 시대 상황에서 약물에 대한 사회적·문화적 과잉 처방은 '불안'의 정의를 완전히 바꿔놓았다. 불안은 '항불안제를 처방받는 질병'으로 변질했다. 뇌의 생화학적 구조와 정신건강 및 질병의 관계가 어떻든 우리 마음과 정신은 현재의 정신의학적 유행이 보여주는 것보다 인지적·심리적·사회적 개입과 이해가 필요한 부분이 훨씬 더 많다. 최소한 우리의 불안을 약물로 치료할지에 대한 결정은 더 신중하고 세심하게 접근해야 한다. 정신건강의 의학적 개념은 기본적으로 제약회사의 약물에 의존한다. 물질주의 정신 모델의 학문적 명성이 우리가 사랑하고 보살피는 사람들의 심리적 문제를 마주할 때 느끼는 사회적 당혹감, 약리적 치료가 문화적으로 고착화하면서 반복되는 폐단을 가린다. 그리고 자본주의가 중시하는 노동 생산성이나 효율성과 맞물려 산업의 톱니바퀴에 윤활유를 더하는 데 이용된다. 빠른 약물 처방으로 필요한 인력을 손실 없이 공급한다. 불안에 맞선 가장 손쉬운 사회적·문화적 대응일 것이다.

실제로 많은 항불안제가 생산성 향상제로 쓰인다. 값비싼 등록금을 내고 명문 사립대학에서 공부하는 학생들, 대기업 법무팀에 소속된 변호사들, 투자은행이나 증권회사 직원들, 종신 재직권을 확보하려는 교수들, 초단타 매매 투기자들 등 수많은 사람이 억지로 'ADHD(주의력 결핍 과다 행동 장애)' 처방을 받거나 처방 없이 약을 구해 복용하고 있다. 성적을 잘 받아야 하고, 마감을 맞춰야 하고, 밤새워 일해야 하고,

마우스를 쉴 새 없이 클릭해야 하는 사람들이다. 이들뿐 아니라 우리 가족, 친구, 연인, 아이들도 남모르게 약을 먹고 있을지 모른다. 사회의 경제적 압박에 짓눌려 하루하루 정신없이 살아가면서 우리는 자기이해에 시간을 제대로 할애하지 못한다. 우리의 불안이 근본적으로 실존적이고 도덕적이고 영적인 불안임을 알아도 실존적·도덕적·영적 불안은 예전과 다름없이 남아있다(항불안제가 아닌 환각제에 손을 대는 사람들은 이런 차원에서 불안을 약물에 의존하는 셈이다).

우리 욕망이 가정이나 사회의 금지 때문에 죄책감을 들게 해서 불안을 유발한다면, 불안 치료는 그런 욕망을 포기하고 명예를 추구하는 하나의 방법이 될 수도 있을 것이다. 자신의 욕망을 억눌러 들키지 않으려고 끊임없이 위장할 때 우리는 스스로 불안의 제물이 된다. 욕망이 꼭 성적인 것만은 아닐 테다. 세상이 정한 규범에 얽매이고 싶지 않다는 표식일 수도 있다. 일테면 종교 및 기부 단체에 자발적으로 가입하는 사람이나 중도에 직장을 그만두는 사람들은 그런 욕망에 따라 행동하고 있는지도 모른다. 그렇지만 불안을 아예 거부하고 느끼지 않으려는 욕망은 불안을 더 깊이 불러들인다. 어쩌면 그 자체가 불안한 반응일 수도 있고, 프로이트의 설명처럼 자신이 누구인지, 어떤 욕망을 지니고 있는지, 어떤 원한을 품고 있는지, 어떤 죄책감에 사로잡혀 있는지 알게 될까 봐 두려워서일 수도 있다. 어쨌든 우상을 깨부수는 것은 결코 쉬운 일이 아니다.

불안을 철학한다는 것은 삶을 철학한다는 것이며, 우리 삶을 행복하지 못하게 만드는 세상의 정치적·도덕적 문제를 통찰한다는 것이다. 잘못된 정치적·도덕적 이데올로기는 우리 개인과 사회의 관계를 파괴할 수 있다. 우리는 '좋은 삶'의 비전을 제시하는 문화와 광고가 우리를 해치고 있음을 알았다. 사회의 줄 세우기가 우리를 억압하고 소외시켜 우리 삶을 무가치하고 무의미하게 만들고 있음도 알았다. 국내 정치든 글로벌 정치든 악의적인 수사와 폭력으로 가득하다는 사실도 알았다. 너무 오랫동안 우리는 제한된 남성성과 여성성의 압박을 받으면서 철저히 우리 스스로 사적인 트라우마를 처리해왔다. 우리는 세상의 요구에 부응하지 못한 탓을 자기파괴와 자기증오로 돌려받았다. 너무 많은 사람이 정신 질환자로 치부되고 있다. 세상은 거리의 이들 사회 '폐기물'을 계속 보여준다. 그와 함께 광고도 보여준다. 정신과는 계속 늘어나고 약도 계속 개발된다. 약물은 우리를 이런 끔찍한 깨달음에 무감각하게 만들어 정치적·도덕적 문제에서 분노를 느끼지 못하게 한다.

사람들이 약물에 의존하는 상태가 세상이 바라는 '순응하는 시민' 딱 그 상태다. 사회적·정치적 합의에 맞게 줄 세워서 지배와 복종의 권력 관계를 안정적으로 유지할 수 있기 때문이다. 따라서 불안을 철학한다는 것은 '불안'이라는 세부 사항과 자기이해를 넘어 세상과 우리가 맺고 있는 잘못된 관계를 통찰하고 변화시키는 무기를 마련하는 것이다. 그러면 사회와 도덕과 문화의 파괴적 혁신에 힘을 보탤 수 있다. 우리는 독배에 취해 있었다. 소셜 엔터테인먼트와 사회적 책임은 오랫동안 우리가 세상이 바라는 대로 불안에 대한 방어 기제를 작동하도록 유도해왔다. 우리는 불안을 잘못 키웠다. 우리의 동반자가 되지 못한 불안은 신경증으로 표출됐다. 세상은 우리가 불안을 온전히 경험하고 이해하기를 허용하지 않음으로써 신경증을 조장했다.

불안은 자기발견, 재개념화, 자기구성에 필수적인 감정이고 세상을 변화시키는 활동에 명분을 제공하기 때문에 약물로 없애려고 해서는 안 된다. 일찍이 프랑스 철학자이자 수학자 블레즈 파스칼(Blaise Pascal)도 인간은 불안에서 벗어나기 "기분 전환"을 추구한다고 썼다.[13] 하지만 신체적 기능까지 무력하게 만드는 불안 장애나 공황 발작 등의 병리적 불안은 어떨까? 이런 불안과 내가 설명하고 해석하는 불안 사이의 경계는 어디쯤일까? 지금까지 살핀 불교적·실존주의적·정신분석적·유물론적 견해를 두루 적용해봐도 우리의 불안은 궁극적으로 죽음, 무(비존재), 무가치, 무의미, 부조리 같은 실존적 우려에 대한 부적응적 반응이다. 우리 세계의 물리적 고통도 그보다 먼저 있는 우리의 실존적 고통을 악화시킨다. 철학적 관점에서 이 인간 고유의 병리 현상은 폴 틸리히가 설득력 있게 정리한 불안의 세 가지 유형으로부터 우리 자신을 보호하기 위한 의식적·무의식적 방어 기제에서 비롯된다.[14] 실존적 불안은 복잡한 심리적 장애를 모두 뒷받침하며, 그 양상은 개인의 생리적 특질과 개인의 심리적·사회적 경험의 역사로 결정된다. 실존주의 철학자와 실존주의 신학자 그리고 실존주의 심리학자 및 심리치료사 모두 실존적 불안, 두카, 죽음을 향한 불안이 '불안'이라고 이름 붙은 모든 정신적 기능 장애의 원천이라고 이야기한다. 그러므로 키르케고르가 말한 '절망' 수준의 세속적이고 신경증적인 불안이 온몸을 잠식할 때는 약물 처방이 필요하고 바람직할 수 있지만, 약물로 불안 없는 정신건강을 유지할 수 있다는 생각은 "비논리적 믿음"일 뿐이다.[15] 아무리 건강하고 행복해도 최소한 한두 가지 불안은 안고 살며, 프로이트와 유물론적 비판 철학이 다독였듯 우리가 사회와 문화를 근본적으로 바꾸지 않는 한 모든 사람이 똑같다.

回

　붓다는 무아로서 왔다가, 무아로서 있다가, 무아로서 돌아가고, 무아로서 돌아오는 우리 자아를 끊임없이 변화하는 형상(육체), 감각, 지각, 의지, 의식의 '다발(꾸러미)'로 여겼다. 나아가 우리는 불안의 다발이기도 하다. 불안을 철학함으로써, 실제로 무엇이 우리를 괴롭히고 불안하게 만드는지 확인함으로써, 우리는 비로소 우리가 누구인지 알게 된다. 불안은 우리 자아가 상상을 초월할 정도로 더 흐트러져 있고 더 무질서하다는 진실, 우리 내면에는 부드럽게 어루만지며 다잡아야 할 부분이 많다는 진실을 상기해준다. 우리 세계가 "세상의 본성이 드러나는 감정적 반응과 독립적으로 이해될 수 없다면" 이 세계는 우리의 불안으로 암흑천지가 될 것이다.[16] 불안과 더불어 살아간다는 것은 우리가 사는 세상의 본성을 바꾸는 것이다.
　나는 불안한 사람이었고 지금도 불안한 사람이다. 나는 이 세상의 요구에 늘 불안으로 반응한다. 그래도 나는 이런 상황을 많이 경험하고 많이 공부한 덕분에 전보다 더 나은 사람이 됐다. 나는 내 불안을 들여다보고 알게 됨으로써 나의 삶, 나의 열정, 나의 책임과 내가 가장 두려워하는 것들에 관한 날카로운 자기지식을 얻었다. 나는 이 책을 내 자전적 이야기라고 생각하면서 썼다. 놀라운 일도 아니지만, 나는 이 책을 쓰는 동안 계속 내 과거로 여행해야 했다. 불안으로 점철됐던 그 한복판으로 다시 뛰어들어야 했다. 그러지 않으면 진심이 담길 수 없다고 생각했다. 이 글을 쓰는 내내 나는 불안을 글쓰기 동료로 끌어들였다. 다른 글을 쓸 때도 그랬다. 나는 언제나 불안한 상태에서 불안에 기대어 글을 썼다. 불안은 내가 책상 앞에 앉아 있을 때나, 쉬려고 일어날 때나, 참고문헌을 읽을 때나, 웹 서핑을 할 때나, 딴짓할 때나, 마감을 미루고 멍하니 있을 때나, 문장을 고칠 때나 늘 내게 꼭 붙어서 끊임없이 자기비판과 자기의심을 종용했다. 불안은 내 글쓰기가 가치 있다고 격려하면서도 이 글이 실패하면 다른 모든 것도 실패하리라고 협박했다. 내게 나만의 고유한 불안이 없었다면 나는 작가가 되지 못했을 것이다. 아버지, 남편, 친구, 등반가, 철학 교수, 철학 상담사가 되지도 못했을 것이다.

불안에 대한 정신적 부담은 불안이 선물해주는 자기지식의 이득으로 상쇄될 수 있다. 불안을 경험한다는 것은 우리의 개인적·사회적 자아와 그것이 수반하는 문화적·도덕적 책임을 경험하는 것이다. 불안이 자극하는 실천과 포기의 결정적 갈림길에서 불협화음을 경험하고도 앞으로 나아갈 때, 그 결과로 얻는 자기성찰은 완전한 자기지식이 된다. 불안을 느끼며 사는 삶, 불안에 의식적이고 능동적으로 다가서는 삶은 우리 자아를 보듬고 이해해주는 삶이다. 키르케고르의 표현처럼 불안은 '자아를 위한 학교'다. 학습의 장소가 때로는 우리 한계를 시험하는 현장이 될 수도 있다. 불안 덕분에 나는 왜 내가 철학자로 살아갈 수 있는지, 왜 내가 나만의 견해를 가질 수 있는지, 왜 내가 세상에 정해진 가치나 의미나 목적이 없다고 믿어야 하는지 이해하게 됐다. 우리의 불안, 우리의 모든 감정은 세상을 살면서 어렵게 얻게 되는 모든 지식과 밀접한 관련이 있지만, 가끔, 아니 자주 인류가 만든 계획이나 의도 또는 관계와 어긋난다. 여기에 논리적 추론이 끼어들 여지는 없다. 논리는 세상만사를 규정하려고 든다. 추론과 결론은 또 다른 입력으로 연결되고, 또 다른 논리를 형성하고, 또 다른 추론으로 이어지면서 알 수 없는 진리를 향해 돌진한다. 불안은 논리가 아니다. 우리는 불안으로 인해 생각의 흐름을 따라갈 수도 있고 그러지 않을 수도 있다. 불안은 우리 자신이기에 어차피 그 끝은 죽음, 무, 비존재다. 이를 위해 기를 쓰고 달려갈 까닭은 없다.

중요한 것은 우리가 불안을 느끼고 있다는 사실이다. 불안은 우리가 여전히 느낄 수 있다고 말해준다. 느낄 수 있다는 것은 살아있다는 것이다. 우리가 지금 살아있다는 이 사실이 가장 중요한 진실이다. 우리는 살아있고, 불안에 즉각적으로 반응을 보일 만큼 건강하다. 우리가 가족, 친구, 연인, 동료 때문에 불안하다면 내 자아와 그들의 자아가

'세계-내-존재'인 현존재로서 서로 관계를 맺고 있어서다. 내가 살아있고, 그들도 살아있어서다. 이보다 멋지고 가슴 뛰는 일이 어디에 있을까? 살아있다는 것 말고, 실존한다는 것 말고, 더 우선하는 일이 있을까? 이래도 불안한 우리 자신을 불안해해야 할까?

回

이 책에서 우리가 살핀 철학은 우리의 깊디깊은 불안을 표현했다. 철학은 우리를 가장 불안하게 만드는 가장 어려운 질문과 함께 그 자리에 그대로 남았는데, 인간인 우리로서는 이 질문에 답할 수 없기 때문이다. 우리는 죽음 이후를 상상할 수는 있어도 철학할 수는 없다. 만약 질문의 답을 찾게 된다면 우리는 인간이 아닌 다른 어떤 존재가 돼 있을 것이다. 우리에게 실존적 불안이 있다는 사실은 우리가 인간임을 방증한다. 불안하지 않은 존재는 인간이 아니다. 불안하지 않다면 우리는 두려움이 반복되리라는 생각 자체를 하지 않을 테고, 우리가 유한한 존재임을 알 수도 없을 테고, 선택할 일도, 철회할 일도, 고칠 일도, 반성할 일도, 다시 시작할 일도 없을 것이다. 아마도 우리는 자동기계처럼 살다가 수명을 다할 뿐, 능동적으로 살아가다가 죽음으로 삶을 완성하지는 못할 것이다. 더는 진도를 나가지 못한 형이상학이 없었더라도 우리는 실존하기 때문에 불안하다. 따라서 불안을 철학한다는 것은 우리가 실존하는 동안 끊임없이 활동한다는 의미이기도 하다.

철학하는 활동은 실존할 때만 가능하므로 불안에 종지부를 찍겠다는 것은 불안을 철학하는 목표가 될 수 없다. 우리가 죽으면 당연히 불안도 끝나지만, 그냥 끝이지 완치는 아니다. 그렇기에 우리는 살면서 되지도 않을 불안 치료에 힘쓰기보다 주의를 전환하고, 인식을 달리하고, 자기 자신을 성찰하고, 더 뜨겁게 사랑하고, 가치에 몰입하고, 의미를 키워나가는 활동으로 우리 곁의 불안을 다독이는 전략을 취해야 한다.

　동서양을 막론하고 고대로부터 내려오는 철학적 사색의 전통은 불안을 다독이는 데 필요한 두 가지 정신 수행법을 제공한다.[17] 첫 번째는 "현재 순간에 관심을 집중"하는 것이다.[18] "오직 현재만이 우리의 행복"임을 마음속에서 계속 되뇌는 것이다.[19] 이 수행법이 의도하는 바는 명확하다. 미래의 불특정하고 불확실한 결과를 아무리 상상해봤자 알 수 있는 것은 하나도 없다. 오직 현재만 확실하고 알 수 있다. 알 수 없고 알려지지도 않은 것을 외면한 채 '지금, 이 순간'만 생각하면 불안의 무게가 가벼워진다. 문득문득 떠오르더라도 무시하고 현재의 관심사에만 주의를 돌린다. 이 방법은 앞서 언급한 '아텔릭' 활동과 연결된다. 종료 시점이 없는 뭔가를 꾸준히 하는 것이다. 공부일 수도 있고 취미일 수도 있다. 명상 활동이라면 더 좋다. '이 순간의 존재'인 나 자신에 집중하는 마음 챙김 같은 명상법이나 호흡법으로 잠자코 침묵한 채 내면의 세계를 가만히 관찰한다. 내 감정을 나와 동일시하지 않고 대상화해서 1인칭 관찰자 시점으로 들여다본다. 감정을 통제하는 데도 큰 도움이 되는데, 경험 심리학에서는 이를 "메타인지적 인식 (Metacognitive Awareness)"이라고 부른다.[20] 나 자신의 생각에 대해 생각하는 것이다. '메타인지'는 최근 매우 중요한 능력으로 주목받고 있다. 명상, 달리기, 하이킹, 등산, 악기 연주, 그림 그리기, 자선 활동 등에 '몰입(flow)'하면서 일상적인 보상, 자기강화, 비난, 죄책감 같은 자기중심적인 긍정적·부정적 집착에서 물러나 외부적이고 비자아적인 시선으로 자기 자신을 바라보려고 노력하면 도움이 된다. 1인칭 주인공 시점으로 나 자신을 보는 순간 불안이 다시금 스멀스멀 기어 나온다. 그것도 나쁘진 않다. 불안을 쫓아낸 게 아님을 우리는 이미 알고 있으니까. 그렇게 기어 나온 불안이 또다시 우리 정신을 헤집고 다니면서 이런저런 잡생각을 하도록 방해할 텐데, 그 역시 우리 내면의 짐승을 조사할 기회로 삼으면 된다. 그 짐승마저도 우리의 생각에 불과하다는 사실을 새삼 깨달으면서 조금씩 더 메타인지적 인식에 익숙해질 수 있다. 붓다가 권장했듯이 마음 챙김으로 우리는 자신의 마음이 어떤 방식으로 작동하는지, 어떻게 우리 내면의 세계를 구축하는지 이해할 수 있다. 우리가 마음의 인질이 아닌 주인이 되기 위한 좋은 노력이다.

두 번째 정신 수행법은 공부와 성찰을 통해 견고해진 이성으로 "위에서부터 아래로" 세상을 내려다보고, "개별성과 주관성에서 보편성과 객관성으로" 올려다보는 것이다.[21] 이 또한 당연히 노력이 필요한데, 나는 이를 "큰 그림에 담는다"고 즐겨 부른다. 이 표현을 문자 그대로 받아들이면 된다. 하늘에서 땅을 내려다보면 거대한 숲도 작고 하찮게 보이듯이 불안은 그렇게 보고, 내 현재 관심은 숲속으로 들어가 가까이에서 나무와 풀을 살피듯이 차근차근 들여다보며 내가 지나간 곳들을 두루 알려고 노력하자는 뜻이다. 이성적으로 생각하고자 애쓰면 불안이 저 밑으로 가라앉으면서 자기중심적 집착도 함께 가라앉게 된다. 그렇게 차분해진 정신으로 내 주변부터 돌아보는 것이다. 그런 뒤 범위를 넓혀서 주의를 다른 좀더 먼 곳으로, 일테면 이 책에서 우리가 살피지 않은 다른 철학이나 문학 작품을 읽어보거나, 평소 관심은 있었으나 미처 시도하지 않았던 취미 활동 등을 함으로써 우리 자신을 향한 집착으로부터 초점을 외부로 확대해나갈 수 있다. 사실 우리가 다른 대상에 집중할수록 자신에 대한 걱정이 줄어든다. 일종의 미학적 자기망각이라고도 할 수 있는데, 우리가 아닌 다른 대상을 바라보고자 돌아서서 그 고유함과 아름다움에 취하면 불안이 감히 그 분위기에 끼어들지 못하는 것이다. 이렇게 세계관을 고고하게 잡아도 우리와 우리 삶을 둘러싸고, 유지하고, 때로는 억압하기도 하는 다양한 개인적·사회적 혼합체와 그 구조가 우리 자신과 맺고 있는 관계를 이해할 수 있다. 이 고상하고 도도하기까지 한 관점에서 세상을 바라보면 우리가 불안과 불행 범벅인 섬에 고립돼 살고 있지 않다는 사실을 알게 된다. 좋은 것과 나쁜 것, 공감할 것과 동정할 것, 위로할 것과 위로받을 것이 놀랍도록 골고루 섞여 있을 뿐이다. 우리 삶이 거둬들이는 열매가 마냥 크고 달지는 않다. 행복, 기쁨, 성공 같은 달콤한 열매 외에도 불행, 슬픔, 실패 같은 쓴 열매도 있고, 어렵고 복잡한 도전처럼 아직 덜 익은 열매도 있다. 이런 사실도 이성적으로 알고 있으면 우리는 불안이 우리 자신의 다른 부분과 맺는 관계에도 주의를 기울일 수 있다. 어떤 예술가가 자신의 창의력이 세상의 고통에 대한 예민함에서 비롯된다는 사실을 깨닫듯이 우리도 자신의 불안이 창의력이나 생산력이나 세심함, 그리고 무엇보다 나 자신을 보살피는 데 없어서는 안 될 요소임을 깨달을 수 있다. 보편적인 진실을 전달하기 위해 특정 개인이나 양상에 초점을 맞추는 문학과 철학이 언제나 보여주듯이, 불안도 우리 개인의 고유한 감정이자 모든 인간의 보편적 감정이다. 우리는 "현재에 주의를 기울여 자기 자신을 객관적인 관점으로 끌어올려야" 한다.[22] 자기지식을 통해 배양한 공감 능력으로 우리는 "개별적 불안"을 통달할 수 있다.[23] 현재가 불안으로 점철돼 있다고 느껴진다면 더욱 그래야 한다. 이 고고한 세계관은 우리 삶이 불완전하다거나 불확실하다는 암시마저 제거한다. 이 기세등등한 사고방식이야말로 불안의 해독제다. 달성되지 않은 목표에 대한 두려움 자체를 설정하지 않기 때문이다. 붓다의 가르침처럼 존재의 끊임없이 변화하는 본질은 이해하되, 존재가 우리에게 줄 수 없는 것은 기대하지 않는다. 존재의 축복이든 저주든 전혀 괘념치 않으며, 우리에게 충성을 다하라는 세상의 이데올로기에 휩쓸려 망상적이고 궁색한 삶도 살지 않는다.

지금까지 살핀 다양한 철학적 접근법은 우리가 불안과 더불어 살아가려면 자기 자신의 다양한 측면에 주의를 기울이라고 조언했다. 붓다는 자신의 참된 본성을 깨달아야 비로소 불안으로부터 자유로워질 수 있다고 했다. 우리에게 자아가 무아임을 깨달아서 없는 자아에 붙은 두카에 집착하는 대신 스스로 자기 자신을 바로 세우고 보편적 연민을 키워 세상을 되도록 더 많은 사람에게 더 나은 곳으로 만들다가 가라고 독려했다. 키르케고르, 니체, 프로이트는 우리에게 죄책감이나 수치심을 불러일으키고 억압하는 사회적·도덕적 규범을 비판적으로 점검하라고 지적했는데, 이를 위해 우리는 세상이 종용하는 삶을 기꺼이 거부할 수 있어야 한다. 틸리히와 하이데거는 우리 두려움의 원천이자 우리가 깨어 있는 모든 순간을 뒷받침하는 죽음에 대한 동물적 공포를 있는 그대로 인정하게 했다. 마르쿠제와 마르크스는 우리를 불안하게 만드는 세상과 그 줄 세우기를 유심히 들여다보고 변화시켜나가야 한다고 역설했다.

이 모든 접근법은 서로 연결돼 있다. 우리의 실존적 불안은 우리가 세상에 존재하므로 발생한다. 세상의 규범적·도덕적 요구가 키운 죄책감을 의심하는 것만으로도 우리는 불안과 제대로 직면할 수 있으며, 우리의 행동이 필요한 도전에도 당당히 응할 수 있다. 이 같은 철학적 지침을 접한 뒤 나는 이들의 통찰을 하나의 맥락으로 종합하려고 애쓰면서 문헌을 반복해 분석했고, 이들의 생각을 나 자신의 삶에 투영해 내 것으로 만들고자 노력했다. 이것이 내가 불안을 철학한 방식이다. 나는 내 인생의 여정에서 죽음을 향한 불안이 중심에 있음을 솔직하게 인정했다. 나는 불교 철학의 가르침을 가슴으로 받아들였고, 실존주의 철학이 보여준 도전에 사회적·도덕적 용기를 얻었으며, 유물론적 비판 철학의 진심 어린 호소에서 행동할 힘을 얻었다. 세상은 그저 존재할 뿐이고, 우리 스스로 만든 세상의 규범에 우리 스스로 상처받고 있지만, 있는 그대로의 세상은 앞으로도 우리가 바꿔나가는 만큼 있는 그대로 존재할 것이므로, 우리가 실존의 의미를 얼마만큼 찾느냐에 따라서 불안은 가벼워지거나 무거워질 것이다. 우선 내 개인적으로는 세상과 그 요구로부터 그리고 내가 죽는 그 순간까지 불안과 더불어 균형 있는 삶을 살고자 계속 노력할 것이다.

우리는 너무 자주 '귀 기울이는 왕'의 구원에 대한 환상으로 근본적인 실존적 불안에 저항하려고 한다.[24] 고대 전설에서 왕들은 백성이 자신들의 통치에 만족하게 하고자 친히 마을로 행차하는 이벤트를 벌이곤 했다. 위풍당당하게 마차에 앉아 수많은 신하를 거느리고 인파 가득한 저잣거리를 행진하던 중 신하들이 미리 입을 맞춰 세워둔 한 노인을 발견하고는 그 자리에 멈춘다. 왕은 인자한 표정과 말투로 몇 마디 말을 건넨 뒤 노인을 왕궁으로 데려간다. 소문은 삽시간에 방방 곡곡으로 퍼진다. 참으로 행운아가 아닌가! 한순간에 운명이 바뀌다니! 그래 나도 어쩌면! 그렇게 희망에 찬 백성들은 왕의 행차를 기다리면서, 자신이 선택되기를 기대하면서, 하루하루를 버텨나간다. 나도 행운아가 될 수 있다! 나도 선택받을 수 있다! 귀 기울이는 왕께서 곧 나를 왕궁으로 불러주실 것이다! 이 지긋지긋한 운명에서 벗어날 테다!

그러나 이 고무적인 신화도 실존의 제약 앞에서는 성립하지 못한다.

⋮ 불안을 철학하다 ⋮

지상의 구원자도, 신성한 중재도, 우리의 실존적 책임과 의무를 대신해줄 수는 없다. 이성의 힘으로 버티든 신에 의지하든 불안은 오롯이 우리 몫이다. 우리의 실존적 상황이 유발하는 불안에 대한 실존주의적 대응은 불안을 근본적으로 '다르게 인식'한 채 적극적으로 세상과 마주하거나 '신앙의 도약'을 통해 신과 하나가 되는 것이며, 유물론적 대응은 세상의 물리적 상황을 바꾸기 위해 '행동'하는 것, 즉 머리 위로 지붕을 덮을 수 없고, 다음 먹을거리를 찾을 수 없고, 벌거벗은 몸에 걸칠 옷이 없다는 문제 제기를 행동으로 옮기는 것이다. 우리가 주변 사람, 낯선 사람, 시민, 가족, 친구, 연인, 동료들에게 지고 있는 서로에 대한 모든 책임 의식은 부조리로 인한 불안을 물리치고자 행동할 때 동기로 작용해야 한다. 삶의 가치와 의미는 영원토록 우리에게 주어지지 않을 것이다. 우리는 우리의 인식과 행동으로 그것을 만들어나가야 한다. 우리가 삶의 의무를 다하기 위해, 세상의 물리적 환경과 사회적·문화적 질서를 바꾸기 위해 할 수 있는 개인적·정치적 행동 말고 자유를 행사하기에 더 나은 영역이 있을까?

아울러 우리는 너무 자주 로맨틱하거나 가족적인 사랑이 부족해서 불안해진다. 사랑은 더없이 행복한 결합으로 공포에서 해방해주고 종말을 잊게 해주는 위안이다. 사랑은 문자 그대로 우리를 편안한 집에 머물게 해준다. 비록 그런 사랑마저도 우리가 죽어서 공허 속으로 떠나갈 때는 함께하지 않지만 말이다. 프로이트 정신분석은 사랑을 태초의 바다 같은 느낌을 재경험하려는 인간의 욕망으로 봤다. 불안은 우리가 이런 위안을 거부당할 때, 그 위안이 없었던 시간으로 돌아가기를 두려워할 때 경험하는 감정이기도 하다. 하지만 사랑을 구하는 것 외에 우리 삶에 존재하는 사랑을 인지하는 것도 중요한 일이다. 그래야만 진정으로 사랑할 수 있기 때문이다. 우리는 정작 우리가 받는 사랑을 인지하지 못해서 외로워하며, 이로 인해 사랑을 베풀지 못하는 경우가 많다. 키르케고르는 사랑이라는 말은 "사랑하는 사람의 표현"이라고 지적하면서 이렇게 썼다.

"사랑이 우리 모두에게서 사랑의 존재를 찾을 수 있을 만큼 사랑한다는 사실로 인지되는 것이 아니라, 사랑을 구하려고만 하는 욕망 때문에 아무도 사랑할 가치가 없음을 분명히 하는 저주에 불과한 것이라면, 그보다 더 슬픈 일이 있겠는가?"[25]

불안은 우리 삶에 무협 서사의 전사가 가진 용기보다 더 큰 용기가 필요하다는 사실을 말해준다. 우리는 죽음이라는 궁극적 재앙, 실존의 부재, 소중한 모든 것들의 상실, 피할 수 없는 운명을 눈 한 번 깜빡하지 않고 똑바로 응시한 채 계속 밀어붙이면서 나아가야 한다. 언젠가부터 우리는 스스로 겁이 많다고 여기는 데 너무 익숙해져 있다. 불안을 핑계로 "고요한 절망 속에 매달려 있는" 자신을 아무렇지도 않게 여기곤 한다.[26] 우리는 재앙에 직면한 실존을 인정하고 세상의 모욕에 맞서 자기 자신을 온전히 유지하기 위해 끊임없이 노력해야 한다. 실존적 불안은 이렇게 계속 나아가고, 나아지고, 바꾸려고 노력할 때 우리의 원수가 아닌 아군이 된다. 우리가 미지의 영역을 향해 힘껏 나아가는 동안 불안은 바람직한 삶의 궤적과 우리를 기다리고 있는 새로운 자아를 알려준다. 우리는 항상 불안할 것이다. 불안하기에 우리는 존재할 용기를 낼 수 있다. 불안하기에 우리는 자신이 어떤 존재인지, 앞으로 무엇이 될 수 있는지 궁금할 자격이 있다.

언제나 불안한 시대

1. Scott Stossel, 《My Age of Anxiety(나는 불안과 함께 살아간다)》, p. 52.

2. Sigmund Freud, 《Problem of Anxiety(불안의 문제)》, p. 23. 이 책은 1936 년에 번역 출간된 《Inhibitions, Symptoms and Anxiety(억압과 증후 그리고 불안)》의 개정판이다.

3. Julia Annas, "Philosophical Therapy, Ancient and Modern(철학적 치료, 고대와 현대)". Robert Earl Cushman, 《Therapeia(테라페이아)》. Iason Xenakis, 《Epictetus: Philosopher-Therapist(에픽테토스: 철학자-치료사)》. Chris Mace, 《Heart and Soul(마음과 영혼)》.

4. 이 용어를 선택한 이유는 내가 쓴 다음 칼럼에 대한 익명 독자의 의견 덕분이다. Samir Chopra, "Anxiety Isn't a Pathology(불안은 병리가 아니다)".

5. Scott Stossel, 《My Age of Anxiety》, p. 52.

6. A. T. Beck, G. Emery, 《Anxiety Disorders and Phobias(불안 장애와 공포증)》. 인지행동치료와 더불어 '수용전념치료(ACT)'도 고대 스토아 철학에서 영감을 받은 것으로 알려져 있다. 다음 논문을 참조할 것. S. C. Hayes, "Acceptance and Commitment Therapy(수용전념치료)".

7. Edward Marguia, Kim Diaz, "Philosophical Foundations of Cognitive Behavioral Therapy(인지행동치료의 철학적 기반)".

8. Eva A. M. van Dis 외, "Long-Term Outcomes of Cognitive Behavioral Therapy for Anxiety-Related Disorders(불안 관련 장애에 대한 인지행동치

료의 장기 성과)".

9. Elliot D. Cohen, "Philosophical Counseling(철학적 상담)".

10. Scott Stossel, 《My Age of Anxiety》, p. 36.

11. 영국 화가이자 시인 윌리엄 블레이크의 시에서 인용했다. William Blake,
   《Grey Monk(나이든 수도승)》. 다음 웹사이트에서 시 전문을 열람할 수 있
   다. https://rpo.library.utoronto.ca/content/grey-monk.

항상 불안한 존재

1. Joan Didion, 《The Year of Magical Thinking(상실)》, p. 4.

2. 인도 불교 승려이자 '중관학(中觀學/Madhyamaka/마드야마카)'을 창시한 철
   학자 나가르주나(Nāgārjuna/龍樹/용수)가 이 교의를 경전으로 정리했다.
   《Mūlamadhyamakakārikā(물라 마드야마카 카리카/中論/중론)》. 직역하면
   "중도에 관한 근본적인 글(Fundamental Verses on the Middle Way)"이다. 나
   는 다음 영역본을 참조했다. Garfield Jay, 《The Fundamental Wisdom》,
   pp. 293-321. 이 책은 산스크리트어 원문 해석과 함께 각주를 제공해 이해
   를 돕는다.

3. 나는 이 이야기를 내 블로그에 포스팅했었다. Samir Chopra, "Of
   Therapy and Personal and Academic Anxieties"(February 27, 2015).
   https://samirchopra.com/2015/02/27/of-therapy-and-personal-
   and-academic-anxieties.

4. Rollo May, 《The Meaning of Anxiety(불안의 의미)》, pp. 189-190. 미국
   실존주의 심리학자이자 롤로 메이는 폴 틸리히의 친구이기도 했다.

5. Sigmund Freud, Josef Breuer, 《Studies in Hysteria(히스테리 연구)》, p.
   305.

6. 영국 록 밴드 롤링 스톤스의 곡 "나는 자유다"에 나오는 가사 일부다. Rolling Stones, ⟨Out of Our Heads⟩ 앨범 중 "I'm Free"(London Records, 1965). 얼터너티브 록 밴드 수프 드래곤스(Soup Dragons)가 다음 앨범에서 리메이크했다. ⟨Lovegod⟩(Big Life, 1990).

7. Søren Kierkegaard, 《The Concept of Anxiety(불안의 개념)》, p. 19n.

8. Gordon Marino, "Anxiety in The Concept of Anxiety(불안의 개념에서의 불안)", p. 312.

9. '궁극적 관심'은 폴 틸리히가 다음 책에서 처음 제시한 개념으로 인간 실존, 존재 근거, 신과 같은 가장 깊은 차원의 대상에 대한 사유를 말하며, 세속적 정의, 권력, 부, 명예, 사랑, 미모, 섹스 등 '일상적 관심'과 대비된다. Paul Tillich, 《Theology of Culture(문화의 신학)》, pp. 6-7.

무아의 불안

1. Christopher W. Gowans, "Medical Analogies in Buddhist and Hellenistic Thought(불교와 헬레니즘 사상의 의학적 유사성)", p. 30.

2. 위 논문, p. 30.

3. 불교 철학 교의의 개요와 구체적 치유법은 다양한 불교 경전을 다루고 있는 다음 여러 책을 참조할 것. Rupert Gethin, 《Foundations of Buddhism(불교의 기초)》. Padmasiri De Silva, 《Introduction to Buddhist Psychology(불교 심리학 입문)》. Mark Siderits, 《Empty Persons(텅 빈 개인)》. Thich Nhat Hanh, 《Heart of the Buddha's Teaching(붓다 가르침의 핵심)》. Gil Fronsdal, 《Dhammapada(법구경/法句經)》. Mark Siderits, 《Buddhism as Philosophy(철학으로서의 불교)》.

4. Christopher W. Gowans, "Medical Analogies in Buddhist and

: 불안을 철학하다 :

Hellenistic Thought", p. 30.

5. 위 논문, p. 30.

6. 위 논문, p. 30.

7. 위 논문, p. 30.

8. 다음 책이 이를 날카롭게 지적하고 있다. Robert Morriso, 《Nietzsche and Buddhism(니체와 불교)》.

9. Mark Siderits, 《Buddhism as Philosophy》, p. 19.

10. William James, 《The Varieties of Religious Experience(종교적 경험의 다양성)》, p. 160.

11. David Rhys, 《The Questions of King Milinda(밀린다 왕의 물음)》, pp. 40-45. 두 사람의 해당 대화 부분만 발췌해 인용했다. 밀린다는 기원전 2세기 후반 박트리아(Bactria) 왕국의 왕 메난드로스 1세(Menadros I)를 말한다. 이후 나가세나의 제자가 된다. 박트리아 왕국은 고대 그리스인이 인도 북서부에 세운 나라로 불교 간다라(Gandhara) 미술에 영향을 미쳤다.

12. Walpola Rahula, 《What the Buddha Taught(붓다의 가르침이란 무엇인가)》, p. 30.

13. 위 책, p. 31.

14. 이는 고대 스토아 철학의 교훈이기도 하다.

15. 불안을 피하지 않고 오히려 가까이해야 한다는 불교 교의는 실존주의 철학과 맥락을 함께한다.

16. 이 또한 스토아 철학의 지혜와 일맥상통한다. 마르쿠스 아우렐리우스는 이렇게 썼다. "미래에 일어날 일로 불안해하지 마라. 미래로 가야 한다면, 네가 현재의 일에 쓰고 있는 그 이성으로 무장하고 그리로 가야 할 것이다." Marcus Aurelius, 《Meditations(명상록)》, 제7권, 제8장, p. 106.

17. Pema Chodron, 《Comfortable with Uncertainty(불확실성과 함께하는

편안함》, p. 1.

18. 위 책, p. 5.

19. 위 책, p. 7.

20. 위 책, p. 8.

21. 위 책, p. 23.

22. 위 책, p. 45.

23. 다음 책에서 갖가지 실험 사례를 소개하고 있다. Michael Pollan, 《How to Change Your Mind(마음을 바꾸는 방법)》.

24. 아일랜드 출신의 영국 소설가이자 철학자 아이리스 머독은 "자아, 우리가 사는 곳은 환상"이라는 묘사를 통해 불교 철학의 '무아' 개념을 설득력 있 게 전달했다. Iris Murdoch, 《The Sovereignty of Good(선의 군림)》, p. 91.

불안할 자유

1. 오스트리아 출신 영국 철학자이자 분석 철학의 선구자 루드비히 비트겐슈 타인은 이렇게 말했다. "철학적 문제는 '나는 내 길을 모른다'는 형식을 갖 는다." Ludwig Wittgenstein, 《Philosophical Investigations(철학적 탐 구)》, p. 123.

2. 다음 논문을 참조할 것. Petra Morstein, "Anxiety and Depression(불안 과 우울)".

3. 독일 출신 미국 철학자 월터 카우프만이 실존주의의 진가를 알리는 데 크 게 공헌했다. Walter Kaufmann, 《Without Guilt and Justice(죄책감과 정 의 없이)》, pp. 7-28. 실존주의는 19세기 유럽에 한정된 철학 사조가 아니라 시간적·공간적·문화적으로 다양하게 확산했다. 나는 이 책에서 '실존주의'

라는 용어를 장 폴 사르트르와 시몬 드 보부아르(Simone de Beauvoir) 중심의 프랑스 사상 운동에 국한하지 않고 이론적 선구자들인 키르케고르, 니체, 하이데거와 더불어 틸리히까지 포함한 범주로 다룬다.

4. '궁극적 관심'은 우리가 이 책에서 중요하게 살필 틸리히의 다음 책에서도 강조된다. Paul Tillich, 《Courage to Be(존재할 용기)》, pp. 6-7. 미국 정신과 의사이자 실존주의 심리치료사 어빈 얄롬이 이 개념을 더욱 구체화했다. Irvin Yalom, 《Existential Psychotherapy(실존주의 심리치료)》.

5. Walter Kaufmann, 《Without Guilt and Justice》.

6. Jean-Paul Sartre, 《Essays in Existentialism(실존주의에 관한 에세이)》 중 "The Humanism of Existentialism(실존주의의 휴머니즘)", p. 36.

7. 위 책, p. 37.

8. 위 책, p. 41.

9. Jean-Paul Sartre, 《Essays in Existentialism》 중 "Freedom and Responsibility(자유와 책임)", p. 68.

10. 다음 책이 이 부분을 흥미롭게 소개하고 있다. Robert Morrison, 《Nietzsche and Buddhism(니체와 불교)》.

11. Friedrich Nietzsche, 《The Birth of Tragedy(비극의 탄생)》. 니체 철학의 전반적인 개요를 살펴려면 다음 책을 참조할 것. Walter Kaufmann, 《Nietzsche: Philosopher, Psychologist, Anti-Christ(니체: 철학자, 심리학자, 안티크리스트)》. 내가 이 책에서 다루는 니체의 주요 저작은 다음과 같다. 《Human All Too Human(인간적인 너무나 인간적인)》, 《Beyond Good and Evil(선악의 저편)》, 《The Gay Science(즐거운 학문)》, 《Daybreak(아침놀)》, 《Will to Power(힘에의 의지)》, 《Thus Spake Zarathustra(차라투스트라는 이렇게 말했다)》, 《Twilight of the Idols(우상의 황혼)》, 《On The Genealogy of Morals(도덕의 계보)》. 최고의 번역으로 꼽히는 월터 카우

프만과 레지널드 J. 홀링데일(Reginald J. Hollingdale)의 영역본을 참조했다.

12. Plato, 《The Republic(국가)》, p. 344c.

13. 니체가 말하는 '힘'은 강자의 가치를 약자의 가치로 대체하는 '전복'(도덕의 계보)이자, 세상의 강요와 억압에 대한 '자기극복'(힘에의 의지)이자, 낡고 오래된 도덕으로부터의 '독립'(선악의 저편)이다.

14. Friedrich Nietzsche, 《Beyond Good and Evil》, 제9장, "What Is Noble?(고귀함이란 무엇인가)".

15. Friedrich Nietzsche, 《Thus Spoke Zarathustra》, 제56절, "Old and New Tables(낡은 서판과 새로운 서판에 대하여)".

16. Paul Tillich, 《Courage to Be》, p. 47.

17. 위 책, p. 106.

18. Friedrich Nietzsche, 《Birth of Tragedy》, 제5절.

19. Friedrich Nietzsche, 《Thus Spake Zarathustra》, 제11절, "On the New Idol(새로운 우상에 대하여)".

20. 이 견해는 그리스 출신 미국 철학자 알렉산더 네하마스가 제시했다. Alexander Nehamas, 《Nietzsche: Life as Literature(니체: 문학으로서의 삶)》.

21. R. J. Hollingdale, 《Nietzsche: The Man and His Philosophy(니체: 그의 삶과 철학)》. Rudiger Safranski, 《Nietzsche: A Philosophical Biography(니체: 철학적 전기)》.

22. 이 단락은 이전에 내가 쓴 블로그 포스트 내용을 문맥에 맞게 고쳐 쓴 것이다. Samir Chopra, "Nietzsche on the Relief of Mortality"(June 23, 2020). https://samirchopra.com/2020/06/23/nietzsche-on-the-relief-of-mortality.

23. Friedrich Nietzsche, 《Daybreak》, 제501절.

24. Friedrich Nietzsche, 《Thus Spake Zarathustra》, "The Prologue(차라투스트라의 머리말)".

25. Friedrich Nietzsche, 《Gay Science》, 제341절.

26. 미국 문화인류학자 어네스트 베커가 이를 웅변적으로 설명했다. Ernest Becker, 《The Denial of Death(죽음의 부정)》.

27. Søren Kierkegaard, 《The Concept of Anxiety》.

28. 키르케고르의 삶은 다음 두 평전에서 잘 소개하고 있다. Clare Carlisle, 《Philosopher of the Heart(마음의 철학자)》. Joakim Garff, 《Søren Kierkegaard》.

29. 다음 문장을 더 명확히 풀어서 인용한 것이다. "키르케고르에게 '불안'은 인간의 존재론적 구조에 속한 감정 상태나 기분이다." Gregory Beabout, 《Freedom and Its Misuses(자유와 그 오용)》, p. 7.

30. Søren Kierkegaard, 《Journals and Papers(일기와 소논문)》, 제7권, p. 100.

31. Gregory Beabout, 《Freedom and Its Misuses》, p. 45.

32. 위 책, p. 47.

33. 위 책, p. 47.

34. 위 책, p. 48.

35. 위 책, p. 48.

36. 위 책, p. 18.

37. 위 책, p. 19.

38. Gordon Marino, "Anxiety in The Concept of Anxiety", p. 319. Gregory Beabout, 《Freedom and Its Misuses》, p. 63.

39. Søren Kierkegaard, 《Christian Discourses(기독교 강화)》, p. 80.

40. Gregory Beabout, 《Freedom and Its Misuses》, p. 22.

41. Søren Kierkegaard, 《Sickness unto Death(죽음에 이르는 병)》, 제2장, p. 55.

42. Gregory Beabout, 《Freedom and Its Misuses》, p. 46.

43. 위 책, p. 47.

44. Rollo May, 《The Meaning of Anxiety》, p. 44.

45. Alexander Nehamas, 《Nietzsche : Life as Literature》.

46. Søren Kierkegaard, 《Sickness unto Death》.

47. Rollo May, 《The Meaning of Anxiety》, p. 47.

48. Søren Kierkegaard, 《The Concept of Anxiety》, p. 89.

49. Rollo May, 《The Meaning of Anxiety》, p. 56.

50. 위 책, p. 58.

51. 위 책, p. 59.

52. Søren Kierkegaard, 《The Concept of Anxiety》, p. 145.

53. 위 책, p. 146n.

54. Rollo May, 《The Meaning of Anxiety》, p. 63.

55. Søren Kierkegaard, 《The Concept of Anxiety》, p. 189.

56. 위 책, p. 189.

57. 위 책, p. 189.

58. 이 단락은 이전에 내가 쓴 블로그 포스트 내용을 문맥에 맞게 고쳐 쓴 것이다. Samir Chopra, "Kierkegaard on Being Educated by Possibility(and Anxiety)"(August 28, 2020). https://samirchopra. com/2020/08/28/kierkegaard-on-being-educated-by-possibility-and-anxiety. 가능성과 현실의 관계에 관한 키르케고르의 설명은 다음 책을 참조할 것. Søren Kierkegaard, 《The Concept of Anxiety》, pp. 187-196.

59. Søren Kierkegaard, 《The Concept of Anxiety》, p. 141.

60. 위 책, p. 192.

61. 위 책, p. 187.

62. Søren Kierkegaard, 《Sickness unto Death》, p. 39.

63. Gregory Beabout, 《Freedom and Its Misuses》, p. 59.

64. Søren Kierkegaard, 《The Concept of Anxiety》, p. 89.

65. Gregory Beabout, 《Freedom and Its Misuses》, p. 62.

66. 위 책, p. 62.

67. Rollo May, 《The Meaning of Anxiety》, p. 45.

68. Søren Kierkegaard, 《The Concept of Anxiety》, p. 194.

69. 위 책, p. 52.

70. Paul Tillich, 《Courage to Be》, p. 12. 소크라테스의 재판, 선고, 죽음에 관한 자세한 내용은 다음 플라톤 대화편을 참조할 것. 《Apologia(변론)》, 《Kriton(크리톤)》, 《Phaidon(파이돈)》.

71. Paul Tillich, 《Courage to Be》, p. 34.

72. 위 책, p. 35.

73. 위 책, p. 37.

74. 위 책, p. 35.

75. 위 책, p. 37.

76. 위 책, p. 38.

77. 위 책, p. 38.

78. 위 책, pp. 38-53. 제2장 "존재와 비존재 그리고 불안(Being, Non-being, and Anxiety)"에서 '불안의 세 가지 유형(Three Types of Anxiety)'이라는 별도의 제목으로 이를 자세히 설명하고 있다.

79. 위 책, p. 42.

80. 위 책, p. 165.

81. 위 책, p. 165.

82. 위 책, p. 42.

83. 위 책, p. 36. 틸리히는 이렇게 썼다. "이런 대상이 초래할 위협을 예상할 때 두려운 것은 부정성 자체가 아닌 부정성이 내포한 가능성에 대한 불안 이다." 사르트르도 비슷한 맥락에서 이렇게 말했다. "나는 나 자신과 나의 반응을 불신한다. 전쟁 중 신병은 죽음을 두려워하지만, 자신의 두려움 을 두려워하는 경우가 더 잦다." 다음 책을 참조할 것. Jean-Paul Sartre, 《Essays in Existentialism》 중 "Being and Nothingness(존재와 무)", p. 120. 이 말을 좀더 명확히 이해하기 위해서 우리가 물에 빠져 익사할까 봐 두려워하고 있다고 가정해보자. 얼핏 생각하면 '익사'라는 특정 사건을 두려워하는 것 같지만, 사실은 현재로서는 전혀 알 수 없는 익사할 때 우 리가 느끼게 될 두려움, 즉 '두려워하는 나'를 두려워하는 것이다.

84. William Shakespeare, 《Hamlet(햄릿)》, 제3막, 제1장.

85. 이 단락은 이전에 내가 쓴 블로그 포스트 내용을 문맥에 맞게 고쳐 쓴 것 이다. Samir Chopra, "Dreams of the 'Undiscovered Country'"(July 21, 2014). https://samirchopra.com/2014/07/21/dreams-of-the-undiscovered-country.

86. 마르틴 하이데거는 이 명실상부한 그의 대표작에서 '불안' 개념을 확장 해 논의한다. Martin Heidegger, 《Being and Time(존재와 시간)》, 제40 절. 더 이해하기 쉬운 접근은 다음 논문을 참조할 것. Martin Heidegger, "What Is Metaphysics(형이상학이란 무엇인가)".

87. 하이데거 철학에 좀더 쉽게 접근하고 싶다면 다음 두 책을 추천한 다. Hubert Dreyfus, 《Being-in-the-World(세계-내-존재)》. John Richardson, 《Heidegger》. 그리고 영국 정치 철학자이자 윤리학자 사

이먼 크리츨리가 쓴 다음 칼럼이 하이데거의 '불안' 개념을 이해하기 쉽게 대중적으로 풀어서 잘 설명하고 있다. Simon Critchley, "Being and Time, part 5: Anxiety", 〈Guardian〉(July 6, 2009). https://www.theguardian.com/commentisfree/belief/2009/jul/06/heidegger-philosophy-being.

88. James Magrini, "Anxiety in Heidegger's Being and Time(하이데거의 존재와 시간에서의 불안)". John T. Whalen, "Anxiety, the Most Revelatory of Moods(불안, 가장 계시적인 기분)". Jonathan Lyonhart, "Being and Time-less Faith(존재와 시간 없는 믿음)".

89. Bettina Bergo, "Evolution and Force(진화와 힘)".

90. 이는 우리가 실존의 책임을 영영 인식하지 않으려고 할 때 빠지게 될 '절망'에 관한 키르케고르의 설명과 일치한다.

91. William James, 《Pragmatism(실용주의)》, p. 27.

92. Martin Heidegger, 《Being and Time》, p. 298.

93. 이 대목은 폴 틸리히의 주장과도 궤를 함께하는데, 틸리히는 무(비존재)의 위협을 흔적도 없이 소멸한다는 극단적인 위협으로 받아들이면 "전통 또는 자율적인 확신이나 정서적 호감처럼 변한" 잘못된 자기긍정에 빠져 자신의 정체성을 "개인의 수준을 넘어서는", 일테면 다양한 사회적·종교적·정치적·문화적 집단과 동일시하면서 자아를 포기할 수 있다고 경고했다. 물론 우리 문명 구조에서 '감옥' 같은 곳도 안전을 보장하기는 한다. 틸리히는 하이데거보다 더 나아가 이를 사회적 병리 현상으로 봤다. 무의 불안에서 벗어나고자 "자유로부터 도피"하면 일시적으로는 실존적 허무감에 휩싸이지 않겠지만, "자유를 희생"하고 "자아를 포기"하는 문제이기에, 이런 방식으로 세상에 대한 확신을 되찾더라도 "광신적인 자기독단"이라는 흔적을 남기게 된다. Paul Tillich, 《Courage to Be》, pp. 46~47.

94. Irvin Yalom, 《Existential Psychotherapy》, p. 171.

트라우마와 불안

1. 프로이트는 다음 책에서 불안에 관한 가장 포괄적인 연구 결과를 소개했다. Sigmund Freud, 《Problem of Anxiety》. 나는 주로 영국 철학자 리처드 월하임이 설명한 프로이트 불안 이론을 참조했다. Richard Wollheim, 《Sigmund Freud》, pp. 239-249. 정신분석 이론의 개요는 프로이트의 강의를 엮은 다음 책을 참조할 것. Sigmund Freud, 《Five Lectures on Psychoanalysis(정신분석에 관한 다섯 편의 강의)》, 《Introductory Lectures on Psychoanalysis(정신분석 개론)》.

2. Sigmund Freud, 《Problem of Anxiety》, p. 19.

3. Sigmund Freud, 《Standard Edition of the Complete Psychological Works of Sigmund Freud(지그문트 프로이트 심리학 전집 표준판)》, 제3권, p. 109, p. 114, pp. 150-151, p. 268.

4. 이 부분은 프로이트가 인류 문명을 아낌없이 비판한 다음 책에서 인상 깊게 다루고 있다. Sigmund Freud, 《Civilization and Its Discontents(문명 속의 불만)》.

5. 미국 저널리스트 재닛 말콤이 정신분석의 역사와 이면을 심도 있게 파헤친 바 있다. Janet Malcolm, 《Psychoanalysis(정신분석)》.

6. Sigmund Freud, 《Problem of Anxiety》, pp. 21-32.

7. Richard Wollheim, 《Sigmund Freud》, pp. 241-245.

8. Sigmund Freud, 《Three Essays on the Theory of Sexuality(성욕에 관한 세 편의 에세이)》, p. 222.

9. Sigmund Freud, 《Problem of Anxiety》, p. 119.

10. 위 책, p. 75.

11. 위 책, p. 119.

불안 사회

1. Paul Tillich, 《Courage to Be》, p. 62.

2. 위 책, p. 110.

3. Scott Stossel, 《My Age of Anxiety》, p. 303.

4. 토머스 에디슨(Thomas Edison)과 시어도어 루스벨트(Theodore Roosevelt) 등이 '비교'의 병폐를 지적하면서 이 표현을 썼다.

5. 프로이트를 계승하고 극복한 미국 정신분석학자이자 철학자 에리히 프롬이 주창한 개념이다. Erich Fromm, 《Escape from Freedom(자유로부터의 도피)》.

6. 토머스 홉스의 대표작에서 "만인에 대한 만인의 투쟁" 다음으로 즐겨 인용되는 구절이다. Thomas Hobbes, 《Leviathan(리바이어던)》, 제13장, "Of the Natural Condition of Mankind, as Concerning Their Felicity, and Misery(인간의 자연 상태, 그 복됨과 비참함에 관하여)".

7. Herbert Marcuse, "Existentialism: Remarks on Jean-Paul Sartre's L'Être et le néant(실존주의: 장 폴 사르트르의 존재와 무에 주목하며)", p. 311.

8. 위 논문, p. 311.

9. 위 논문, p. 336.

10. 위 논문, p. 320.

11. 위 논문, p. 320.

12. Peter Kramer, 《Listening to Prozac(프로작을 듣다)》.

13. Herbert Marcuse, 《One-Dimensional Man(일차원적 인간)》, p. 237.

14. 다음 책에서 재인용. Erich Fromm, 《Marx's Concept of Man(마르크스

의 인간 개념》, p. 95. 이후 마르크스에 대한 언급은 모두 이 책을 참조했다.

15. 위 책, pp. 95-96.

16. 위 책, p. 96.

17. 위 책, p. 96.

18. 위 책, p. 103.

불안과 더불어 산다는 것

1. 이 단락은 이전에 내가 쓴 블로그 포스트 내용을 문맥에 맞게 고쳐 쓴 것이다. Samir Chopra, "The Tyranny of the Tourism Poster"(January 6, 2012). https://samirchopra.com/2012/01/06/the-tyranny-of-the-tourism-poster.

2. Logi Gunnarsson, "Philosopher as Pathogenic Agent, Patient and Therapist", p. 180. 이 논문에서 로기 귄나르손은 리처드 로티의 다음 책을 바탕으로 이를 "아이러니스트 해결책(Ironist Solution)"이라고 불렀다. Richard Rorty, 《Contingency, Irony, and Solidarity(우연성, 아이러니, 연대)》.

3. Irvin Yalom, 《Existential Psychotherapy》, p. 171.

4. 이는 도덕 심리학의 주요 쟁점이자 문학의 주요 주제다. 형식적인 윤리 이론보다 선택의 실제 결과에 초점을 맞춘다. 우리 삶의 도덕적·문학적 서사는 우리가 무엇을 해야 하는지에 대한 질문에 답하려고 할 때마다 우리가 어떤 사람이 되고 싶은지를 떠올리게 함으로써 우리를 선택의 딜레마로 몰아넣는다.

5. 14세기 프랑스 철학자 장 뷔리당(Jean Buridan)의 이름을 딴 이 역설은 자유의지 없는 이성의 비극을 풍자한다. 여기 몹시 배고프고 목마른 당나귀

가 묶여 있다. 당나귀 앞에는 질적·양적으로 동일한 가치의 건초 더미와 물이 든 양동이가 있다. 만약 당나귀에게 자유의지가 없고 이성만 있다면, 건초는 물만큼 가치 있고 물은 건초만큼 가치 있는 50 대 50 상황에서 어떤 쪽을 선택할지 고민만 하다가 결국 아무런 선택도 하지 못하고 죽는다.

6. Jorge Louis Borges, 《The Garden of Forking Paths(두 갈래로 갈라지는 오솔길들의 정원)》.

7. Paul Tillich, 《Courage to Be》, pp. 38-53.

8. 중년의 위기를 철학적으로 탐구하고 극복 방안을 모색한 미국 철학자 키어런 세티야의 다음 책에서 여러 지혜를 얻을 수 있다. Kieran Setiya, 《Midlife Crisis(중년의 위기)》.

9. 미국 철학자 엘리야 밀그램이 이를 구체적으로 설명했다. Elijah Millgram, 《John Stuart Mill and the Meaning of Life(존 스튜어트 밀과 삶의 의미)》.

10. 니체는 이렇게 썼다. "자신의 성격에 '양식'을 부여하는 것은 위대하고 희귀한 예술이다." Friedrich Nietzsche, 《Gay Science》, 제290절.

11. Peter Kramer, 《Listening to Prozac》.

12. 영국 정신의학 전문의이자 비판정신의학네트워크(CPN) 학회의 공동 설립자인 조애나 몬크리프는 "우울하거나 불안한 사람들의 뇌 속에 '화학적 불균형'이 있다는 증거는 없다"고 말했다. "애초에 '화학적으로 균형을 이룬 뇌'의 상태를 모르기" 때문이다. '항우울제' 또한 그저 '명칭'일 뿐이며 "제약회사가 우리에게 약을 팔기 위해 만든 미신"에 불과하다. 운 좋게 단기 효과를 볼 수는 있어도 "장기간 복용 시 부작용으로 비만과 성 기능 장애, 심지어 뇌졸중과 당뇨까지" 초래한다. 다음 세 권의 책을 참조할 것. Joanna Moncrieff, 《The Myth of the Chemical Cure(화학적 치료의 신화)》, 《A Straight-Talking Introduction to Psychiatric Drugs(정신과 약물에 관한 직설적 개요)》, 《The Bitterest Pills(쓰디쓴 약)》.

13. Blaise Pascal, 《Pensées(팡세)》, 제8편.

14. Paul Tillich, 《Courage to Be》, pp. 38-53.

15. Rollo May, 《The Meaning of Anxiety》, p. xv.

16. Logi Gunnarsson, "Philosopher as Pathogenic Agent, Patient and Therapist", p. 183.

17. Jonardon Ganeri, "Return to the Self(자아로의 복귀)". Pierre Hadot, 《Philosophy as a Way of Life(삶의 방식으로서의 철학)》.

18. Pierre Hadot, 《Philosophy as a Way of Life》, p. 84.

19. 위 책 p. 217.

20. John D. Teasdale 외, "Metacognitive Awareness and Prevention of Relapse in Depression(우울증의 메타인지적 인식과 재발 방지)".

21. Pierre Hadot, 《Philosophy as a Way of Life》, p. 242.

22. Jonardon Ganeri, "Return to the Self", p. 119.

23. 위 논문, p. 119.

24. 어빈 얄롬은 이를 인간의 두 가지 주요 심리적 방어 기제로 설명했는데, 하나는 "개인의 특수성과 불가침성"에 대한 믿음이고 다른 하나는 "궁극적 구원자"를 향한 집착이다. Irvin Yalom, 《Existential Psychotherapy》, p. 129.

25. Søren Kierkegaard, 《Works of Love(사랑의 실천)》, pp. 56-57.

26. 영국 프로그레시브 록 밴드 핑크 플로이드의 곡 "시간"에 나오는 가사 일부다. Pink Floyd, 〈Dark Side of the Moon〉 앨범 중 "Time"(Harvest Records, 1973).

: 불안을 철학하다 :

- Annas, Julia. "Philosophical Therapy, Ancient and Modern." In *Bioethics: Ancient Themes in Contemporary Issues*, edited by Mark G. Kuczewski and Ronald Polansky(Cambridge, MA: MIT Press, 2000), pp. 109-127.

- Aurelius, Marcus. *Meditations*(New York: Penguin Classics, 1964).

- Beabout, Gregory. *Freedom and Its Misuses: Kierkegaard on Anxiety and Despair*(Milwaukee, WI: Marquette University Press, 1996).

- Beck, A. T., and G. Emery. *Anxiety Disorders and Phobias: A Cognitive Perspective*(Cambridge: MA: Basic Books, 1985).

- Becker, Ernest. *The Denial of Death*(New York: Free Press, 1997).

- Bergo, Bettina. "Evolution and Force: Anxiety in Kierkegaard and Nietzsche." *Southern Journal of Philosophy* 41, no. 2(Summer 2003), pp. 143-168.

- Borges, Jorge Louis. *The Garden of Forking Paths*(New York: Penguin Modern, 2018).

- Carlisle, Clare. *Philosopher of the Heart: The Restless Life of Søren Kierkegaard*(New York: Farrar, Strauss and Giroux, 2020).

- Chodron, Pema. *Comfortable with Uncertainty*(Boulder, CO: Shambhala, 2002).

- Chopra, Samir. "Anxiety Isn't a Pathology. It Drives Us to Push Back the Unknown." *Psyche Magazine*(November 4, 2020). https://psyche. co/ideas/anxiety-isnt-a-pathology-it-drives-us-to-push-back-the- unknown.

- Cohen, Elliot D. "Philosophical Counseling: Some Roles of Critical Thinking." In *Essays in Philosophical Counseling*, edited by Ran Lahav and Maria Da Venza Tillmans(New York: University Press of America, 1995), pp. 121–132.

- Cushman, Robert Earl. *Therapeia: Plato's Conception of Philosophy*(New York: Routledge, 2001).

- De Silva, Padmasiri. *An Introduction to Buddhist Psychology*(London: Palgrave Macmillan, 2005).

- Didion, Joan. *The Year of Magical Thinking*(New York: Vintage, 2007).

- Dreyfus, Hubert. *Being-in-the-World: A Commentary on Heidegger's "Being and Time," Division I*(Cambridge, MA: MIT Press, 1990).

- Freud, Sigmund. *Civilization and Its Discontents*(New York: W. W. Norton, 1989).

—— *Five Lectures on Psychoanalysis*(New York: W. W. Norton, 1990).

—— *Introductory Lectures on Psychoanalysis*(New York: W. W. Norton, 1989).

—— *The Problem of Anxiety*(New York: W. W. Norton, 1963). Originally published as *Inhibitions, Symptoms and Anxiety*(1936).

—— *Standard Edition of the Complete Psychological Works of Sigmund Freud*. Edited by James Strachey. 24 vols.(London: Hogarth, 1994).

———— *Three Essays on the Theory of Sexuality*. Vol. 7 of *Standard Edition of the Complete Psychological Works of Sigmund Freud*, edited by James Strachey(London: Hogarth, 1994).

• Freud, Sigmund, and Josef Breuer. *Studies in Hysteria*(New York: Penguin Classics, 2004).

• Fromm, Erich. *Escape from Freedom*(New York: Holt Paperbacks, 1994).

———— *Marx's Concept of Man*(New York: Frederick Ungar, 1965).

• Garfield Jay, trans. *The Fundamental Wisdom of the Middle Way: Nāgārjuna's Mūlamadhyamakakārikā*(New York: Oxford University Press, 1995).

• Fronsdal, Gil. *The Dhammapada: A New Translation of the Buddhist Classic with Annotations*(Boulder, CO: Shambhala, 2006).

• Ganeri, Jonardon. *The Concealed Art of The Soul: Theories of Self and Practices of Truth in Indian Ethics and Epistemology*(Oxford: Clarendon, 2007).

———— "A Return to the Self: Indians and Greeks on Life as Art and Philosophical Therapy." In "Philosophy as Therapeia," *Royal Institute of Philosophy Supplement* 66(Cambridge: Cambridge University Press, 2010), pp. 119–136.

• Garff, Joakim. *Søren Kierkegaard: A Biography*(Princeton, NJ: Princeton University Press, 2007).

• Gethin, Rupert. *The Foundations of Buddhism*(Oxford: Oxford University Press, 1998).

• Golomb, Jacob, et al. *Nietzsche and Depth Psychology*(Albany: State

University of New York Press, 1999).

- Gowans, Christopher W. "Medical Analogies in Buddhist and Hellenistic Thought: Tranquility and Anger." In "Philosophy as Therapeia," *Royal Institute of Philosophy Supplement* 66(Cambridge: Cambridge University Press, 2010), pp. 11–33.

- Gunnarson, Logi. "The Philosopher as Pathogenic Agent, Patient and Therapist: The Case of William James. In "Philosophy as Therapeia," *Royal Institute of Philosophy Supplement* 66(Cambridge: Cambridge University Press, 2010), pp. 165–186.

- Hadot, Pierre. *Philosophy as a Way of Life: Spiritual Exercises from Socrates to Foucault*(Oxford: Blackwell, 1995).

- Hanh, Thich Nhat. *The Heart of the Buddha's Teaching: Transforming Suffering into Peace, Joy, and Liberation*(New York: Harmony, 1999.)

- Hayes, S. C. "Acceptance and Commitment Therapy, Relational Frame Theory, and the Third Wave of Behavioral and Cognitive Therapies." *Behavior Therapy* 35, no. 4(2004), pp. 639–665.

- Heidegger, Martin. *Being and Time*. 1927(New York: Harper and Row, 1962).

——— "What Is Metaphysics?" In *Basic Writings*, translated by David F. Krell(San Francisco: Harper ands Row, 1993), pp. 89–110.

- Hollingdale, R. J. *Nietzsche: The Man and His Philosophy*(New York: Cambridge University Press, 2001).

- Hutter, Horst. *Shaping the Future: Nietzsche's New Regime of the Soul and Its Ascetic Practices*(Lanham, MD: Lexington Books, 2006).

- Hutter, Horst, and Eli Friedland, eds. Nietzsche's Therapeutic Teaching for Individuals and Culture(New York: Bloomsbury, 2013).
- James, William. *Pragmatism*(New York: Dover, 1995).
——— *The Varieties of Religious Experience*(New York: Penguin, 1982).
- Kaufmann, Walter. *Nietzsche: Philosopher, Psychologist, Anti-Christ*(Princeton, NJ: Princeton University Press, 2013).
——— *Without Guilt and Justice*(New York: Dell, 1975).
- Kierkegaard, Søren. *Christian Discourses*. Princeton, NJ: Princeton University Press, 2009.
——— *Journals and Papers*. 7 Vols. Edited and translated by Howard and Edna Hong(Bloomington: Indiana University Press, 1967).
——— *The Concept of Anxiety: A Simple Psychologically Oriented Deliberation in View of the Dogmatic Problem of Hereditary Sin*(New York: W. W. Norton, 2014).
——— *The Sickness unto Death*(New York: Penguin Classics, 1989).
——— Works of Love(New York: Harper Perennial, 2009).
- Kramer, Peter. *Listening to Prozac*(New York: Viking, 1993).
- Kurth, Charlie. *The Anxious Mind: An Investigation into the Varieties and Virtues of Anxiety*(Cambridge, MA: MIT Press, 2018).
- Lyonhart, Jonathan. "Being and Time-less Faith: Juxtaposing Heideggerian Anxiety and Religious Experience." *Open Theology*(2020). https://doi.org/10.1515/opth-2020-0003.
- Mace, Chris, ed. *Heart and Soul: The Therapeutic Face of Philosophy*(London: Routledge, 1999).
- Malcolm, Janet. *Psychoanalysis: The Impossible Profession*(New

York: Vintage, 1982).

- Magrini, James. "Anxiety in Heidegger's *Being and Time*: The Harbinger of Authenticity." *Philosophy Scholarship* 15(2006). http:// dc.cod.edu/philosophypub/150.

- Marcuse, Herbert. "Existentialism: Remarks on Jean-Paul Sartre's *L'Être et le néant*." *Philosophy and Phenomenological Research* 8, no. 3(March 1948), pp. 309-336.

——— *One-Dimensional Man: Studies in the Ideology of Advanced Industrial Society*(New York: Routledge Classics, 2002).

- Marguia, Edward, and Kim Diaz. "The Philosophical Foundations of Cognitive Behavioral Therapy: Stoicism, Buddhism, Taoism, and Existentialism." *Journal of Evidence-Based Psychotherapies* 15, no. 1(2015), pp. 37-50.

- Marino, Gordon. "Anxiety in The Concept of Anxiety." In *Cambridge Companion to Kierkegaard*, edited by Alastair Hannay and Gordon Marino(New York: Cambridge University Press, 1998), pp. 308-328.

- May, Rollo. *The Meaning of Anxiety*(New York: W. W. Norton, 2015).

- Millgram, Elijah. *John Stuart Mill and the Meaning of Life*(New York: Oxford University Press, 2019).

- Moncrieff, Joanna. *The Bitterest Pills: The Troubling Story of Antipsychotic Drugs*(New York: Palgrave, 2013).

——— *The Myth of the Chemical Cure: A Critique of Psychiatric Drug Treatment*(New York: Palgrave, 2008).

——— *A Straight-Talking Introduction to Psychiatric Drugs*(Monmouth:

PCCS Books, 2009).

- Morrison, Robert. *Nietzsche and Buddhism: A Study in Nihilism and Ironic Affinities*(New York: Oxford University Press, 1997).
- Morstein, Petra. "Anxiety and Depression: A Philosophical Investigation." *Radical Psychology* 1(Summer 1999), p. 1.
- Murdoch, Iris. *The Sovereignty of Good*(London: Routledge, 2013).
- Nehamas, Alexander. *Nietzsche: Life as Literature*(Cambridge, MA: Harvard University Press, 1985).
- Nietzsche, Friedrich. *Beyond Good and Evil*(New York: Penguin, 1973).
- ——— *The Birth of Tragedy*. In *"The Birth of Tragedy" and "The Case of Wagner"*(New York: Vintage, 1967).
- ——— *Daybreak: Thoughts on the Prejudices of Morality*(New York: Cambridge University Press, 1997).
- ——— *The Gay Science*(New York: Cambridge University Press, 2001).
- ——— *"On the Genealogy of Morals" and "Ecce Homo"*(New York: Vintage, 1989).
- ——— *Human, All Too Human: A Book for Free Spirits*(New York: Cambridge University Press, 1990).
- ——— *Thus Spake Zarathustra: A Book for Everyone and No One*(New York: Penguin Classics, 1961).
- ——— *The Twilight of the Idols and the Anti-Christ: or How to Philosophize with a Hammer*(New York: Penguin Classics, 1990).
- ——— *Will to Power*(New York: Vintage, 1968).
- Pascal, Blaise. *Pensées*(New York: Penguin Classics, 1995).

- Peterman, J. F. *Philosophy as Therapy: An Interpretation and Defense of Wittgenstein's Later Philosophical Project*(Albany: State University of New York Press, 1992).

- Pollan, Michael. *How to Change Your Mind: What the New Science of Psychedelics Teaches Us about Consciousness, Dying, Addiction, Depression, and Transcendence*(New York: Penguin, 2019).

- Rahula, Walpola. *What the Buddha Taught*(Dehiwala: Buddhist Cultural Centre, 1996).

- Rhys David, T. W., trans. *The Questions of King Milinda*. Vol. 25 of *The Sacred Books of the East*(Oxford: Clarendon/Oxford, 1890).

- Richardson, John. *Heidegger*(New York: Routledge, 2012).

- Rorty, Richard. *Contingency, Irony, and Solidarity*(Cambridge: Cambridge University Press, 1985).

- Safranski, Rudiger. *Nietzsche: A Philosophical Biography*(New York: W. W. Norton, 2001).

- Sartre, Jean-Paul. *Essays in Existentialism*(New York: Citadel, 2002).

- Setiya, Kieran. *Midlife Crisis: A Philosophical Guide*(Princeton, NJ: Princeton University Press, 2018).

- Siderits, Mark. *Buddhism as Philosophy: An Introduction*(Cambridge: Ashgate, 2007).

—— *Empty Persons: Personal Identity and Buddhist Philosophy*(Aldershot: Ashgate, 2003).

- Sorabji, Richard. *Emotion and Peace of Mind: From Stoic Agitation to Christian Temptation*(Oxford: Clarendon, 2002).

- Stossel, Scott. *My Age of Anxiety: Fear, Hope, Dread, and the*

: 불안을 철학하다 :

Search for Peace of Mind(New York: Vintage, 2015).

- Teasdale, J., R. Moore, H. Hayhurst, M. Pope, S. Williams, and Z. Segal. "Metacognitive Awareness and Prevention of Relapse in Depression: Empirical Evidence. *Journal of Consulting and Clinical Psychology* 70, no. 2(2002), pp. 275-287.

- Tillich, Paul. *The Courage to Be*. 1952. 3rd ed.(New Haven, CT: Yale University Press, 2014).

———— *Theology of Culture*(London: Oxford University Press, 1964).

- Ure, Michael. *Nietzsche's Therapy: Self Cultivation in the Middle Works*(Lanham, MD: Lexington Books, 2008).

- van Dis, Eva A. M., Suzanne C. van Veen, and Muriel A. Hagenaars. "Long-Term Outcomes of Cognitive Behavioral Therapy for Anxiety-Related Disorders: A Systematic Review and Meta-analysis." *JAMA Psychiatry* 77, no. 3(March 1, 2020), pp. 265-273.

- Whalen, John T. "Anxiety, the Most Revelatory of Moods." *Akadimia Filosofia* 1, no. 1(2015), art. 8.

- Wittgenstein, Ludwig. *Philosophical Investigations*. 4th ed. Edited and translated by P. M. S. Hacker and Joachim Schulte(Oxford: Wiley-Blackwell, 2009).

- Wollheim, Richard. *Sigmund Freud*(Cambridge: Cambridge University Press, 1981).

- Xenakis, Iason. *Epictetus: Philosopher-Therapist*(Hague: Nijhoff, 1969).

- Yalom, Irvin. *Existential Psychotherapy*(New York: Basic Books, 1980).

: 찾아보기 :

: 불안을 철학하다 :

: 불안을 철학하다 :

: 불안을 철학하다 :

옮긴이 **조민호**

안타레스 대표. 연세대학교 철학과를 졸업한 뒤 단행본 출판 편집자로 일하면서 인문 및 경제경영 분야 150여 종의 책을 기획·편집했고 저작권 에이전트로도 활동했다. 옮긴 책으로 《모든 삶은 충분해야 한다》, 《과학이 권력을 만났을 때》, 《이코노믹 허스토리》, 《지루할 틈 없는 경제학》, 《로빈 니블렛의 신냉전》, 《가난한 리처드의 달력》, 《15분 만에 읽는 아리스토텔레스》, 《리더십의 심리학》 등이 있다.

가슴으로 읽는 철학 ①

불안을 철학하다

초판 1쇄 인쇄 2024년 10월 18일
초판 1쇄 발행 2024년 10월 25일

지은이 사미르 초프라
옮긴이 조민호

펴낸곳 안타레스 유한회사
출판등록 2020년 1월 3일 제390-251002020000005호
주소 경기도 광명시 양지로 21, 유플래닛 티타워 2315호
전화 070-8064-4675 팩스 02-6499-9629
이메일 antares@antaresbook.com
블로그 blog.naver.com/antaresbook 포스트 post.naver.com/antaresbook
페이스북 facebook.com/antaresbooks 인스타그램 instagram.com/antares_book
유튜브 youtube.com/@antaresbook

한국어판 출판권 ⓒ 안타레스 유한회사, 2024
ISBN 979-11-91742-23-7 03100

ANXIETY